경제 현상의
경제학적 이해

경제 현상의 경제학적 이해

2019년 10월 10일 인쇄
2019년 10월 15일 발행

지은이 | 김영용
펴낸이 | 정병석

펴낸곳 | 전남대학교출판문화원
주소 | 61186 광주광역시 북구 용봉로 77
전화 | (062) 530-0571~3 팩스 | (062) 530-0579
등록 | 1981. 5. 21. 제53호
홈페이지 | http://www.cnup.co.kr
이메일 | cnup0571@hanmail.net

값 17,000 원

ISBN 978-89-6849-658-5 (93320)

이 도서의 국립중앙도서관 출판예정도서목록(CIP)은
e-CIP홈페이지(http://www.nl.go.kr/ecip)와
국가자료공동목록시스템(http://www.nl.go.kr/kolisnet)에서 이용하실 수 있습니다.
(CIP제어번호: CIP2019040538)

◆ECONOMICS◆

경제 현상의 경제학적 이해

김영용 지음

재산권 / 시장질서 / 경쟁 / 공정거래법의 경쟁 개념
비용 / 가격과 비용 / 정보와 투기 / 자본가와 기업가
주식회사와 기업지배구조 / 복지 / 경기순환론 / 경제 규제

전남대학교출판문화원

■ 머리말

1

경제 현상은 정교한 경제학적 논리로 무장하지 않으면 이해할 수 없다. 그만큼 경제 현상을 논리적으로 이해하기가 쉽지 않다는 말이다. 그래서 많은 사람들은 경제 현상을 일반 상식이나 감정으로 이해하려는 경향을 보인다. 그리고 그렇게 잘못된 이해는 쉽게 교정되지 않는다. 거기에 근거 없는 정의감이 더해지면 교정은 거의 불가능한 수준에 이른다. 우리는 경제 현상에 대한 전문가들 간의 토론에서도 왕왕 그런 모습을 볼 수 있다. 잘못된 이해는 잘못된 경제 정책으로 이어져 경제 상황을 어렵게 만든다. 특히 정치인들이 포퓰리즘을 부추기는 그릇된 정책을 낳는 원인이 된다.

사람들이 경제학적 논리에 친숙하지 않은 이유는 첫째, 눈에 보이지도 않고 손으로 만질 수도 없는 경제 현상은 아주 잘 훈련된 경제학자의 머리가 아니면 인식하기 어렵기 때문이다. 인식이란 오감으로 받아들인 사물을 마음속에서 재구성해내는 것을 말하며, 이를 위해서는 인식의 틀이 있어야 하는데, 일반인들이 그런 틀을 형성하기는 어렵다. 매일매일 사람들의 활동은 거의 대부분 경제 활동인데도 불구하고, 이를 설명하는 경제학을 어려운 학문이라고 말하는 것은 그런 이유 때문이다. 현재 경제학에서 정상과학(normal science)의 지위를 차지하고 있는 신고전학파 경제학이 많은 경제 현상을 설명하고 있는 것은 사실이지만, 경제 공학적 성격을 보이고 있어, 실제로 세상에서 일어나고 있는 인간 행동을 적절하게 포착하지 못하거나 다루고 있지 않은 부분이 있는 것도 그런 어려움의 한 원인이 되고 있다.

둘째, 대부분의 사람들이 머리로는 애써 이해하더라도 가슴으로 받아들이는 데는 불편함을 느끼기 때문이다. 우리 인간의 문화적 DNA는 기나 긴 세월 지속했던 수렵·채취 시대에 형성된 것이다. 그러므로 인간의 뇌세포를 장악하고 있는 원시 감정에 친숙한 대부분의 사람들은 현대와 같이 복잡하고 유기적으로 돌아가는 세상의 이치를 머리로 이해하기 어렵거나, 이해하더라도 가슴으로 공감하는 데는 어려움을 겪는다. 그래서 우리는 세상에서 가장 먼 거리는 인간의 '머리에서 가슴까지'라고 할 수 있다.

2

이 책의 목적은 경제 현상을 일반 상식이나 감정이 아닌, 논리적으로 이해하는 데 필수적인 경제학적 분석 틀과, 이와 관련된 사례를 제시함으로써 사람들이 경제학적 사고방식을 형성하는 것을 돕고 올바른 경제 정책을 위한 자료를 제공하는 것이다. 분석에서는 신고전학파 경제학과 오스트리아 학파의 경제학을 적절하게 적용한다.

이 책에서 우리는 일반인은 물론 경제 전문가들도 저지르기 쉬운 경제 현상에 대한 잘못된 인식 중에서 경제에 두드러지게 나쁜 영향을 끼친다고 생각하는 12개의 주제를 선정하여 논의한다. 선정한 12개의 주제 내용을 개관하자면, 제1장의 '재산권'에서는 (사유) 재산권은 외부효과를 내부화함으로써 희소한 자원의 효율적 사용을 위해 자생적으로 태동하여 진화하는 것이며, 개인의 자유와 사회 정의 및 평화의 근간이 됨을 설명한다. 제2장의 '시장질서'에서는 시장질서의 형성과 작동 원리를, 인간의 이기적 속성을 전제로 스미스(Adam Smith), 흄(David Hume), 칸트(Immanuel Kant), 하이에크(Friedrich A. Hayek) 등의 도덕 철학과 이에 바탕을 둔 법에서 논의하는 인간의 행동 규칙과 관련하여 설명하며, 시장질서의 '정의로움'에 대해 논의한다. 제3장의 '경쟁'에서는 인간 사회의 교환학적 경쟁은 설득과 협동의 과정이며 사람들로 하여금 희소한 자원을 효율적으로 사용하도록 한다는 사실을 기술한다. 이에 비춰 본 '독점규제 및 공정거래에 관한 법률'의 경쟁 개념은 제4장에서 살펴본다.

제5장의 '비용'에서는 비용은 사물에 고유하게 존재하는 것이 아니라 인간 행동과 관련하여 발생하는 주관적인 것임을 강조하고, 이와 관련된 사례를 제시한다. 특히 선택 행위에 영향을 미치는 사전적 비용과 선택에 의해 영향을 받는 사후적 비용을 구분하여 설명한다. 제6장의 '가격과 비용'에서는 제5장의 이론을 바탕으로 가격(엄밀하게 말하면 수요)이 비용을 결정하며, 비용이 가격을 결정하는 것이 아니라는 사실을 강조한다. 한국의 국회가 원가 장부 제출을 요구하는 것이나 이른바 '납품 단가

후려치기' 비난 등은 비용이 가격을 결정하는 것이 아니라는 경제학적 지식을 잘 이해하지 못하기 때문에 벌어지는 일이다. 사람들이 이런 지식만 정확하게 이해하더라도, 한국 사회에서 경제 문제를 둘러싼 갈등의 절반 정도는 사라질 것이다.

제7장의 '정보와 투기'에서는 정보는 공짜가 아니며 그 생산과 획득에 비용이 들어가는 경제재이며, 투기는 미래의 불확실성에 직면하여 정보 전쟁을 벌이는 생산적 활동임을 논의한다. 제8장의 '자본가-기업가'에서는 자본가와 기업가의 본질, 즉 이들의 경제적 기능과 수입의 속성 등에 대해 상세하게 설명하며, 이윤의 사회적 기능에 대해 논의한다. 제9장의 '주식회사와 기업지배구조'에서는 제8장의 논의를 바탕으로 주식회사의 설립과 운행, 주식시장의 기능, 기업지배구조에 대해 설명한다.

제10장의 '복지'에서는 '가난'한 사람들에 대한 박애주의적 복지의 필요성과 그런 범주를 넘어서는 복지의 위험성 등에 대해 논의한다. 제11장의 '경기순환론'에서는 경기순환은 경기변동과는 다른 것으로서, 경기를 부양하고자 하는 통화 증가에 의해 발생하여 경제를 불황에 빠뜨리게 된다는 것, 불황 극복을 위해서는 통화 증가에 따른 경제의 소비구조와 공급구조의 왜곡이 교정될 수 있는 시장 조정이 중요하다는 점을 논의한다. 마지막으로 제12장의 '경제규제'에서는 경제규제란 공익설(公益說)이 아닌 사익설(私益說)에 의해 더 잘 설명된다는 사실과 그에 대한 사례를 제시한다.

책에 수록한 12개의 장 중에서 제3장의 경쟁, 제5장의 비용,

그리고 제11장의 경기순환론은 매우 전문적인 분야를 다룬 것이므로 일반 대중이 읽기에는 다소 어려울 것으로 예상된다. 특히 제5장과 제11장이 그러하다는 사실을 유의할 필요가 있다.

책의 편집에서 참고문헌은 각 장별로 수록한다. 장별 내용은 서로 밀접하게 연결되어 있지만, 각 장의 주제가 형식적으로는 독립성을 유지하고 있기 때문이다. 따라서 동일한 참고문헌이 여러 장에 수록될 수도 있다.

3

자본주의와 사회주의 간의 차이는 단 하나, 즉 사유 재산의 유무에 있다. 소비재는 궁극적으로 분할될 수밖에 없어 공유할 수 없으므로 생산요소(노동, 토지(원자재 포함), 생산된 자본재)를 공유하는 사회주의와 모든 재산에 대한 사유를 인정하는 자본주의 간에는 단지 사유 재산 유무의 차이로 말미암아 엄청난 결과의 차이가 생긴다. 이는 곧 경제 사안에 대한 잘못된 이해에 바탕을 둔 정책이 수많은 사람들의 삶을 어렵게 하는 결과를 초래한다는 사실을 의미한다.

경제 현상에 대한 정확한 이해 여부에 따라 문제가 해결되기도 하고, 훨씬 더 어려운 문제로 증폭되기도 한다. 비록 현상에 대한 정확한 이해가 문제를 완벽하게 해결하지는 못하더라도, 문제가 무엇인지를 알고 해결책을 구하는 것과 그렇지 않은 것 간에는 큰 차이가 있다. 경제 현상에 대한 경제학적 이해가 중요한 이유이다.

우리가 경제 현상에 대한 참된 이해를 바탕으로 지적 무장을 하면, 인간 세상이 돌아가는 이치를 잘 파악할 수 있을 뿐만 아니라 근거 없고 성숙하지 못한 정의감으로부터 해방되어 옳은 판단을 할 수 있다. 더 중요한 것은 사람들의 감정에 호소하며 선동하는 정치인들을 잘 선별할 수 있는 유능한 유권자가 될 수 있다. 지성보다는 감성이 중시되는 경향이 있는 이 시대에 법치적 민주정을 지속시키기 위해서는 지성을 겸비한 시민이 되어야 한다. 21세기 문명의 시대를 살아가는 모든 개인들은 이러한 시대적 요구로부터 도망칠 수 없다.

끝으로 이 책을 펴내는 데 도움을 준 전남대학교와 출판을 맡아 준 전남대학교출판문화원 여러분께 감사드린다.

2019년 9월

저자 김영용

■ 목차

■ 그림 목차

1

재산권

사람들은 흔히 특정 개인이나 집단이 자신들의 재산을 보호하기 위해 재산권을 만들고 유지하는 것이라고 생각한다. 그러나 재산권은 특정 개인이나 집단이 인위적으로 만든 것이 아니라 외부효과를 내부화함으로써 희소한 자원의 효율적 이용을 촉진하고, 개인의 자유와 사회의 정의 및 평화를 위해 자생적으로 만들어지고 오랜 기간에 걸쳐 진화하는 것이다. 재산권은 외부성의 문제를 다루며 평화로운 사회의 형성과 유지에 기여한다.

1. 자원의 희소성과 재산권의 태동

재산권은 인간이 가치를 부여하는 희소한 자원에 대한 독점적 소유권을 말한다. 재산에 대한 독점적 소유권으로 각 개인은 재산을 처분, 획득, 운용할 수 있는 배타적 권리를 가질 수 있다. 즉 재산권은 나는 물론 남에게 이로움이나 해로움을 끼칠 수 있는 권리를 부여한다. 물론 질 좋고 값싼 상품을 생산하여 판매함으로써 경쟁자에게 해를 끼치는 행위는 허용되지만 경쟁자를 살해하는 행위는 금지된다. 따라서 재산권은 사람들이 어떻게 이익과 손해를 보는지를 규정하며, 사람들의 행위를 바꾸기 위해서는 누가 누구에게 어떻게 비용을 지급하거나 보상을 해야 하는지를 규정한다. 즉 재산권은 외부성의 문제를 다룬다. 외부성은 두 가지로 나뉘는데, 첫째, 외부경제란 어떤 개인의 행동이 의도하지 않게 제3자에게 이익을 주면서도 그에 대한 보상을 받지 못한 경우를 말하며, 둘째, 외부불경제란 제3자에게 의도하지 않게 피해를 끼치지만 그에 대한 배상을 하지 않는 경우를 말한다.

인간 세상 전체적으로는 외부성의 문제가 없다. 모두 내부화되기 때문이다. 외부성의 문제는 개인이나 집단 간에 발생한다. 그러나 모든 외부성이 문제가 되는 것은 아니다. 외부성의 문제는 의사결정을 하는 개인이나 집단에 외부효과를 내부화하는 데 들어가는 비용이 너무 커서 그럴 가치가 없는 경우에 발생한다. 외부효과의 내부화란 의사결정에 따른 비용이나 편익을 의사결정자에게 국한시키는 것을 말한다. 즉 사회적 의존관계에서 비롯되는 모든 비용과 편익은 잠재적 외부성의 성격을 가지지만, 그것이 외부성으로 현실화되는 조건은 내부화를 위한 비용이 내부화를 함으로써 얻을 수 있는 편익보다 더 클 때이다.

따라서 재산권은 사람들이 특정 자원에 가치를 부여할 때 외부성을 완화 또는 제거함으로써 자원의 효율적 이용을 위해 자생적으로 태동하고, 그런 방향으로 발전해간다. 즉 재산권은 외부효과를 내부화함으로써 얻는 편익이 내부화하는 데 드는 비용보다 더 클 때 태동하고, 기술의 발달과 새로운 시장의 출현 등에 따라 사람들의 가치 부여가 변하여 비용-편익 구조가 변하면 새로운 형태로 진화한다. 그러므로 재산권의 일차적 기능은 사람들로 하여금 외부효과를 내부화하도록 유인을 제공하는 것이다.

인류 역사는 자원의 희소성과 싸워 온 역사라고 해도 과언이 아니다. 석기 시대에 존재했던 부존자원과 오늘날 존재하는 지구상의 부존자원에는 그 동안 사용한 것만큼을 제외하고는 변화가 없다. 어떤 자원은 고갈되기도 했지만 또 다른 자원은 새롭게 발견되기도 했다. 예전에는 그 희소성을 인정받지 못해 재산권이 필요 없었으나, 이제는 희소한 자원으로 가치를 부여 받아 재산권이 설정된 경우도 많이 있다. 시멘트 건축물을 상상할 수 없었고 이런 건축물이 보편화되지 않았을 때 모래는 희소한 자원이 아니었으며, 그에 대한 재산권이 없었다. 인간이 가치를 부여하지 않았기 때문이다. 그러나 시멘트 건축물이 보편화된 지금, 모래는 희소한 자원이 되었으며, 그에 대한 재산권을 둘러싼 분쟁도 종종 생기곤 한다.

한국의 산삼은 일단 발견하면 시장에서 높은 가격에 팔 수 있으므로 큰 이득을 얻을 수 있다. 그러나 산삼을 발견할 수 있는 확률이 낮아 기대 이익이 그다지 크지 않은 반면에, 산 전체를 감시하기 위해 재산권을 설정하고 집행하는 데 따른 기대 비용은 크기 때문에 산삼에 대한 재산권을 주장하는 산의 주인은 거의 없다.

자연산 송이의 발견 확률은 산삼의 그것보다 더 높은데, 어린 송이 군락을 발견하면 산에서 기거하며 이를 지키는 것은 기대 편익이 기대 비용보다 더 크기 때문이다. 요컨대, 기대 편익이 기대 비용보다 더 큰 경우에만 재산권이 태동하고 이를 집행하는 인간 행동이 있을 수 있다.

재산권은 비용-편익 기회의 변화에 따라 새로운 형태로 발전한다. 비용-편익의 기회 변화란 지식의 변화에 따른 생산 기술, 시장 가치, 그리고 열망 등의 변화를 의미하며, 이러한 변화는 필히 그러한 변화에 아직 적응하지 못한 사회에 외부경제나 외부불경제를 유발한다. 따라서 새롭게 나타나는 외부효과를 줄이기 위해서 재산권은 새로운 형태로 진화한다. 즉 재산권이 수정(modification)된다. 재산권 제도가 이렇게 태동하고 발전하면서 인류의 물질적 생활수준은 그 이전과는 달리 크게 향상되었다. 그런 점에서 재산권 혁명은 산업혁명보다 인류의 생활 향상에 더 기여한 것으로 평가할 수 있다.

재산권의 진화를 가로막는 것은 자유로운 협상이 금지되기 때문이다. 자신의 신체에 대한 재산권을 주장할 수 없는 노예나 징병제하에서의 군인은 자신의 기회비용을 지급해줄 것을 주장할 수 없다. 따라서 외부성은 완화되거나 제거되지 않고 그대로 유지된다.

이와 같이 재산권은 외부성에 의해 영향을 받는 비용이나 편익을 내부화하는 것이 이익이 될 때 태동한다. 이와 관련하여 공동 소유(communal ownership)와 사적 소유(private ownership)에 따른 편익 및 비용의 내부화 특성과 공동 소유에서 사적 소유로 변화해 가는 과정을 살펴보자. 재산의 국가 소유(state ownership)에 대해서는 제5절의 사회주의 경제계산 불가능성 문제에서 논의할 것이다.

자원의 공동 소유는 공동 소유의 주체가 국가나 다른 개인들이 공동 소유자들의 재산권 행사에 간섭하는 행위를 배척하는 것을 의미한다. 반면에 사적 소유는 개인의 사적 재산에 대한 타인이나 국가의 침해를 배척하는 것을 말한다. 공동 소유의 특징은, 모든 공동 소유자들은 자기 자신이 공동 자원을 사용하는 데 따른 비용의 대부분을 다른 공동 소유자들에게 떠넘길 수 있으므로 자신의 이익을 키우기 위해 자원을 과도하게 사용할 유인을 가진다는 것이다. 공동 소유의 자원 사용에 따른 비용을 그 사용자에게 국한시키지 못하기 때문이다. 따라서 자원은 빠른 속도로 고갈된다. 공동 소유자들은 서로가 서로에게 외부불경제를 유발하는 것이다. 물론 공동 소유자들이 이를 인식하여 공동 소유 자원의 보존에 합의하고, 또 이에 대한 감시·감독하는 비용이 적거나 없다면 자원의 효율적 이용이 가능할 수 있다. 그러나 많은 사람들이 모두 만족할 수 있는 합의를 도출하기 어렵고, 설령 합의가 이뤄진다고 하더라도 이를 감시·감독하는 비용이 클 수 있으므로 외부효과를 내부화하는 것은 사실상 어렵다. 더구나 현재의 자원 사용자들에게 미래 세대에 미칠 편익과 비용을 주거나 지우는 것은 불가능하므로 합의를 도출하는 데 소요되는 비용은 더욱 증가한다. 요컨대 여러 사람들이 자원을 공동 소유하는 경우에는 자원 사용에 따른 비용이 대부분 다른 소유자들에게 전가되므로 개인의 이익을 최대화하려는 개인적인 유인에 의해 자원이 과도하게 사용된다. 따라서 자원이 효율적으로 이용되지 못한다. 이와 같이 자원이 공동으로 소유되면 한 소유자의 행동을 다른 소유자들이 제한할 수 있는 방법이 사실상 없으므로 서로가 서로에게 외부효과를 유발하는 결과를 낳는다. 이것이 바로 공유의 비극(tragedy of commons)이다.

이런 경우, 공동 소유자들이 시장에서 할 수 있는 외부효과의 내부화 방법에는 두 가지가 있다. 하나는 공동 소유 자원에 대해 소유자들 간의 계약으로 합의하는 것이다. 그런데 소유자가 많을수록 합의에 도달하는 데 커다란 비용이 소요되며, 또 합의가 이뤄진다고 하더라도 계약의 이행과 준수를 감시·감독하는 비용이 클 수 있다. 다른 하나는 어느 한 사람이 다른 소유자들의 소유권을 사서(buy out) 단일 소유자가 되는 방법이다.

자원 소유에 따른 규모의 경제가 일정하고 단일의 계약 합의 내용을 감시·감독하기 쉬운 경우에는 계약과 소유권을 사는 방법 간에는 차이가 없을 것이다. 그러나 여러 종류의 외부효과가 여러 개의 계약으로 합의돼야 하거나 계약 합의 내용을 감시·감독하기가 쉽지 않은 경우에는 사는 방법이 유리할 것이며, 자원 소유에 있어 규모의 불경제가 있는 경우에는 계약에 의한 합의가 유리할 것이다.

반면에 자원이 사적으로 소유되면 소유자는 자원으로부터 얻을 수 있는 현재와 미래의 편익과 비용을 비교하여 가장 최선이라고 생각하는 방법으로 자원을 사용한다. 즉 자원 사용에 따른 편익과 비용을 자원 사용자에게 국한하여 내부화하면 외부효과가 줄어들어 자원은 한결 더 효율적으로 사용된다.

2. 역사적 사례

재산권 중에서 가장 역사가 오래된 것은 토지에 관한 것인데, 원주민들 간의 토지에 대한 재산권은 재산권의 태동과 변화의 역사를 잘 보여준다. 리콕(Leacock, 1954)은 북미 대륙의 세인트 로렌스 강(St. Lawrence River) 유역의 라브라도(Labrador) 반도에 살았던 인디언들의 토지가 분할되고 개인적 소유권이 변천되어 가는 과정을 보여주고 있으며, 뎀세츠(Demsetz, 1967)는 이를 "재산권은 외부효과를 내부화함으로써 얻는 편익이 그 비용보다 더 클 때 태동한다."

라는 이론과 맥을 같이하는 설명을 했다.

유럽에서 모피 산업이 발달하여 교역이 시작되기 전에는, 원주민들은 자기 가족의 삶을 위한 소량의 고기와 모피(털가죽)를 얻기 위하여 비버(beaver)나 들소(buffalo)처럼 모피를 가진 동물들을 사냥하는 것이 고작이었다. 한 사람의 사냥으로 다른 사람에게 미치는 외부성이 분명히 존재했지만 그로 인한 동물의 개체 수가 별다른 영향을 받지 않아 외부성은 미미한 수준이었다. 따라서 아무도 그러한 외부성을 고려하지 않았다. 원주민들은 모피를 가진 동물들에 양(陽)의 가치를 부여했지만 그런 동물들이 그들에게 사실상 희소한 자원이 아니었다는 의미이다. 따라서 토지에 대한 재산권이 생기지 않았다.

이제 유럽에서 모피 산업이 발달하고 교역이 이뤄짐에 따라 원주민들에게 모피의 가치가 크게 증가하여 모피 동물을 남획할 정도로 사냥이 이뤄졌다. 따라서 아무런 제약이 없는 사냥으로 인한 외부성의 문제가 중요하게 대두되어 재산권 제도가 태동하고 변화했다. 그 변화란 모피 교역으로 야기된 외부효과를 고려한 방향으로의 변화를 뜻한다. 원주민들은 다른 사냥꾼이 침범하지 않도록 나무를 꺾어 영역을 표시하는 방법으로 계절에 따라 자신들이 사냥할 수 있는 토지를 서로 나누는 방법을 취했다.

이는 곧 재산권은 해로운 효과와 이로운 효과가 새롭게 재평가됨에 따라 변한다는 사실을 의미한다. 이 경우에는 사람들에게 모피 동물을 예전보다 더 소중하게 관리하는 것이 이익이라는 사실을 일깨워 밀렵을 방지하는 방법 등으로 모피 동물을 사냥하는 토지에 사회·경제적 변화를 일으킨 것이다.

이는 평원의 모피 동물을 살펴봄으로써 더 명확하게 알 수 있다. 평원에 사는 모피 동물들은 숲 속에 사는 모피 동물들에 비해 상업적 중요성이 떨어질 뿐만 아니라, 평원의 동물들은 넓은 영역을 넘나들므로 토지를 나눠 동물들을 일정한 사적 영역에 가두는 데 따른 비용이 커서 비용-편익 측면에서 별다른 이득이 없다. 따라서 평원 동물의 경우에는 외부효과를 고려하는 것이 별다른 이득이 되지 않아 토지에 대한 재산권이 발달하지 않았다. 반면에 라브라도 반도의 모피 동물들은 좁은 영역에 서식하므로 이들을 보호하는 비용이 상대적으로 낮고 상업적 가치는 높아 토지의 사유 재산권을 설정하는 것이 생산적이었다. 사적 영역을 침범하는 자에 대해서는 보복 행위로 대항하기도 했고 대화로 해결하기도 했다. 즉 사유 재산 제도가 발전하여 동물의 개체 수가 관리되고 보존되었다. 사냥 영역은 지역별로 나눠졌고 사냥꾼 가족들은 매년 돌아가며 다른 영역에서 사냥했으며, 가운데 영역은 남획을 방지하기 위해 자신의 영역에 동물이 부족한 상태가 아닌 한, 사냥하지 않도록 하는 동물 보호 구역으로 남겨두었다.

이제 재산권의 태동 과정을 외부불경제와 외부경제의 경우로 나누어 좀 더 쉽게 설명해보자. 앞에서 설명한 바와 같이 외부불경제란 어떤 개인의 행동이 제3자에게 의도하지 않게 해로운 효과, 즉 피해를 끼치지만 그에 대한 배상을 하지 않는 경우에 발생한다. 위에서 설명한 모피 가죽을 가진 동물 중에서 북미 대륙에 넓게 분포했던 들소의 예를 들어보자. 먼 옛날 북미의 원주민들에게 들소와 같은 동물은 희소한 자원이 아니었다. 원주민 수에 비해 들소의 개체 수가 압도적으로 많았기 때문에 언제든지 원하는 양의 고기와 가죽을 얻을 수 있었다. 그러나 유럽에서 모피 산업이 발달함에 따라 들소의 남획이 이뤄져 그 개체 수가 빠른 속도로 줄어들었고, 1900년에 이르러서는 개체 수가 400 마리 정도로 줄어들었다. 원주민들은 서로가 서로에게 외부불경제를 유발하였고, 결국 이들은 들소의 멸종을 우려하게 되었다. 그래서 원주민들은 땅을 나누고 각자의 땅에서만 들소를 사냥할 수 있도록 하였다. 사람들은 자연스럽게 자기 땅을 표시하기 위하여 울타리를 치게 되었다. 즉 사유 재산권이 설정됨으로써 서로가 서로에게 유발했던 외부불경제를 내부화하여 줄일 수 있었으며, 점점 더 희소해지는 들소라는 동물 자원을 좀 더 효율적으로 관리하고 이용할 수 있었다. 그러나 들소에 대한 재산권을 개인이 아닌 지역 단위로 정의함으로써 들소가 아주 효과적으로 보호될 수는 없었다. 이와 같이 재산권은 외부효과(이 경우에는 외부불경제)를 줄여 희소한 자원이 효율적으로 사용되도록 하기 위해 자연스럽게 태동하는 제도이다. 그리고 재산권은 이러한 외부효과를 더욱 감소시키고 자원의 효율적 이용을 촉진하는 방향으로 발전해 간다.

다음으로 외부경제란 제3자에게 의도하지 않게 이익을 주면서도 그에 대한 보상을 받지 못한 경우에 발생한다. 상업적 용도의 '정원'을 고려해보자. 정원을 만들기 위해서는 많은 자원이 들어간다. 우선 토지를 확보하여 정지 작업을 하고 나무를 심고 돌도 적절하게 배치하고 실개천도 만들고 꽃을 심어야 하는 등, 많은 자원이 들어간다. 정원이 만들어지고 난 다음에도 이를 관리하고 유지하기 위해서는 많은 자원이 들어간다. 이제 정원이 완성되어 관람객들이 구경한다면 그들은 유쾌한 기분을 느낄 것이다. 그런데 어떤 이유로 정원 주인이 정원에 대한 재산권을 행사할 수 없어 구경하는 사람들로부터 입장료를 받을 수 없다면 정원 주인은 관람객들에게 외부경제를 유발하는 것이 된다. 이런 경우 어느 누구도 정원을 만들지 않을 것이며, 만들어진 정원을 잘 유지하지도 않을 것이다. 즉 정원이라는 자신의 재산을 자신의 의사대로 운영하고 처분할 수 있는 재산권이 없다면 정원을 만들 유인과 이를 잘 관리할 유인은 그만큼 줄어들거나 없어질 것이다. 아마도 더 이상의 정원이 만들어지지도 않을 뿐만 아니라, 이미 만들어진 정원도 관리 부실로 사람들이 원하는 서비스를 제공하지 못할 것이다. 즉 자원이 효율적으로 사용되지 못할 것이다.

반면에 정원을 만든 사람이 자신의 뜻대로 재산권을 행사하여 입장료를 제대로 받을 수 있다면 외부경제는 없어지고, 주인은 정원 건설과 유지에 필요한 자원을 효율적으로 이용하여 관람객에게 최상의 서비스를 제공할 수 있도록 노력할 것이다. 이와 같이 재산권은 외부효과(이 경우에는 외부경제)를 내부화함으로써 자원이 효율적으로 이용되도록 한다.

자원을 가장 효율적으로 사용하고 절약할 수 있는 제도는 사유 재산 제도이다. 어느 누구도 다른 사람의 돈을 자기 돈만큼 주의를 기울여 쓰지 않는다는 사실은 동서고금의 진리이다. 즉 공동 소유의 재산은 개인 소유의 재산보다 여러 가지 이유로 그 가치가 잘 보존되지 않는다는 것이다. 물론 인류가 희소성을 완전히 극복할 수는 없다. 그러나 사유 재산 제도는 지구상의 어떤 제도보다도 희소성의 문제를 상대적으로 가장 잘 극복할 수 있는 제도이다. 그러므로 인간을 제약하고 있는 자원의 희소성을 완화하기 위해서는 사유 재산

제도를 확립하는 일이 매우 중요하다.

3. 소유와 자유에 관한 역사적 연구

재산을 의미하는 소유와 자유에 관한 역사적 연구는 파이프스(Richard Pipes)의 『소유와 자유』에 잘 나타나 있다.[1] 소유에 대한 역사적 논쟁은 길고도 길다. 플라톤(Platon)과 아리스토텔레스(Aristoteles)로부터 현대에 이르기까지 수많은 철학자, 역사학자, 그리고 경제학자들이 이 논쟁에 참여했는데, 이들은 플라톤과 아리스토텔레스의 주장에 동의하거나 이를 반박하는 형태로 논쟁에 참여했다. 플라톤은 『국가론(Republic)』에서 소유를 사회의 분쟁과 갈등의 원인으로 진단하고 이를 없애야 한다고 주장했다. 즉 플라톤은 사회의 지배 계층인 엘리트가 사적 이기심을 억제하고 공익을 위해 헌신하는 유토피아적 공산 사회를 그리면서, 이를 위해 사적 소유는 사라져야 할 존재로 규정했다. 후기작인 『법률(Laws)』에서는 가족을 없애고 국가가 교육을 책임져야 한다는 주장을 철회했지만 유토피아적 이상은 버리지 못했다. 사적 소유는 인정했지만 국가가 빈부 격차를 해소하기를 원하고, 소유가 없는 세상에 대한 이상을 버리지 못했다.

반면에 플라톤의 제자인 아리스토텔레스는 『정치학(Politics)』에서 부의 지나친 불평등이 사회 갈등을 유발한다는 플라톤의 주장에는 동의했지만 소유 제도는 파괴할 수 없으며 소유는 인간의 천성에 속한 것이라고 주장했다. 어느 누구도 자신의 소유가 아닌 공동

1 Pipes(2000) 참조.

재산을 잘 관리하지 않으므로 공동 소유 제도는 비현실적이며 사적 소유 제도보다 더 크고 많은 사회적 분쟁과 갈등을 유발한다고 반박했다.

루소(Jean-Jacques Rousseau)는 『인간 불평 기원론』에서 부의 불평등을 사회악으로 규정했지만 소유 자체를 없애야 한다고 주장하지는 않았다. 즉 소유 자체보다는 부의 불평등이 사회악의 근원이라고 했다. 자연 상태의 인간은 아무 것도 가진 것이 없으며 서로 만날 일도 없고 가족을 필요로 하지도 않는다. 자연인은 이런 상태의 삶에 만족하며 그에 적합한 감정과 지식 정도를 지녔을 뿐이다. 따라서 자연 상태에서 인간들 사이에는 종속관계가 형성되지도 않고 모두 자유롭고 평등하다. 루소는 자연 상태에서의 인간은 자연권이나 이성에 대해 인식할 능력도 없고 인식할 필요도 없으며 욕정이나 갈등의 감정도 없지만, 인간에게 그런 의식은 잠재되어 있다고 생각한다. 이제 사회가 형성되면서 욕정이 현실화되고 인간들 간에 불평등과 갈등이 생긴다는 것이다. 이에 대해 바스티아(Claude Frederic Bastiat)는 소유는 인간 본성으로부터 자연스럽게 파생된 결과라며 루소를 비판했다. 또한 로크(John Locke)는 자신이 가진 재화는 물론, 삶과 자유 등을 포함한 것을 광범위한 의미의 소유로 정의했다. 로크의 정치적 메시지는 왕은 백성들이 소유하는 그 어떤 것이든지 침해해서는 안 된다는 것이었다.

이와 같이 고대 원시 사회로부터 현대에 이르기까지 소유와 자유 간의 관계는 수많은 논쟁을 거쳤다. 그 첫 번째 논쟁은 소유라는 '취득성'이 다른 동물은 물론 인간에게도 보편적인 것인가, 아니면 인간에게만 고유한 특성으로 문화적 관습에서 영향을 받은 것인지에 대한 것이었다. 소유가 특정 집단과 관련된 문화적 관습에서 연유한 것이라면 제거할 수 있지만, 인간 본연의 속성에 속하는 것이라면 받아들이지 않을 수 없는 사실이다. 이에 대해 파이프스는 광범위한 역사적 사례를 들어 소유란 인간을 포함한 다른 모든 동물에게도 적용되는 보편적이며 자연적이라는 사실을 보이고 있다. 아테네와 로마 시대를 거치면서 국가는 사적 소유를 보호하기 위해서 만들어진 것이라는 사고가 형성되고, 중세 시대에는 왕과 기독교 간의 재산 다툼을 계기로 재산의 사적 소유를 정당화하는 방향으로 복음서를 해석하는 경지에 이르게 되었다. 소유물은 윤리적으로 중립적이며 오직 탐욕으로 번질 때에만 악이 된다는 논리를 정착시켰다. 아퀴나스(Thomas Aquinas)도 자선은 소유가 있어야 가능하며, 부자는 남는 부를 가난한 사람들에게 나눠 줄 의무가 있다고 하면서 소유의 중요성을 인정했다. 종교개혁을 주도한 루터(Martin Luther)와 칼뱅(Jean Calvin)은 이보다 한 걸음 더 나아가 사적 소유에 대해 매우 긍정적이었다. 미주 대륙의 발견을 계기로 관찰된 원주민들의 세계를 바라보는 눈길도 콜럼버스(Christopher Columbus)와 아메리고 베스푸치(Amerigo Vespucci)의 소유가 없는 '고결한 야인'이라는 인식에서 사적 소유가 없는 이들의 세계는 '열등과 야만'이라는 인식으로 바뀌어갔다. 고결한 야인이 야만인으로 바뀐 것이다.

소유는 자기 보존의 본능으로부터 연유하지만 개인의 자신감과 정체성을 강화시켜주는 심리적 측면도 포함한다. 그리고 소유의 대상이 유형의 물적 재화로부터 무형의 아이디어 등을 포함하게 됐다.

다음으로 소유와 자유 간의 문제에 대한 논쟁이다. 소유(property)는 어원학적으로 한 개인에게 속해 있는, 즉 '고유한'이라는 뜻의 라틴어인 'proprius'에서 유래했다. 파이프스는 고대로부터 20세기 복지국가의 출현에 이르기까지 소유와 자유의 문제가 불가결하게 연결되어 있다는 점을 역사적 사실을 바탕으로 보이고 있다. 대부분의 고대 사회에서는 국가가 자원을 독점하여 백성들에게는 국가를 위한 의무만 있었을 뿐, 권리는 없었다. 토지의 사적 소유는 매우 제한적이었다. 즉 개인의 자유가 없었다.

이와 관련하여 흄(David Hume)은 정의의 기원이 소유의 기원을 설명한다고 설파한다. 자기중심적이고 제한된 관용을 가진 존재인 인간은 남의 재산을 약탈하려는 정념에 휩싸이는 경향성을 지녔지만, 이를 적절히 억제하지 못하면 사회를 통해 얻을 수 있는 이득을 얻지 못한다는 경험과 타산적 계산에서 서로의 신체와 재산을 보호하는 행위에 동의한다. 즉 흄은 '소유의 안정성', 다시 말해 사유 재산권이 자유와 정의, 그리고 평화로운 사회 질서의 형성과 유지에 필수적임을 강조한다. 이는 곧 소유와 자유가 아주 밀접한 관계에 있음을 말하는 것이다.

지금은 많은 나라에 정착된 시민들의 민주적 정치 참여와 의회민주주의는 모두 재산의 사유에 힘입은 것이다. 많은 사람들에 의한 토지 소유와 경제적 자유의 확산은 아테네 민주정의 발전에 중요한 역할을 했다. 프랑스 혁명 당시의 농민들은 토지를 소유한 자유인이었다. 영국에서 의회정치가 발달한 것도 토지의 사적 소유 덕분이었다. 영국에서 왕은 자신의 사유지에서 나오는 수입과 법 집행으로 벌어들인 수수료로써 사적 및 공적 지출을 충당하는 것이 원칙이었다. 그러나 전쟁이나 자연 재해 시에는 더 많은 자원이 필요하게 되어 동산에 대한 과세나 관세 등으로 충당하였다. 그런데 모든 과세는 그 동의자가 교황이든, 귀족이든, 성직자든, 상인이든, 국가 전체든, 어느 누군가의 동의를 필요로 했다. 그리고 그러한 동의를 얻을 수 있는 정치적 기구의 필요성은 왕실의 수입이 조세에 의존하는 비중이 커질수록 더 커지게 되었다. 누군가의 동의를 필요로 했다는 것은 집단을 대표하는 사람들이 모여 논의한 후에 왕이 요구하는 조세와 액수에 대한 동의 여부를 결정한다는 것인데, 이로부터 "대표 없는 과세 없다."는 말이 생겨난 것이다. 동의를 하는 그 누군가의 집단에 귀족들이 모여 상원(House of Lords)이 되고 일반 평민이 모여 하원(House of Commons)이 되었다. 이와 같이 왕실의 재정 형편이 어려워짐에 따라 왕권이 쇠퇴하고, 왕은 백성들로부터 세금을 걷는 대신 점차 그들의 자유와 권리를 인정하게 되었다. 따라서 영국 의회정치의 발달은 사적 소유가 왕이나 절대 군주의 공적 권한을 제한해 가는 과정을 보여주는 사례라고 할 수 있다.

영국에서 사적 소유의 보편화는 그 때까지의 관습이 녹아있는 보통법(common law)의 발달을 촉진하여 재화의 사적 소유에 따른 자유를 강화하는 역할을 하게 되었다. 소유란 법으로 강요할 수 있는 소유권의 보장을 의미하므로 법의 중요성이 부각된 것이다. 보통법이 발전하기 전에 자유는 선택받은 소수만이 누릴 수 있는 특권이었지만, 보통법의 발전과 함께 왕과 일반인들 간의 관계에서 충돌이 발생했고 보통법은 모든 국민의 사적 소유와 개인의 자유를 보호했다. 이와 같이 영국에서 의회 정치가 발달한 것은 재산의 사적 소유에 그 뿌리가 있으며, 이는 곧 소유와 자유 간의 불가분의 관계를 표현하는 것이다.[2] 즉 18~19세기 유럽에서 상공업이 발달하면서 중

2 파이프스(Pipes)가 정리한 바에 따르면 'freedom'은 왕과 같은 윗사람이 특히

산층이 형성되었고, 경제적 독립으로 개인의 가치에 대한 생각이 자유라는 사상을 탄생시켰으며, 이와 함께 소유는 법과 더불어 국가의 권력을 제한하는 가장 효과적인 수단으로 자리 잡음으로써 소유와 자유의 관계가 더욱 강화된 것이다.

반면에 러시아와 같은 'have not' 사회의 사례는 소유가 자유의 필요조건이지 충분조건은 아니라는 사실을 보여준다. 이는 곧 자유는 소유와 법과의 긴밀한 관계 속에서 서서히 성장한다는 사실을 의미한다. 재산에 대한 취득성은 인간의 본능에 속하지만, 타인의 재산과 자유의 보호를 위해서는 도덕률과 법이 필요하기 때문이다.

러시아의 역사는 대부분의 기간 동안 토지의 사적 소유가 허용되지 않았다는 사실을 보여준다. 20세기 초에 이르러 인구 증가와 영토 확장의 한계로 말미암아 토지가 희소한 자원이 되기 전까지 사적 소유의 개념이 발달하지 못했을 뿐만 아니라 세습 왕조 하에서 토지는 전적으로 왕조의 재산이었기 때문이다. 북부 지역에 위치한 노브고로트 공국이 모스코바 공국에 의해 함락되기 전까지 토지의 사적 소유의 일반화에 힘입어 민주주의와 소유가 발전한 적은 있었지만, 대부분의 기간 동안 토지는 군주의 소유였다. 일반인들은 왕실이나 왕실이 허락한 귀족 소유의 농노에 불과하여 자신들이 토지를 소유할 수 있는 자유와 능력이 없었다. 따라서 러시아에서는 자유의 개념이 싹트지 못했고 시민권도 발달하지 못했다. 18세기 후반 캐더

선호하는 우월한 자들에게 준 특권으로서, 그들이 가질 수 있는 권리를 의미한다. 반면에 'liberty'는 우월한 자든 열등한 자든, 귀족이든 평민이든, 같은 계급에 속한 사람들 사이에서 동등하게 취급받을 보통법상의 권리를 의미한다.

린 여제(Catherine the Great)가 소수 특권층을 위해 토지를 비롯한 생산재에 대한 사적 소유를 허용하고, 19세기 중반 농노가 해방되었지만 1917년 러시아 혁명으로 국유화되었다. 러시아는 'have not' 사회의 특성으로 말미암아 자유의 개념이 잉태되지 못했고 성숙한 시민 사회로 발전하지 못했다.

4. 재산권과 시장

인간은 지금보다 더 행복해지기 위해 행동한다. 그런데 이를 위한 중요한 수단이 물적 토대가 되는 재산이며, 인간이 행복 증진을 위한 행동을 하려면 그런 재산을 획득, 유지, 처분, 운용할 수 있는 배타적 권리인 재산권을 가져야 한다. 사유 재산을 바탕으로 한 행복 증진을 위한 인간 행동은 여러 사람들이 협력하고 상호 작용하는 시장에서 교환, 소비, 저축, 생산하는 소비자와 생산자의 행동으로 나타난다. 자유 사회에서 이러한 행동들은 어느 누구에게도 구속되지 않고 오로지 자신의 목적을 위한 것이며, 각 개인의 이런 행동들이 조화되고 융합되는 시장이 형성되고, 또 시장 과정을 통해 끊임없이 조정된다. 시장 과정이란 시장 사회의 구성원들이 자신을 행동을 남과의 상호 협력이라는 요구 사항에 맞춰 나가는 것을 말한다.

인간은 혼자서는 자신의 행복을 위한 물적 수단을 확보하는 데 매우 제한적인 능력을 가지고 있다. 외딴 섬에 갇혀 혼자 살아가는 로빈슨 크루소는 자신의 시간을 고기를 얻기 위한 사냥과 바꾸거나 야생 딸기를 따기 위해 바꾸는 자폐적 교환밖에 할 수 없다. 당연히 로빈슨 크루소가 확보할 수 있는 물적 자원은 극히 제한되기 마련이다.

반면에 현대와 같이 다른 사람들과의 교류가 가능한 사회에서는 인간은 서로 상호 작용함으로써 더 나은 물적 토대를 구축할 수 있다. 나에게 필요한 것을 남으로부터 얻기 위해서는 내가 가진 것을 남에게 줄 수 있어야 한다. 물적인 것이든 정신적인 것이든, 내가 남에게 도움이 될 수 있는 것을 소유하지 못한다면, 자선에 기대지 않는 한, 나는 남으로부터의 도움을 기대할 수 없다. 즉 나의 재산이 없으면 나는 더 나은 행복을 위한 행동을 할 수 없다. 따라서 재산은 인간이 의도하는 행동의 토대이다. 재산이 없으면 의도를 가진 인간 행동을 할 수 없다. 국제무역에서도 마찬가지다. 자국에서 아예 생산이 불가능하거나 비용이 높아 조금밖에 생산할 수 없지만 자국 국민들이 원하는 재화를 수입하기 위해서는 외국 국민들이 원하는 재화를 수출할 수 있어야 한다. 국제무역의 일차적 목적이 수입인데, 수입을 위한 수출을 할 수 없으면 국제무역의 이득을 얻을 수 없다.

중요한 사실은 시장 과정은 사유 재산 없이는 형성될 수 없다는 것이다. 시장 과정을 만들어내는 인간 행동은 사유 재산이 없이는 이뤄질 수 없기 때문이다. 결국 시장 과정을 있게 하는 것은 의도적인 인간 행동의 근간이 되는 사유 재산이다. 따라서 사유 재산은 시장이 형성되는 데 가장 긴요한 요건이다. 그렇다면 사유 재산이 없는 사회주의 국가에서는 어떤 일이 일어날까?

5. 사회주의 경제계산 불가능성

1920년 미제스(Ludwig von Mises)의 사회주의 경제계산 불가능성에 관한 논문이 나오기 이전에는 사회주의는 인센티브 문제로 곤란을 겪을 것이라는 것이 사회주의에 대한 보편적 생각이었다. 그러나 미제스는 사회주의는 인센티브 문제보다는 경제계산 불가능성(The impossibility of socialist economic calculation) 때문에 작동하지 않는다는 점을 명확하게 함으로써 사회주의 경제계산 논쟁을 촉발시켰다. 즉 재산이 없으면 인간의 의도적인 행동이 있을 수 없고, 의도적인 행동이 없으면 미래의 예측에 필요한 가격과 지식 등의 진정한 시장 정보가 창출될 수 없으며, 시장 정보가 없으면 경제계산이 불가능하다는 것이다. 미제스는 경제계산이 불가능하면 여러 가지 대안 중에서 합리적으로 선택할 수 있는 수단을 가질 수 없다는 점을 증명하고 "사회주의는 합리적 경제의 철폐다(Socialism is the abolition of rational economy.)."라고 규정했다.

사회주의 경제에서나 자본주의 경제에서나 공히 소비재는 궁극적으로 공유할 수 없다. 한 잔의 동일한 물을 두 사람이 동시에 마실 수 없으며, 코트 하나를 두 사람이 동시에 입을 수 없다. 휴대전화기 하나로 두 사람이 동시에 전화를 걸 수 없다. 따라서 사회주의 사회에서도 소비재는 결국 사적 소유로 귀결될 수밖에 없다. 그러므로 재산의 사적 소유를 인정하지 않는 사회주의 사회에서는 노동, 토지, 생산된 자본재 등의 생산재(생산요소)가 공유된다. 생산재를 국가가 소유하므로 시장에서 생산재에 대한 거래가 이뤄지지 않고, 따라서 생산재에 대한 시장 정보가 창출되지 않아 소비자 선호와 생산자 선택(consumer preference-producer choice)이라는 불가분의 연결고리가 끊어짐으로써 사회주의가 몰락한 것이다.[3] 즉 생산재가 모두

3 재산권은 외부성의 문제를 다룬다고 했는데, 생산재에 대한 사유 재산권이 없는 사회주의 국가에서는 그와 관련된 외부성의 문제를 다룰 수 없다.

국가에 의해 소유되어 시장에서 사고 팔리는 일이 없으므로 시장 가격이 창출되지 않아 계산을 할 수 없다. 생산자는 자신의 사업이 이익을 내고 있는지 또는 손실을 보고 있는지를 가늠할 수 없다.

반면에 사유 재산이 허용되는 자본주의 시장경제 체제에서는 소비재는 물론 생산재에 대한 시장 정보가 존재한다. 그리고 이러한 시장 정보는 서로 다른 재화나 용역에 대한 서로 다른 사람들이 부여하는 가치를 비교 가능하게 하는 화폐가격으로 단일하게 표시된다. 그리고 사람들은 이를 바탕으로 자신의 선호와 판단에 따라 가장 효율적인 방법으로 소비하고 생산한다. 즉 경제계산이 가능하다.

이와 같이 사회주의 사회와 자본주의 사회를 구분하는 가장 중요한 요소는 생산재의 사유 여부이다. 이는 주식시장과 채권시장의 유무에서 잘 드러난다. 사회주의 국가에서는 생산재를 공유하므로 주식시장이나 채권시장 같은 자본시장이 생길 수 없어 자본의 기회비용 정보가 창출되지 않으므로 특정 산업이나 기업이 사용하고 있는 자본의 효율성 여부를 가늠할 길이 없다. 즉 기대 편익과 기대 비용을 견주어 보는 경제계산이 불가능하다. 그런 점에서 중국은 사회주의를 표방하지만 주식시장과 채권시장이 있으므로 자본주의 국가로 분류되고 북한은 이들이 존재하지 않아 순수 사회주의 국가로 분류된다.

이제 사회주의 경제계산의 불가능성을 예를 들어 설명해 보자. 어떤 사회주의 국가가 일상생활은 물론 생산 활동에 긴요한 전기를 생산하려는 계획을 세웠다고 하자. 일정한 양의 전기를 생산하기 위해서는 수력발전, 화력발전, 원자력발전 등을 고려할 수 있다. 그러나 어떤 방법으로 생산해야 비용이 더 낮을 것인가를 판단할 수 있는 길잡이가 없다. 즉 이 세 가지 대안 중에서 어떤 발전 방식을 택할 것인지에 대한 판단 기준을 가질 수 없다. 각각의 건설과 운영에 소요될 여러 가지 자원, 즉 원자재, 토지, 인력, 장비 등에 대한 가격이 없어 이들 요소를 어떻게 조합해야 가장 효율적일지에 대한 판단 기준이 없기 때문이다.

어떤 이유로 화력발전소를 건설하기로 했다고 하더라도 어떤 방법으로 발전소를 건설할 것인가 하는 경제계산 문제는 여전히 남는다. 화력발전소를 건설하기 위해서는 철강, 시멘트, 자갈, 모래, 포클레인, 기중기, 터빈, 보일러 등의 시설과 장비, 건설 인력 등, 수많은 생산재가 필요하다. 그러나 이런 생산재들은 모두 국가가 소유하므로 시장에서 교환되지 않으며 최종 소비재도 아니므로 시장 가격이 존재하지 않는다. 노동을 자유롭게 판매하고 구매할 수 있는 노동시장도 없으므로 시장 임금 정보도 없다. 이들 요소들의 가치를 알려주는 가격 정보가 전혀 없기 때문에 발전소 건설의 여러 가지 대안적 방법의 비용을 계산하여 비교할 방법이 없다. 건설 책임자는 손전등 하나 없이 칠흑 같은 어둠 속을 자신과 소수의 사람들의 판단에만 의존한 채 헤쳐가게 될 것인데, 그 길이 맞는 길인지 틀린 길인지, 즉 효율적인 길인지 아닌지도 알 길이 없다. 효율적인 길을 찾는다는 것은 불가능하다.

이와 같이 자본주의 시장경제에서는 시장 가격들을 이용하여 자연스럽게 풀어갈 수 있는 문제들이 사회주의에서는 심각한 장애가 된다. 따라서 사회주의 국가의 붕괴와 몰락은 사유 재산을 허용하지 않는 데에 그 원인이 있는, 논리적 귀결이지 실험적 결과가 아니다.

그럼에도 불구하고 과거 구소련을 비롯한 동구권의 사회주의 국가들이 70여 년 동안 유지될 수 있었던 것은 자본주의 사회에서 생성되는 가격 정보를 원용하여 경제계산 불가능성 문제를 완화할 수 있었기 때문이라고 미제스는 설명한다.

미제스의 1920년 논문 이후 사회주의자들은 사회주의 경제에서도 경제계산이 가능하다는 사실을 보이려고 노력했다. 이에 대한 미제스의 반론을 살펴보자. 첫째, 사회주의자들은 시행착오(trial and error)에 의해서 경제계산 문제가 해결될 수 있다는 주장을 하고 있으나, 시행착오를 거치면서 원하는 해결을 구하기 위한 방법이 틀리다면 아무런 쓸모가 없는 것이다. 사회주의 국가에 소비재 시장이 존재한다면 시행착오에 의해 소비재 가격이 시장에서 결정될 수 있다. 그러나 토지나 자본재 등의 생산재는 중앙 계획당국이 관리하므로 사고 팔릴 수 없으며, 따라서 시장 가격이 형성될 수 없다. 시행착오의 방법에 의해 경제계산이 가능하기 위해서는 어떤 방법으로든지 생산재의 시장 가격이 창출되어야 하지만, 그럴 수 없으므로 사회주의 국가에서 시행착오에 의해 경제계산 문제가 해결될 수 없다. 이와는 달리 자본주의 국가에서는 생산재 시장이 존재하여 생산재의 가격이 창출되므로 기업가는 이윤과 손실을 계산할 수 있어, 이를 기준으로 경제계산을 할 수 있다. 물론 시행착오를 거치는 과정에서 경제계산이 이뤄진다. 그러나 사회주의에서의 시행착오는 생산재에 대한 시장 가격이 창출되지 않으므로 무엇이 어떻게 시행착오가 있었는지를 알 길이 없다. 따라서 사회주의에서 소비재와 관련된 시행착오는 의미가 있을 수 있지만, 생산재와 관련된 시행착오는 무엇이 잘되고 무엇이 잘못되고 있는지를 알려줄 수 있는 길잡이가 없으므로 시행착오적 방법이라고 할 수 없는, 무의미한 것이다.

즉 사회주의에서는 시행착오로 얻어내고자 하는 목적물은 있지만 그 방법이 틀리기 때문에 얻어낼 길이 없다. 의미 있는 시행착오는 이윤 동기를 가진 기업가적 행위가 있는 자본주의에서만 가능한 것이다.

둘째, 생산재를 중앙 계획자가 통제하면서 시장을 흉내 내는 방법으로 경제계산 문제를 해결할 수 있다는 주장에 대해서이다. 즉 사회주의 경영자로 하여금 자본주의 경영자와 똑같은 인센티브와 관심을 가지고 기업을 경영하도록 명령하여 경제계산 문제를 해결한다는 것이다. 자본주의 경영자는 궁극적인 감독자인 소비자의 수요에 부응하여 주주의 이익을 위해 경영하므로 사회주의 경영자도 이와 똑같은 방법으로 경영함으로써 얻는 이익은 사회 전체로 돌리면서 경제계산 문제를 해결한다는 주장이다. 이러한 주장의 이면에는 경제는 변화하지 않고 정태적 상태에 머물러 있기 때문에 중앙 계획자의 하위 종사자인 경영자가 그의 명령을 받아 종속적 기능만을 수행하면 경제계산 문제가 해결된다는 생각이 깔려 있다. 그러나 실제의 상업 세계는 경영자 체제(managerial system)가 아니고 기업가 체제(entrepreneurial system)이다. 즉 상업 세계는 변화무쌍하여 이러한 시장 변화에 대응하여 이익을 얻기 위해서는 하위 경영자의 경영적 요인보다는 더 많은 다른 요인에 의해 결정되는 시장가격의 구조 변화에 부응하여 기업가가 조정해 나가야 한다. 경영적 요인보다 더 광범위한 요인이란 단순한 구매 행위 외에 어떤 산업에 자본을 투자할 것인지, 기업을 확장할 것인지 축소할 것인지, 퇴출할 것인지 합병할 것인지, 주식을 살 것인지 팔 것인지를 결정하는 조정을 하는 등, 자본시장과 화폐시장에서 행하는 기업가적 기능을 둘러싼 요인이다. 즉 자본주의에서 어떤 기업과 산업에 자본을 배분할 것인가를 결정하는 기능이 바로 기업가적 기능이다. 그런데 이런 일들은 기업가의 명령을 받아 정해진 틀 안에서 특정한 업무만을 수행하는 하위 경영자가 할 수 있는 영역을 크게 벗어나는 것들이다. 따라서 생산 수단을 국유화하고 하위 경영자의 행위를 조정함으로써 자본주의 시장을 흉내 내서 경제계산 문제를 해결한다는 주장은 틀린 것이다. 더 큰 문제는 생산재에 대한 시장 가격이 없는 상태에서 중앙 계획자가 하위 경영자에게 무엇을 명령해야 할지 알 수 없다는 것이다. 즉 기업의 확장 또는 축소, 생산량의 증가 또는 감소 또는 중단 등을 결정할 수 있는 시장 정보를 중앙 계획자가 전혀 가질 수 없다. 기껏해야 자신의 판단에 의존할 뿐, 무엇을 어떻게 얼마만큼 생산해야 할지에 대한 시장 정보를 전혀 가질 수 없다. 생산재를 국가가 소유하고 통제하면서 시장을 흉내 냄으로써 경제계산의 불가능성을 극복할 수는 없다. 시장이 모든 악의 근원이라고 규정하여 없애고, 다시 시장 흉내를 내고자 하는 것은 우스꽝스러운 일이 아닐 수 없다.

셋째, 이와 관련하여 연립방정식 모형으로 경제계산 문제를 해결할 수 있다는 주장 역시 틀렸다. 연립방정식 모형은 균형 상태인데, 이러한 균형 상태에 도달하게 한 인간 행동과 관련된 정보가 전혀 없기 때문이다. 즉 둘째 사항에서 지적한 바와 같이 자본주의 경제에서 가장 중요한 기업가의 기능과 그에 따른 시장 과정이 전혀 반영되어 있지 않다. 소비자나 기업가, 투기자 등은 가상적인 균형 가격에 관심이 있는 것이 아니라 미래의 시점에서 사고 팔 때의 가격 수준에 관심이 있다. 더구나 모형이 제시하는 오늘의 균형 상태는 사실상 오늘의 실제 현상을 반영하는 것도 아니고 미래의 상태를 반영하는 것은 더더욱 아니라는 측면에서, 연립방정식 모형 역시 경제계산 문제를 해결할 수 있는 방법이 되지 못한다.

결국 토지나 중간재와 같은 생산재의 사적 소유를 허용하지 않는 사회주의에서는 어떠한 방식으로든지 경제계산을 할 수 없다. 사회주의가 몰락한 첫 번째(primary) 이유다.

사회주의 사회에서 사유 재산 부재로 나타나는 또 하나의 현상이 인센티브(유인) 왜곡이다. 사람들은 자신이 생산에 참여하여 얻은 산출물은 자신에게 귀속될 것이라고 기대한다. 그러한 산출물의 일부 또는 전부가 자신에게 귀속되지 않고 다른 방법으로 나눠진다면 사람들이 일할 유인은 크게 줄어든다. 그러므로 사유 재산 부재에 따른 유인 왜곡도 사회주의 몰락의 중요한 원인이 된다. 그러나 이는 두 번째 이유이다. 사회주의의 우월성을 주장하는 사람들은 사회주의가 실현되면 사람들의 유인 구조도 크게 바뀌기 때문에 유인 왜곡 문제는 사라진다고 주장한다. 그러나 인간은 공통의 성격을 가진 존재로서 사회 환경이나 처한 계급에 따라 인간의 속성이 다를 수 있다는 다중 논리는 타당하지 않다. 백보를 양보하여 그런 주장을 수용하더라도 경제계산의 문제는 여전히 남는다. 생산재가 사유되지 않아 그에 대한 시장 정보가 창출되지 않으므로 어떤 재화나 서비스를 어떻게 얼마나 생산할 것인지에 대한 길잡이가 전혀 없다. 따라서 사회주의 몰락의 일차적 원인은 사유 재산 부재에 따른 경제계산의 불가능성이다. 사유 재산 부재에 따른 유인 왜곡 문제는 이차적(secondary) 원인이다.

6. 재산권과 자유, 정의, 평화

재산권은 '무엇을 할 수 있는 권리'를 의미하므로 이를 제한하는 것은 재산을 근간으로 하는 인간 행동을 제한하는 것이다. 제3자에게 피해를 주지 않는 행위를 제한하는 것은 재산권을 침해하는 것이며, 이는 다시 개인의 자유를 침해하므로 정의롭지 않으며 도덕과 윤리에 어긋나는 것이다. 또한 희소한 자원에 대한 소유 구분이 없는 상황에서 이를 서로 사용하려는 의도는 반드시 갈등을 유발하여 사람들 사이의 평화를 해치게 된다. 따라서 사유 재산권은 개인의 자유는 물론 정의와 도덕, 윤리 그리고 평화를 유지하는 근간이 된다.

앞에서 기술한 바와 같이, 개인의 재산을 자신의 뜻대로 사용하고 처분하지 못하면 개인의 자유가 있을 수 없다. 국가가 모든 자원에 대한 재산권을 가지면 개인의 의사와는 무관하게 국가의 뜻대로 재산을 사용하고 처분하며, 그러한 재산의 사용이나 처분 방식은 모든 개인에게 획일적으로 적용된다. 그러나 한 사회에는 다양한 기호와 의견을 가진 수많은 개인들이 살고 있다. 국가가 재산권을 가지는 경제 체제에서는 이러한 개인들의 다양성이 충족될 수 없다. 결국 사유 재산권은 개인의 자유를 보호하고 권력을 각 개인에게 분산시키는 장치라는 사실을 알 수 있다. 즉 사유 재산권은 개인의 자유를 보호하고 권력을 분산시키는 최후의 보루라는 매우 중요한 사실을 알 수 있다. 예를 들어, 정보를 유통할 수 있는 기기가 모두 국가 소유여서 허가를 받아야 사용할 수 있다고 하면, 사람들이 원하는 정보를 제때에 마음대로 유통할 수 없기 때문에 언론의 자유는 제약되기 마련이다. 결국 기기를 모두 국가가 소유하면 언론의 자유가 통제되거나 아예 없어지고 말 것이다. 이와 같이 재산권과 자유는 밀접하게 연관되어 있다.

또한 사유 재산권이 없는 사회는 정의롭지도 않고 평화롭지도 없다. 어떤 개인이 무더운 여름철에 땀 흘려 열심히 잘 기른 농작물을 사유 재산권 부재로 말미암아 아무나 가져가 버린다면, 이는 경제 주체들의 사회적 협동을 방해하게 되므로 정의로운 사회라고 말할 수 없다. 당연히 경작자와 이를 탈취해 가는 사람 간에는 분쟁이 일어나고 사회에 평화는 없게 될 것이다. 재산에 관한 법은 분쟁 해결을 통해 평화를 가져오므로 평화는 재산권이 명확할 때 달성될 수 있다. 이와 관련하여 하이에크는 "잘 쳐진 울타리가 좋은 이웃을 만든다(A good fence makes a good neighbour)."고 지적한 바 있다

성문법이 아니더라도 불문법이나 사람들 간에 잘 확립된 관행이나 관례가 재산권을 명확하게 함으로써 분쟁의 불씨를 제거하며 평화를 유지하고 장기간의 협동을 유도하는 사례는 많다. 앞에서 설명한 한국의 산삼이 대표적인 사례라고 할 수 있다. 깊은 산중의 산삼을 찾아 나서는 이른바 '심마니'들은 단독으로 다니기도 하지만 대부분 무리를 지어 다닌다. 심마니들 간에는 누군가 산삼을 발견하면 '심봤다'를 외침과 동시에 그 산삼의 재산권은 최초의 발견자에게 귀속되는 관례가 오랫동안 통용되고 있다. 산삼이 주변에도 있을 수 있으므로 최초 발견자가 다른 산삼이 또 있는지 주변을 모두 살펴본 다음, 그 사실을 다른 심마니들에게 선언하면 이들은 주변에 또 있을지도 모를 산삼을 찾을 수 있는 권리를 얻게 된다. 명시적인 문건으로 써진 것은 아니지만 심마니들 간에 정착된 재산권이 이들 간의 평화로운 관계를 유지할 수 있는 바탕이 된

것이다.

참고문헌

Demsetz, Harold, "Toward a Theory of Property Rights," *American Economic Review*, May 1967, pp.347-59.

Hoppe, Hans-Hermann, "Socialism: A Property or Knowledge Problem?" *Review of Austrian Economics* 9(1), 1996, pp.143-49.

Leacock, Eleanor, "The Montagnais 'Hunting Territory' and the Fur Trade," *American Anthropological Association*, 36, Memoir no. 78, 1954.

Mises, Ludwig von, 『Human Action: A Treatise on Economics』, Ludwig von Mises Institute, 1998[1949], 민경국·박종운 옮김, 『인간행동』, 지식을 만드는 지식, 2011.

__________________, "Economic Calculation in the Socialist Commonwealth," Ludwig von Mises Institute, 1990[1920].

Pipes, Richard, 『Property and Freedom』, Vintage Books, A Division of Random House, Inc. New York, 2000.

2

시장질서

수많은 인간들이 살아가는 사회에서 인간은 각자의 고유한 목적을 달성하기 위해 행동한다. 그런데 인간은 기본적으로 이기적이며 제한된 관용을 가진 존재이다. 따라서 이런 인간들의 행동은 서로 충돌하기도 하므로 모두의 삶이 평화롭게 유지되기 위해서는 공통적으로 지켜야 하는 행동 규칙이 존재해야 한다. 즉 인간은 서로 해를 끼칠 수 있으므로 다른 사람들이 받아들일 수 없는 각자의 주관적 욕구를 억제하고 모든 사람들이 받아들일 수 있는 행동 규칙을 따를 때에 하나의 사회 구성원으로 편입되고 상호적인 삶을 유지할 수 있다.

평화로운 사회 질서의 형성에 긴요한 전제 조건으로서 아담 스미스(Adam Smith)는 마음속의 양심과 도덕으로서의 '공평한 관찰자'를, 흄(David Hume)은 소유의 안정성을 강조한다. 또 칸트(Immanuel Kant)는 모든 사람들이 공유할 수 있는 보편적이며 필연적 법칙을, 하이에크(Friedrich A. Hayek)는 정의로운 행위 준칙(rules of just conduct)을 강조한다.

아담 스미스에 의하면 마음속의 공평한 관찰자는 행위 동기의 적절성을 판단하는 직접적 동감과 그 행위에 대해 타인이 느낄 감정을 판단하는 간접적 공감의 방법을 통해 도덕적 기준을 세우는데, 사람들이 이러한 도덕 기준을 따를 때 사회 질서가 형성되고 유지될 수 있다. 흄은 사람들이 약탈 가능성이 있는 재산에 대한 소유의 안정성을 둘러싼 덕에 공감하는 정의의 감정을 공유할 때, 서로에게 이익이 되고 사회가 유지된다는 도덕 기준을 제시한다. 칸트는 인간은 이성을 가진 존재로서 인간에게는 자기 욕구를 추구하는 주관적 경향성이 존재하지만 도덕적 인격성이 있다는 점을 지적하고, 도덕률을 보편적이고 필연적인 정언명령(定言命令, categorical imperative)으로 규정했다.

하이에크를 비롯한 자유주의 경제학자들에 의하면, 사람들은 정의로운 행위 준칙을 따를 때 형성되는 사회 질서 안에서 서로의 목적들이 조화를 이루며, 자신의 목적은 물론 다른 사람들의 목적도 더 잘 달성된다는 사실을 배우게 된다. 이러한 준칙은 어느 누가 고안한 것이 아니고 오랜 시간에 걸쳐 점진적으로 발전하여 현재의 모습에 이르게 된 것이다. 그러한 준칙은 장구한 시간에 걸쳐 발견된 것들이고 앞으로도 발견될 것들이다. 또 많은 경우에 그러한 준칙이 생겨난 동기나 이유를 알 수 없기도 하다.[1]

행동 규칙이 형성되는 배경에 대해서는 서로 다른 논의가 있지만 행동 규칙이 준수될 때 사회 질서가 형성되고, 그 질서 하에서 개인

1 행동 규칙을 Kant의 경우에는 행동 법칙으로, Hayek의 경우에는 행위 준칙으로 표현(또는 번역)하고 있는데, 같은 내용을 의미하는 것이다.

들은 자신의 고유한 목적을 달성하기 위해 행동하고, 또 가장 잘 달성할 수 있다는 결론에 이른다. 어느 누구의 지시 명령이 아니고 자발적인 노동 분업을 통한 협동으로 서로가 서로의 목적 달성에 기여함으로써 사회 전체의 평화를 유지하게 된다. 따라서 모든 사람들이 따르게 되는 행동 규칙, 그리고 이를 규율하는 법(law)은 그 자체로서는 특수한 목적을 가지지 않고, 다만 인류의 오랜 역사를 통해 이뤄진 질서의 유지를 위한 목적을 가진다는 사실을 확인할 수 있다.

본 장에서는 시장질서의 성격과 작동 원리, 시장질서 형성의 전제가 됨과 동시에 그 발전과 함께 변화해가는 사람들의 행동 규칙 및 이를 명시적으로 규율하는 법의 속성, 시장질서의 운행, 그리고 시장질서의 정의로움에 대해 논의한다.

1. 질서

질서(order)란 "우리가 전체의 일부분인 특정 시공간에서 우리에게 익숙한 것들을 기반으로 나머지에 대해 정확하게 기대를 형성하거나 상당히 정확하게 형성할 수 있도록 여러 가지 종류의 다양한 원소들이 서로 연관되어 있는 상태이다."[2]

질서에는 두 가지 종류가 있다. 특정한 개인이나 집단에 의해 인위적으로 만들어진 질서(taxis: 외생적 질서)와, 이와는 달리 자연스럽게 형성된 질서(cosmos: 내생적 질서 또는 자생적 질서)이다. 전자는 인위적으로 만들어진 것으로서 정부, 기업, 학교, 병원 등과 같

2 Hayek(1973), p.36 참조.

이 특수한 목적을 가진 조직에 적용되는, 직관적으로 인지 가능한 구체적 질서인데, 이는 전적으로 질서를 만든 개인이나 집단의 목적에 봉사하게 된다. 반면에 후자는 수많은 개인들이 상호 작용하며 살아가는 사회에 적용되는 질서로서 인위적으로 만들어진 것이 아니라 내생적으로 태동하여 진화하는 것이다. 내생적 질서는 흔히 인간이 인지할 수 있는 한계를 넘는 정도의 복잡성을 띠므로 구체적으로 지각하기 어려워 인간의 지적 작업을 통해서만 재구성될 수 있는 추상적인 것이다.[3]

다음에 논의하는 바와 같이, 내생적 질서를 낳는 행동 규칙들이 구체적 목적을 위해 인위적으로 만들어진 것이 아닌 만큼, 내생적 질서 역시 구체적인 목적을 가지지 않는다. 내생적 질서는 전체를 구성하는 각 개인들의 '목적을 가진 행동'에 의존하는데, 이때의 목적을 가진 행동이란 각 개인들이 추구하는 목적을 안다는 것을 의미하는 것이 아니라 그들이 다른 질서가 아닌 내생적 질서 안에서 행동하는 것이 자신들의 생존 가능성과 기회의 확장 가능성을 높일 수 있으므로 그러한 질서의 유지에 도움이 되는 규칙성을 가진 행동을 한다는 것을 의미한다. 따라서 내생적 질서는 각 개인의 구체적 목적을 추상적 행동 규칙으로 대체함으로써 서로 잘 알지도 못하고 또 알 필요도 없는 상이한 목적을 가진 각 개인들이 이득을 얻게 해 주는 질서이다.

위의 질서 개념을 인간 세상의 시장질서로 바꾸어 말하면 "시장

3 자생적 질서가 꼭 추상적일 이유는 없다. 그러나 흔히 시스템을 구성하는 원소들 간의 관계가 추상적이며, 그러한 원소 또한 추상적 성질로 정의되므로 자생적 질서는 흔히 추상적인 것이 된다.

질서는 각 개인이 자신에게 익숙한 일부분을 바탕으로 다른 사람들에 대한 기대를 정확하게 형성하거나 상당히 정확하게 형성할 수 있도록 다양한 종류의 여러 사람들이 시장에서 서로 연관되어 있는 상태이다."라고 할 수 있다. 그런데 이런 질서가 형성되려면 모든 사람들에게 보편적이고 필연적으로 타당한 행동 규칙이 수립되어야 한다. 소유의 안정성을 위한 행동 규칙이나 정의로운 행위 준칙은 그러한 행동 규칙을 의미한다.

이와 관련하여 시장에서의 교환을 생각할 수 있다. 자발적 교환은 나에게는 낮은 가치를 주지만 상대방에게는 높은 가치를 주는 물건과, 상대방에게는 낮은 가치를 주지만 나에게는 높은 가치를 주는 물건을 서로 바꾸는 것을 말한다. 따라서 사람들이 교환을 하는 이유는 그렇게 함으로써 서로 이득을 보기 때문이다. 그런데 내가 상대방은 잘 모르는 나의 목적을 위해 내가 가진 수단을 바탕으로 상대방에게 특정 제안을 하고, 상대방은 나는 모르는 자신의 목적을 위해 자신이 가진 수단을 바탕으로 어떤 제안을 하면, 그것들은 서로에게 이익이 될 것이라는 기대가 대부분 충족되기 때문에 교환이라는 시장질서가 생긴다. 개인들에게 익숙한 것들로부터 형성되는 그런 기대가 없다면 교환이라는 시장질서가 생기지 않는다.

기대가 일치한다는 것은 상대방이 자신만의 목적을 위해 나를 착취하는 행동을 하지 않으며, 나 또한 나만의 목적을 위해 상대방을 착취하는 행동을 하지 않는다는 도덕에 기초하고 있다는 사실을 뜻한다. 즉 우리가 교환으로 서로 이익을 볼 수 있을 것이라고 기대하는 것은 우리가 나의 주관적이면서도 남들도 보편적이며 필연적으로 받아들이는 객관적 원리들인 행동 규칙에 따르는 것을 필요로 하고, 이는 곧 우리가 도덕률에 기초하는 행동을 한다는 것을 의미한다. 그렇다면 도덕률에 기초하는 행동 규칙이란 무엇이며 어떻게 형성되는가?

2. 행동 규칙

1) 자원의 희소성, 재산권, 행동 규칙의 진화

제1장에서 설명한 바와 같이 재산권은 인간이 가치를 부여하는 희소한 자원에 대한 누군가의 독점적 소유권을 말한다. 재산에 대한 독점적 소유권으로 각 개인은 자신의 재산을 획득, 유지, 처분, 운용할 수 있는 배타적 권리를 가진다. 이러한 재산권은 사람들이 특정 자원에 가치를 부여할 때 그런 자원의 효율적 사용을 위해 태동한다. 즉 재산권은 외부효과를 내부화함으로써 얻는 편익이 내부화하는 데 드는 비용보다 클 때 태동하고, 기술의 발달과 새로운 시장의 출현 등에 의해 사람들의 가치 부여가 변하여 비용-편익 구조가 바뀌면 새로운 형태로 변화한다.

자원이 희소하지 않다면 사람들 간에 서로 지켜야 할 행동 규칙이 존재할 필요가 없다. 도덕 규칙과 정의의 개념도 필요하지 않다. 각자가 남의 영역을 침해하지 않고 얼마든지 자신이 원하는 삶을 영위할 수 있기 때문이다. 그러나 자원이 희소하다는 사실 그 자체와 인간의 이기적 속성으로부터 재산권 문제가 대두된다. 그에 따라 서로의 재산을 침해하지 않고 사람들을 협동의 장(場)으로 인도할 수 있는 행동 규칙이 필요하게 된다. 즉 사유 재산을 근간으로 하는 행동 규칙이 필요하게 된다.

만일 사람들 간에 서로 지켜야 할 행동 규칙이 존재하지 않는다면, 인간 세계는 자연이 주는 희소한 먹이를 둘러싸고 삶과 죽음을 가르는 싸움을 벌이는 갈등의 동물 세계와 전혀 다를 바가 없게 된다. 그런데 인간은 다른 동물들과는 달리 사유 재산 제도를 바탕으로 노동 분업을 통한 상호 협동에 의해 희소한 자원을 효율적으로 이용함으로써 자연이 준 제한된 공급을 지속적으로 확대하여 각자의 몫을 둘러싼 갈등을 조화로 해결해왔다. 따라서 사유 재산은 인간 세상에서 행동 규칙이 생기는 바탕이 된다. 이런 과정에서 오랜 기간에 걸쳐 재산을 둘러싸고 자연스럽게 태동한 도덕, 전통, 관습, 관례 등이 생겨 모든 사람들이 지켜야 하는 행동 규칙으로 자리 잡게 되었다.

강조할 점은 도덕, 전통, 관습, 관례 등은 특정 개인이나 집단이 고안하고 집행함으로써 생긴 것이 아니라는 것이다. 인류는 오랜 기간을 살아오면서 형성된 도덕, 전통, 관습, 관례, 그리고 법 등의 정의로운 행동 규칙을 준수하면서 서로 간의 노동 분업을 통해 자연이 준 빈곤의 조건을 개선하여 재화와 서비스의 공급 제한을 완화하고 교환을 바탕으로 서로 협동함으로써 이득을 얻고 부를 축적해 왔다. 또한 부가 축적되고 경제 규모가 커짐에 따라 이러한 행동 규칙들 또한 새로운 경제 환경에 걸맞게 변화하기도 하고 새로운 행동 규칙이 생겨나기도 했다. 재산권과 그에 따른 행동 규칙도 진화해 온 것이다. 그리고 어떤 특정한 형태의 도덕과 전통, 관습, 관례, 법 등에 의존하여 살아온 집단이 다른 도덕과 전통, 관습, 관례, 법 등에 의존해 살아온 집단보다 더 나은 삶을 살았다는 사실에 따라 특정한 형태의 제도에 바탕을 둔 행동 규칙이 대부분의 사람들에 의해 받아들여지고 정착된 것이다.

행동 규칙의 진화 과정을 좀 더 자세히 살펴보면, 그 변화를 잘 알 수 있다. 인류는 수렵 채취 시대의 소규모 대면 사회에서의 협동을 위한 행동 규칙에서 점차 벗어나 대규모 사회에서의 협동을 가능하게 하는 행동 규칙으로 이행해 왔다. 소규모 대면 사회의 수렵 채취 시대에는 씨족이나 부족의 모든 구성원들이 함께 식량을 얻는 데 동원되었다. 모두가 협동하여 얻은 식량은 자신들의 소비를 위한 것으로서 특정 개인의 소유가 아니라 공동 소유였으며, 얻은 식량은 가부장의 지휘 아래 서로의 필요에 따라 나누었고, 이에 따라 서로 아는 사람들 간의 애정과 돌봄이 도덕과 전통, 관습, 관례의 기초로 자리 잡았다. 즉 소규모 대면 사회에서는 각 개인들이 하는 일을 눈으로 직접 목격할 수 있는 협동 방식이었고 필요에 따라 공평하게 나누는 분배 방식이었다.

이제 인류가 수렵 채취의 시대를 지나 일정한 곳에 정착하여 농사를 짓는 단계와, 그 단계를 넘어 상공업이 발달함에 따라 경제 규모가 커지고 인구가 늘어나면서 사람들 간의 협동은 자신을 위한 생산이 아닌, 잘 알지 못하는 타인을 위한 생산으로 변모했다. 즉 자신이 소비하고 있는 재화를 누가 어디에서 생산했는지 알 수 없고 또 알 필요도 없으며, 자신 또한 특정한 개인이나 집단이 아닌, 누구인지 잘 알지 못하는 일반 사람들을 위해 생산하는 방식으로 변모했다. 교환을 위한 시장이 형성되고 산출물의 분배와 소득은 시장에서 남을 위해 기여한 정도에 따라 결정되었다. 그리고 인간은 이런 생산과 분배 방식은 서로가 서로의 사유 재산을 존중하지 않고는 작동할 수 없다는 사실을 점차 체득하게 되었다. 따라서 이 시대의 행동 규칙이 오늘날의 도덕과 전통, 관습, 관례 등으로 발전하게 된 것이다. 오늘날의 협동과 분배 방식은 수렵 채취 시대의 협동과 분배 방식과는 크게 달라졌고, 그에 따라 사람들 간의 행동 규칙 또한 달라진 것이다.

개인들이 재산을 사유하지 않고 국가나 지역 공동체 등이 공유하는 경우에도 모든 사람들에게 적용되는 행동 규칙이 요구될 수 있다. 예를 들어 공동 소유의 재산을 자신의 이익을 위해 약탈하지 않고 낭비하지 않아야 하는 등의 행동 규칙이 요구될 수 있다. 그러나 이런 행동 규칙은 공유 재산 제도에서 사람들 간에 서로의 행동이 조정되어 자연스럽게 형성될 수 있는 것이 아니다. 그것이 비록 당위적이라고 하더라도, 이른바 공유의 비극으로 말미암아 희소한 자원이 효율적으로 사용되지 않는다.

2) 도덕과 행동 규칙에 대한 제 논의

시장질서는 사유 재산 제도를 바탕으로 사람들이 의식적·무의식적 행동 규칙을 따름으로써 형성되며, 시장질서와 행동 규칙은 서로 영향을 주고받으면서 발전해 간다. 아담 스미스의 '공평한 관찰자', 흄의 '소유의 안정성', 칸트의 '정언명령', 하이에크의 '정의로운 행위 준칙', 그리고 이로부터 생기는 법 등은 모두 인간의 행동 규칙과 이를 기초로 하는 시장질서 형성에 긴요한 것들이다.

아담 스미스가 『도덕감정론』에서 거론하는 공평한 관찰자는 마음속의 양심이나 도덕과 같은 것이다. 사람들은 어떤 행위를 할 때 타인으로부터 동감(sympathy)을 얻으려고 하며, 이러한 동감은 행위자의 마음속에 있는 공평한 관찰자의 판단에 따를 때 얻어질 수 있다. 즉 행위 동기의 적절성을 판단하는 직접적 동감과 그 행위에 따라 타인이 느낄 감정을 판단하는 간접적 공감의 방법을 통해 행위의 적절성을 판단한다. 따라서 공평한 관찰자의 판단을 도덕적 기준이라고 할 수 있으며, 사람들이 이러한 도덕 기준을 따를 때 사회 질서가 형성되고 유지될 수 있다는 것이다. 마음속의 공평한 관찰자가 비난받을만한 행위라고 판단할 행위는 피하고 칭찬할만하다고 판단할 행위는 추진함으로써 정의의 규칙이 지켜지고, 그 결과 평화로운 사회 질서가 형성되고 유지된다. 경쟁과 관련해서도 아담 스미스가 용인하는 것은 정의에 의해 인도되는 것들이다. 즉 페어플레이 정신이다. 그 속에서 이뤄지는 경쟁만이 평화로운 사회 질서를 유지하고 번영을 약속할 수 있다. 이는 흄의 자발적 동의(convention), 칸트의 정언명령, 그리고 하이에크의 정의로운 행위 준칙과 본질적으로 동일한 것으로 해석할 수 있다.

아담 스미스는 인간 내부에는 마음속의 공평한 관찰자의 판단에 따르는 '현명함'과 세속적인 평가를 중요시하는 '연약함'이 동시에 존재한다고 생각한다. 또한 그는 '재산에 이르는 길'을 따르는 연약함이라는 인간 속성이 사회를 번영으로 이끄는 원동력이라는 점을 중요하게 생각한다. 사회를 질서와 번영으로 이끄는 것은, 현명함을 뜻하는 '덕에 이르는 길'에 모순되지 않는, 재산에 이르는 길을 추구하는 것이며, 이는 곧 정의에 의해 제어되는 욕구와 경쟁을 뜻한다. 즉 덕에 이르는 길은 사회의 질서를 형성하고 유지하는 기능을 하고 재산에 이르는 길은 사회를 번영으로 이끄는 기능을 한다. 연약함은 사람들의 '보이지 않는 손'을 움직여 사회를 번영으로 이끄는 기능을 하지만, 연약함은 방임되어서는 안 되며, 현명함에 의해 적절히 통제되어야만 한다는 점을 강조한다.

흄은 그의 저서 『도덕에 관하여』에서 인간을 자기중심적이며 제한된 관용만을 가진 존재로 파악한다. 흄은 칸트와는 달리 도덕적 구별은 인간 이성의 산물이 아니라 인간들이 오랫동안 살아오면서 만들어진 자발적 동의에 의한 것임을 강조한다. 이성은 참과 거짓을 판별하는 능력일 뿐, 호와 불호, 유쾌와 불쾌 등의 느낌과 소감을 판별하는 능력이 없다. 또 감정 자체의 무표상적 성질로부터 유래하는 반성 인상으로서의 감정이 도덕성을 구별한다는 것이다. 이성을 통해서 알 수 있는 관념들 간의 관계는 유사성, 반대, 성질의 정도, 양과 수의 비율뿐인데, 만일 도덕이 이성에 그 뿌리가 있다면 이러한 관계는 인간뿐만 아니라 동물들이나 무생물에도 있으므로 동물에게도 도덕성의 관념이 존재해야 한다. 그러나 우리가 동물이나 무생물에 도덕성을 요구할 수 없다는 사실은 자명하다. 흄의 예를 인용하자면, 어미 나무가 씨앗을 뿌려 자란 어린 나무가 어미 나무를 고사시키는 것과 인간이 존속살인을 하는 것에는 서로 다른 원인이 있지만, 관계 자체는 동일하다. 그러나 우리가 존속살인에 대해서는 부도덕성의 느낌이나 소감을 가지지만 나무의 경우에는 그렇지 않다는 사실이 도덕은 관계에서 발생하는 것이 아니라 감정이나 정서에 그 뿌리가 있다는 것을 증명한다는 것이다. 따라서 도덕성은 판단된다기보다는 느껴진다는 것이다.

그렇다면 도덕성에서 이성의 기능은 없는 것인가? 흄은 "이성은 정념의 노예이며 또 노예여야 한다."는 공언에서와 같이 이성의 기능을 그다지 크게 평가하지 않고 있다. 그러나 이성은 정념이나 감정이 행동을 야기할 때 행동의 방향을 조정하는 보조적 기능을 한다고 설명한다. 이는 흄의 "행위에의 충동은 이성에 의해 생기는 것이 아니라, 단지 이성에 의해 그 방향이 지워진다."라는 표현에 잘 나타나 있다.

흄의 도덕론이 사회 질서 형성과 관련해서 가지는 중요한 사실은, 인간이 오랜 기간을 살아오면서 터득한 것은, 자신의 이익만을 위해 행동하면 사회가 유지될 수 없으므로 인간은 서로 받아들일 수 있는 도덕 규칙을 지키도록 훈육된다는 것이다. 자발적 동의에 바탕을 둔 도덕 규칙을 지키면 서로에게 이익이 되고 생존 기회를 높여주기 때문이다. 그렇다면 자발적 동의를 하게 되는 도덕 규칙의 형성에 핵심이 되는 것은 무엇인가? 흄에 의하면 인간이 소유하는 것에는 3가지 종류가 있다. 첫째, 마음속의 행복으로서 이는 아무도 약탈해갈 수 없다. 둘째, 우수한 두뇌나 수려한 용모와 같이 남이 약탈해갈 수는 있으나 약탈자에게 도움이 되지 않는 것이다. 그래서 이 두 가지는 자신의 소유로서 남에게 약탈당하지 않으며 자유롭게 소유하고 즐기며 활용할 수 있다. 셋째, 약탈 가능하며 약탈자에게 이익이 되는 유·무형의 물질인데, 강제나 약탈은 반드시 개인의 신체를 포함한 유·무형의 재산에 가해진다. 따라서 도덕의 핵심은 소유의 안정성에 있다.

인간은 눈앞의 이익에 몰두하는 경향을 가진 존재로서 이기심을 제어하지 못하고 도덕 규칙을 자주 위반하는 경향을 가진다. 그런데 도덕 규칙을 지키는 행위는 사람들에게 유쾌한 감정을 주고 위반하는 행위는 불쾌한 감정을 주는데, 사람들은 자신은 물론 남의 행동을 반복적으로 관찰하고 경험하면서 특정 행위에 대한 유쾌감과 불쾌감이라는 공통의 감정을 공유한다. 이를테면 남의 생명을 위협하고 재산을 약탈하는 행위에 대해서는 불쾌한 감정을 공유하며, 생명과 재산을 보호하는 행동에 대해서는 유쾌한 감정을 공유한다. 교통신호와 순서를 잘 지키는 행위에 대해서는 유쾌한 감정을 느끼지만, 위반하는 행위에 대해서는 불쾌한 감정을 느낀다. 이와 같이 인간은 공감의 원리에 의해 도덕률을 지키는 정의로운 행위에 유쾌한 감정을, 위반하는 불의한 행위에 불쾌한 감정을 공유함으로써 정의의 규칙을 지키도록 유도된다. 따라서 자원의 희소성과 자신의 이익 및 생존의 기회를 높이고자 하는 이기심이 정의의 원천이고, 공익을 위한 도덕 규칙의 준수 여부에 따르는 유쾌·불쾌의 공감이 정의를 시인(是認)하는 원천이라고 흄은 설파한다.

한편 칸트의 『실천이성비판』에 의하면 사람들은 자신의 의향에 따르는 나름대로의 행위 준칙을 정립한다. 그러나 이러한 행위 준칙은 자신의 주관적 의향을 따르는 것이므로 남의 영역을 침해할 수 있는 경향성을 지닌다. 남의 재산을 훔치거나 이런 저런 방법으로 남의 사업 기회를 방해함으로써 자신의 이익을 증대시키려는 것 등이 그런 것들이다.

이러한 주관적 경향성은 남의 이익을 침해하는 영역을 만들기 때문에 모든 사람들에게 보편적으로 적용될 수 없다. 즉 상호 관련되는 모든 개인들 간에 이러한 경향성이 받아들여질 가능성은 거의 없다. 그러므로 사회 구성원으로 살아가는 개인들 사이에서는 자신의 주관에 근거하면서도 남들도 보편적이며 필연적으로 받아들이는 객관적 원리들인 행동 법칙이 형성되고 모든 사람들은 이를 따르게 된다. 이는 곧 개인들은 내가 욕구하는 목적을 위한 준칙 중에서 남에 의해 수용되지 않는 것은 자신의 욕구와는 반대로 금지 원칙으로 삼는데, 이것이 사회 구성원 모두에게 확대되면 보편적이고 필연적인 원리적 규칙이 수립된다. 보편성이란 어느 누구에게나 타당해야 하고 필연성이란 무조건적으로 타당해야 한다는 것을 의미한다.

칸트는 이러한 행동 법칙은 인간 이성의 도덕에서 연유한다는 점을 강조한다. 인간은 생명체로서의 동물성, 생명체이자 이성적 존재자로서의 인간성, 그리고 이성적이며 동시에 책임 능력을 지닌 인격성의 소질을 지니고 있는데, 인간은 이러한 행동 법칙 아래 자신을 세움으로써 인격적 존재가 될 수 있으며 인간으로서의 존엄성을 확보한다는 것이다. 이러한 칸트의 견해는 그의 정언명령에 잘 나타나 있다. "너의 준칙이 보편적 법칙이 될 것을, 그 준칙을 통해 네가 동시에 의욕할 수 있는, 오직 그런 준칙에 따라서만 행위하라."는 것 등이다. 정언명령은 특정 개인이나 집단이 아니라 어느 누구에게나 적용되는 것이라는 점에서 구체적이지 않고 추상적이라는 사실을 알 수 있다. 이는 특정 조건을 전제로 하는 가언명령(假言命令, hypothetical imperative)과는 다른 것이다. 가언명령은 조건이 사라지면 명령도 없어지고, 따라서 사람들이 항상 따라야 하는 보편적이며 필연적인 법칙도 사라진다.

칸트에 의하면 도덕 법칙은 인간의 실천이성에 의해 자명하게 의식되는 것으로서 선(善)의지의 준거점이 된다. 인간 역시 자연의 일부로서 자연의 법칙에 종속되는 존재이지만, 인간은 다른 동물들과는 달리 이성의 자유 의지에 따라 자연의 법칙에서 벗어나 자유로워질 수 있다. 따라서 도덕 법칙은 자연 인과성이 아니라 자유 인과성에 의해 형성된다는 것이다. 그리고 인간은 이성에 의해 수립된 도덕 법칙에 따른 선의지를 실천함으로써 동물적·자연적 존재에서 벗어나 인격적 존재가 된다는 것이다.[4]

4 인간은 이기적 성향을 지녔지만 그런 자연적 성향에서 벗어날 수 있는 이성적 존재로서 이성의 명령에 의해 도덕 규칙을 수립하고 그에 따른 선의지를 실천할 수 있는 존재라는 Kant의 논리는, 인간이 자연의 법칙에 종속된다는

칸트의 논의는 또한 시장질서가 형성되는 데 요구되는 사항에 대한 하이에크의 논의와는 다른 점이 있다. 하이에크는 다양한 사람들이 행동 규칙들의 체계를 따름으로써 시장질서가 형성된다는 점을 강조한다. 그러한 행동 규칙 체계에는 3가지 종류가 있는데, 첫째, 말로 표현된 적은 없지만 단지 실제로 지키는 규칙, 둘째, 근사적으로 말로 표현할 수 있는 규칙, 셋째, 의도적으로 만들어 도입한 규칙이 그것이다. 하이에크는 이 중에서 첫째와 둘째 규칙 체계를 자생적 질서의 형성에 긴요한 것으로 여긴다. 하이에크는 『감각적 질서』에서 그런 규칙은 인간이 타고 나기도 하지만 시행착오를 거치면서 경험과 학습에 의해 형성된다고 설명하고 있다. 즉 인간은 목적을 지향하고 그 목적을 위해 수단을 선택하는 합리적 존재임과 동시에 행동의 규칙성을 따르는 존재라는 것이다. 하이에크는 그렇게 형성되는 사회 질서는 '인간의 의도한 행동의 의도하지 않은 결과'임을 강조한다.

물론 하이에크는 세 번째 규칙 체계, 즉 의식적 규칙도 중요하게 생각한다. 다만 전적으로 이에 의존하려는 사회는 인간 이성을 과신하는 구성적 합리주의의 오류, 즉 인간이 이성적이고 합리적으로 파악하지 못하는 제도와 규칙을 거부하는 오류에 빠진다는 점을 비판

인과성에서 벗어나 자유의 인과성을 전제하고 있다. 즉 상반되는 인간의 두 속성을 전제해야 한다. 그러나 도덕 법칙이 이성에 의해 수립되고 이에 따라 인간이 선의지를 실천할 수 있다는 논설은 희망하는 이상이자 이기적 인간들에게 하는 훈시이지, 현실을 살아가는 인간들의 속성으로부터 관찰된 현상을 설명하는 것은 아니다. 자유와 평등, 도덕과 정의 등을 비롯한 모든 사회 과학적 개념은 사회 현상을 추론하기 위한 지적 도구로서의 수단이지, 인간 행동을 지시 명령하는 통제 원리가 아니기 때문이다. 따라서 이에 대한 더 깊은 논의가 필요하다.

한다. 하이에크는 『법, 입법, 자유 : 규칙과 질서』에서 자생적 사회 질서 이론에 대해 깊이 논의하고 있는데, 정의로운 행위 준칙이 지켜질 때 사회는 자생적 질서를 형성한다는 것이다. 정의로운 행위 준칙이란 특수한 목적을 위한 것이 아니라 자생적 질서의 형성과 유지에 기여하는 것으로서, 정의롭지 못한 행동들을 금지하는 일반적 규칙이다. 그런데 이러한 행위 준칙은 인간이 처음부터 의도적으로 고안하거나 법제화한 것이 아니라 인류가 오랫동안 살아오면서 형성된 도덕, 전통, 관습, 관례 등이 바탕을 이루며, 따라서 법은 이러한 것들에 뿌리를 둔 것이다.

하이에크의 이러한 논의는 칸트의 자유 의지와 상충하는 문제를 일으킨다. 칸트의 자유 의지 개념에 따르면 인간의 행동은 모두 의식적인 것이다. 즉 행동이란 어떤 목적을 지향하는 의식이 동반되는 인간의 의지적 행동만을 의미한다. 따라서 칸트에 있어서는 자신이 설명할 수 없거나 또는 근사적으로만 설명할 수 있는 무의식적(초의식적) 행동 개념은 없다. 인간 역시 자연의 한 부분으로서 필연적인 자연의 법칙에 종속되는 것은 사실이지만, 인간은 이성을 가진 존재로서 자연의 법칙에서 벗어나 '스스로 말미암음'을 의미하는 자유의 의지를 가진 인격적 존재가 되기 때문이다. 즉 인간은 자유 의지에 의거하여 '선의지'에 따라 스스로 도덕적 행동 법칙을 수립하고 그에 종속하는 자기 강제적 존재이기 때문이다. 따라서 인간은 자신의 경향성에 따른 주관적 준칙이 모든 사람들에게 법칙으로 적용될 수 있도록 행위를 조정하며, 그 결과 모든 사람들에게 적용되는 행동 법칙이 수립되어 사회 질서가 형성되고 유지된다는 것이다.

반면에 하이에크는 위에서 기술한 바와 같이 인간 행동은 초의식적 규칙에 따르고 의식적 행동도 초의식적 규칙에 의해 도움을 받는다는 점을 강조함으로써 자유 의지의 존재를 부정한다. 하이에크는 인간의 뇌는 외부의 자극을 분류하는 장치로서 중앙의 사령탑 없이 스스로 조직하는 복잡계라고 지적한다. 이러한 하이에크의 지적은 그가 강조하는 초의식적 행동 규칙을 뒷받침하는 근거가 된다. 즉 인간은 의식하지는 못하지만 자연 현상처럼 인과적 결정성에 예속되어 있고, 동일한 조건 하에서 다르게 행동할 수 있는 가능성이 없으므로 자유의 의지는 존재하지 않는다는 것이다. 신경과학에 의하면 인간의 두뇌는 외부 자극에 대해 물리화학적으로 예속된 필연적 반응을 하므로 의식적인 자아는 존재하지 않는다는 것이다. 그러나 하이에크는 의지의 자유는 부정하지만 강제, 사기, 기만 등이 없는 상태를 의미하는 행위의 자유는 인정한다. 이는 이성은 정념의 노예라고 말하면서 의지의 자유를 부정하고 행동의 자유를 인정하는 흄의 주장과 같다.

그런데 의식적 자아가 없다면 인간 행동은 인과율에 따른 필연적인 것이므로 행동에 대한 책임을 물을 수 없으며, 칭찬이나 비난의 대상도 되지 않는다는 어려운 문제에 봉착하게 된다. 만약 인간 행동이 자신의 의사결정 없이 필연적으로 이뤄진다면 행동에 대한 책임을 물을 수 없는 것은 당연한 이치다. 그러나 하이에크가 자유 의지는 부정하지만, 이는 개인적 차원의 심리적 현상이므로 인간들이 상호 작용하면서 사는 사회에 적용할 수는 없다는 점을 강조한다. 인간에게 자유와 책임을 요구하는 이유는 인간들이 지금보다 더 나은 행동을 하도록 유도하기 위한 것이라는 설명이다.

이와 같이 인간 세상에서 평화로운 사회 질서가 형성, 유지되고,

그 질서 안에서 각자의 고유한 목적을 달성하기 위해서는 인간들 사이에 지켜져야 할 행동 규칙이 존재해야 함을 알 수 있다. 아담 스미스는 이를 마음속의 공평한 관찰자, 흄은 소유의 안정성, 칸트는 도덕 법칙을 의미하는 정언명령, 하이에크는 정의로운 행위 준칙이라고 표현하며, 그 속성에 관해서는 다소 다르게 설명하지만 행동 규칙의 존재 필요성을 강조한다는 점에서는 동일하다.

3. 행동 규칙과 법

지금까지 우리는 아담 스미스의 공평한 관찰자, 흄의 소유의 안정성, 칸트의 도덕률과 하이에크의 정의로운 행위 준칙에 대해 논의했다. 그러나 우리 인간에게는 지켜야 할 이러한 행동 규칙으로부터 벗어나는 행동을 하려는 경향성이 내재되어 있음을 부정할 수 없다. 따라서 이러한 행동 규칙을 지키지 않는 사회의 구성원들을 규율해야 할 금지 원칙이 필요한데, 이러한 원칙이 곧 법이다.

아담 스미스에 의하면 사회 질서는 인간의 의도에서 형성된 것이 아니라 인간의 마음속에 있는 감정들에 의한 것이다. 정의로운 행위에는 동감하며, 정의롭지 못한 행위에는 분노를 느끼고 본성적으로 가지는 혐오 감정 등이 사회 질서를 형성하고 유지시킨다는 것이다. 물론 아담 스미스는 인간이 이러한 행동 규칙들로부터 이탈하려는 연약함을 지니고 있기 때문에 인간 사회에서 완전한 질서를 이룰 수는 없다는 점을 간과하지 않는다.

사회 질서가 의도적으로 고안된 것이 아니라면 그러한 질서를 낳는 행동 규칙 또한 특수한 목적을 가지지 않으며, 이는 곧 법의 속성을 논의할 수 있는 기초가 된다. 흄에 의하면 약탈 가능한 유·무형의 물질에 대한 소유의 안정성을 위한 행동 규칙도 특정 개인이나 집단을 위한 것이 아니라 질서 유지에 필수적이라는 점에서 특수한 목적을 가지지 않는다.

칸트의 정언명령은 인간은 인격성을 가진 존재자로서 한낱 자연적 경향성에만 따르는 것이 아니라 도덕 규칙에 대한 존경과 의무 이행을 한다는 점을 표현하는 것이다. 즉 규칙에 대한 존경과 의무 이행은 자연 세계의 필연적 인과 법칙과는 다른 인간의 자유에서 출발한다. 그래서 칸트에게 자유는 도덕 법칙의 존재 근거이며 도덕 법칙은 자유의 인식 근거이다. 칸트의 도덕 법칙에 따른 정언명령이 담고 있는 행동 규칙은 특수한 목적을 위해 행위하라는 것이 아니라 행위 자체가 선한 것이기 때문에 그렇게 행위하라는 것이다. 행동 법칙은 사람들의 도덕적 마음속에 있는 것이며, 사람들의 행동 법칙을 천명하는 정언명령 역시 특수한 목적을 가진 것이 아니다.

하이에크 역시 정의로운 행위 준칙은, 만일 단 하나의 목적이 있다면, 그것은 사회 질서 유지를 위한 것일 뿐, 특수한 목적을 가진 것이 아니라는 점을 강조한다. 이와 같이 사회 구성원들이 준수하는 행위 준칙은 특수한 목적을 가진 것이 아니다. 따라서 당연히 구체적이지 아니하고 추상적일 수밖에 없다. 이와 관련하여 하이에크는 '법의 근저에 있는 기본 사상을 일반적인 윤리학의 분야로 확장한 것'을 칸트의 공로라고 지적한다.

우리는 이제 법의 속성에 대해 논의할 수 있다. 법의 속성은 한편으로는 도덕과 법 간의 차이, 다른 한편으로는 양자 간의 밀접한 관계를 살펴봄으로써 알 수 있다. 먼저 도덕과 법 간의 차이점에 대해 살펴보자. 도덕은 어떤 행동을 의무적 동기에서 수행하도록 하는 규칙이지만, 법에는 의무를 수행하는 동기 이외의 다른 동기도 허용된다. 따라서 행동의 동기가 어떠하든 법에 어긋나지 않은 행동은 합법적이며, 이러한 합법성이 내적 의무 동기와 일치하면 도덕적이다. 다음으로 법은 일단 만들어지면 외적 강제가 가능하지만 도덕은 개인의 자율적 강제만이 가능하다. 또한 도덕적 의무의 동기에 따른 규칙을 마련하고 이를 수행하도록 명령하는 자는 바로 그 자신이고 그 책임도 그에게 일임되어 있으므로 도덕은 강제의 구속력 측면에서 느슨한 특성이 있다. 반면에 법은 최소한의 의무에 맞게 행동할 것을 엄정하게 규율하므로 강제적 구속력이 도덕에 비해 훨씬 더 강하다.

다음으로 도덕과 법의 밀접성은 위와 같은 도덕과 법 간의 차이에도 불구하고 법은 결국 도덕에 그 뿌리가 있다는 점에 있다. 법은 그 아래서 어떤 개인의 행동이 다른 개인들의 행동과 공존할 수 있는 조건들의 집합이며, 이는 곧 개인들은 각자의 주관적 경향성과는 일절 상관없이 이르게 되는, 모든 사람들에게 보편적이고 필연적으로 타당한 행동 규칙에 의해 규율됨을 의미한다. 즉 의무를 규정하는 형식과 내용이 내적이냐 외적이냐에 따라 각각 도덕과 법으로 나뉘지만 평화로운 사회 질서의 형성과 유지를 위해서는 모든 사람들이 복종하는 보편적이고 필연적인 규칙이 존재해야 한다. 그런 규칙은 바로 도덕 원리에 기초하고 있으며, 법은 모든 사람들이 지켜야 할 최소한의 행동 의무를 규정한다는 점에서 그 뿌리는 도덕 원리에 있다.

따라서 법은 '그 아래서 어떤 사람의 의사가 자유의 보편적 법칙에 따라 다른 사람의 의사와 합일될 수 있는 조건들의 총체'라고 정의되며, "행위 준칙에 따른 각자의 의사의 자유가 보편적 규칙에 따라 어느 누구의 자유와도 공존할 수 있는 각 행위는 법적이다." 이는 곧 법은 행위를 의무에 맞도록 강제하는 것이며, 내적 도덕과는 달리 자유의 외면에만 상관한다는 것이다. 따라서 법은 사회 구성원들의 공존을 위해 상호 간의 자유를 제한하는 것이다.

이로부터 우리는 법이 규정하는 행동 규칙은 모든 사람들에게 보편적으로 적용되는 것이므로 특정 개인이나 집단의 특수한 목적을 위한 것이 아닌 일반적이고 평등한 것이라는 사실을 우선 알 수 있다. 이제 법의 지배(rule of law) 개념에 해당하는 법의 속성에 대해 구체적으로 살펴보자.[5]

첫째, 법의 일반성과 추상성이다. 법은 특정한 상황에서 개인의 행위가 갖추어야 할 조건을 규정하는데, 이러한 조건은 구체적이지 않고 일반적이며 추상적인 것이다. 즉 법은 특수한 목적이나 동기를 추구하지 않는 행동 규칙으로서 특정한 행동만을 금지한다. 따라서 법은 개인들이 마땅히 지켜야 할 행동 규칙이며, 그러한 규칙이 미래에 누구에게 어떤 영향을 미칠지에 대해서는 알 수 없어야 한다. 법은 미래의 알려지지 않은 사례들을 다루며 특정한 개인이나 장소 등에 대한 구체적 언급을 포함하지 않는다는 점에서 미래 지향적이며 소급 적용되는 것이 아니다. 법이 특수한 상황에서 달성하고자 하는 목표를 추구하면 이는 반드시 일반적이며 추상적인 행동 규칙을 벗어나 개인의 사적 영역을 침해하게 된다. 일반적이라는 말은

5 Hayek(1960) 참조.

어떤 특정한 경우에만 적용되는 것이 아니라 어느 시공간에서나 모두에게 보편적으로 적용되어야 한다는 뜻이다. 또 추상적이라는 말은 시장질서와 같은 복잡한 질서에 대해서는 우리가 구체적으로 세세하게 다 알 수는 없고 추상적으로 재구성하여 인식하는 그러한 질서에 적용되어야 한다는 뜻이다.

이러한 하이에크의 논의를 칸트가 지적하는 사람들의 주관적 경향성과 관련지어 설명할 수 있다. 사람들은 자신의 행복 증진을 위한 개인적 의향에 따른 주관적 준칙을 수립한다. 이러한 준칙은 자신의 행복 증진을 위해 수립되는 자신만의 주관적이며 고유하며 또 구체적인 것이므로 다른 사람이 그의 행복 증진을 위해 수립하는 주관적이며 고유하고 또 구체적인 준칙과 충돌할 가능성이 있다. 이런 충돌 가능한 준칙들은 관계하는 개인들이 소수일 경우에는 어렵지 않게, 또는 낮은 거래비용을 들여 해결할 수 있다. 그러나 사람들의 수가 많아질수록 그 범주가 넓어진다. 왜냐하면 매우 다양한 개인들의 행복 추구의 기반이 되는 선호와 준칙 역시 매우 다양할 수밖에 없으므로 개인들 간에 충돌하는 주관적 준칙의 범주도 넓을 수밖에 없다. 따라서 개인들 간에 충돌하는 주관적 준칙에 따른 정의롭지 못한 행위들을 금지하고 모든 사람들에게 적용되는 일반적이고 추상적인 행동 규칙이 수립되어야 한다.

그렇다면 누가 이런 속성들에 기초한 행동 규칙을 수립하는가? 헤아릴 수 없이 다양한 사람들이 살아가는 세상에서 그런 주체는 있을 수 없다. 사람들이 의식하든 의식하지 못하든, 인간 지력의 발전 정도에 따라 언어로 표현될 수 있는 것이든 아니든, 사람들은 오랜 기간에 걸쳐 그러한 행동 규칙에 따르는 도덕, 전통, 관습, 관례 등을 형성해 왔으며, 그런 것들이 현대 사회에서 법의 수준으로 발전한 것이다.

둘째, 법의 확실성이다. 법의 일반적이며 추상적인 속성에서 논의한 바와 같이 사람들 간에 충돌하는 주관적 경향성에 따른 범주는 매우 다양하므로, 각 개인들이 그 범주를 모두 알 수는 없다. 따라서 다양한 범주를 일반화하고 추상화한 속성을 가진 법이 모든 사람들에게 확실하게 알려져야 사람들은 자신의 행동에 따른 법적 결과를 고려하여 행동할 수 있다. 즉 법은 각 개인이 할 수 있는 일과 할 수 없는 일을 그가 알며 확신한다고 여겨지는 상황에 국한해야 하며, 이는 곧 법은 금지적 사항만을 규정하게 된다는 사실을 의미한다. 법이 금지적 사항만을 규정하는 이유는 인간 행동에는 헤아릴 수 없이 많은 종류가 있어 허용하는 모든 행동들을 나열할 수 없기 때문이다.

법의 확실성이 중요한 이유는 전지전능한 신이 아닌 인간의 예측 범위를 넘어서는 결과까지를 개인이 고려해야 한다면 개인은 어떤 행동을 할 수 있고 또 어떤 행동을 할 수 없는지를 판단할 수 없고, 따라서 자유로운 의사결정을 할 수 없기 때문이다. 그래서 법은 개인이 행동할 때 고려해야 할 사항과 책임져야 할 사항을 확실하게 알려 주어야 한다. 법이 확실해야 개인이 특정한 상황에 직면했을 때 고려해야 할 사항과 고려할 필요가 없는 사항을 결정할 수 있다. 이와 관련하여 법원이 개인의 행동을 허용할지 안 할지를 그 개인의 도덕적 판단에 맡기는 것은 인정될 수 없다. 개인의 판단에 따른 도덕적 정의는 개인의 주관적 경향성에 따라 다를 수 있으므로 일반적인 행동 규칙의 준거가 될 수 없다.

셋째, 법의 평등성이다. 법은 특정 개인이나 집단의 행동을 규율하는 것이 아니라 모든 사람들이 준수해야 할 행동 규칙을 규율하는 것이므로 모든 사람들에게 똑같이 적용되어야 한다. 그런데 법의 평등성 원리는 일반성과 추상성, 그리고 확실성을 정의하는 것보다 더 어렵다. 법은 관련된 집단의 형식적 특성만을 고려하면 일반적일 수 있지만 다른 집단에 대해서는 불가피하게 상이한 규정이 되기 때문이다. 이런 점에서 법 앞의 평등이라는 개념이 확실한 목표를 정해주지 못하고 방향만 알려주는 이상(理想)이므로 우리의 지적 수준을 넘어서는 영역이라고 하더라도 의미가 없는 것은 아니다. 법은 해당 집단뿐만 아니라 그 집단 외부의 사람들도 법이 구별하는 정당성을 인정해야 하므로, 법 앞의 평등이라는 이상은 예측 가능한 방식으로 해당 집단에 영향을 미치는 것과는 양립할 수 없는 다른 사람들의 기회 역시 증진시키는 것이 목적이기 때문이다.

예를 들어 모든 국민은 납세의 의무를 진다는 법 규정은 모두에게 평등하다. 그러나 실제 세법(稅法)은 국민을 소득 계층에 따라 나눠 각각 다른 세율을 적용한다. 특정의 같은 세율에 속하는 집단의 사람들에게는 세법이 평등하지만 다른 세율에 속하는 집단의 사람들에게는 평등하지 못하다.

4. 시장질서의 특징 및 작동

1) 시장질서의 특징

자생적 시장질서가 형성되려면 이를 파괴하는 행위를 금지하는 규율이 있어야 하는데, 그것이 바로 도덕 규칙과 법이라는 것은 위에서 설명했다. 금지하는 사항은 주로 인간의 신체와 물적 재산, 즉 사유 재산과 관련된 것들이다. 시장 과정을 만들어내는 인간 행동이 사유 재산의 존재와 보호 없이는 있을 수 없기 때문이다. 결국 자생적 시장 과정을 있게 하는 것은 자신의 이익을 위한 의도적인 인간 행동의 근간이 되는 사유 재산이다.

앞에서 기술한 바와 같이, 도덕 규칙과 법은 일반적이며 추상적인 정의로운 행동 규칙인데, 이는 특수하며 구체적인 목적을 위한 것이 아니라 자생적 시장질서의 형성과 유지에 기여하는 것으로서, 정의롭지 못한 행위들을 일반적으로 금지하는 규율이다. 따라서 행동 규칙의 목적이 있다면, 그것은 다만 오랜 기간 동안 형성된 자생적 질서를 보호하는 것이다.

행동 규칙이 특수한 목적을 가지지 않는 것처럼 시장질서 또한 특수한 목적을 가지지 않는다. 시장질서에는 사회 전체가 달성해야 할 목적의 위계가 있는 것도 아니며, 달성되는 목적 간에 선후(先後)가 있는 것도 아니다. 어떤 욕구가 충족되어야 하고 다른 어떤 욕구가 충족되지 않아야 하는지에 대한 공통의 기준도 없다. 그런 점에서 시장질서는 특정 계획자나 집단의 가치나 이념을 반영하는 것이 아니다. 시장질서는 서로가 잘 알 수 없는 모든 사람들이 자신의 고유한 목적 달성을 위해 서로 협동하는 조건을 제공하고 유지하는 것이다.

하이에크의 지적처럼 사회주의는 사실상 자생적 시장질서를 중앙의 계획 질서로 대체하는 것이었다.[6] 사회주의에서는 중앙의 계획기

---

6 Hayek(1978), 제12장 참조.

구가 사회적 목적의 위계를 세우고 어떤 욕구가 먼저 달성되어야 하며 다른 욕구는 나중에 달성되거나 폐기돼야 하는지에 대한 계획을 세우고 실천한다. 이에 따른 문제는 첫째, 계획을 세우는 데 단일의 중앙 계획자나 소수로 구성된 집단의 지식과 가치만 반영될 뿐, 수많은 사람들의 다양한 현장 지식과 가치는 배제된다는 점이다.[7] 중앙 계획집단이 잘 알 수 없는 수많은 사람들의 현장 지식과 가치를 알 수 없기 때문이다. 설령 안다고 하더라도 이를 중앙 집중화할 수 없고 단일한 척도로 우선 순위를 매길 수도 없다. 둘째, 사람들의 행동은 그렇게 세워진 계획과 시행 지침에 의거 강제되므로 각 개인의 고유한 목적 달성과는 거리가 먼 체제가 될 수밖에 없다. 반면에 자생적 시장질서에서는 첫째, 사람들의 다양한 현장 지식이 가격을 통해 소통되어 서로의 협동을 유도하고, 둘째 개인들은 이를 활용하여 각자의 다양한 가치를 자유롭게 추구하고 달성한다.

그렇다면 어떤 특정한 목적에 기여하는 바도 없고, 달성해야 할 사회적 목적의 우선 순위도 제시하지 않는 시장질서가 낳는 결과가 최선이라는 주장은 무엇을 의미하는가? 그것은 특정인이나 집단이 잘 알 수 없는 수많은 사람들의 고유한 목적 달성이 가능하다는 것이다. 물론 어떤 고유한 목적이 달성되고 또 다른 목적이 좌절될지를 예측할 수는 없다. 이는 곧 경쟁의 발견적 절차에 따른 구체적 결과는 예측할 수 없고 단지 패턴 예측이 가능할 뿐이며, 그런 절차를 통해 수많은 사람들이 자신의 목적을 달성할 가능성을 기대할 수 있다는 사실을 의미한다.[8] 개인들 간에 흩어진 지식을 바탕으로 하

7 지식의 종류에 대해서는 다음의 '시장의 작동'에서 자세하게 설명한다.

8 경쟁의 발견적 절차에 대해서는 제3장 참조.

는 의사결정은 그런 지식을 소유하는 개인들이 하는 것이 효과적이기 때문이다.

거대 사회의 자생적 질서는 어느 누구의 명령이 아닌 오로지 행동 규칙에 의존하는 질서이다. 자생적 질서는 구성원들에 대한 명령이 아니라 그러한 질서를 형성하는 규칙을 개선하고 적용함으로써 보존할 수 있다. 또 조직 질서에서 명령을 하위 규칙으로 보완하는 것과 조직을 자생적 질서의 일부로 수용하는 것은 가능하지만, 자생적 질서를 규율하는 행동 규칙을 조직 질서에서처럼 명령으로 대체하는 것은 불가능하다.

2) 시장질서의 작동

개인은 자신의 고유한 목적 달성을 위해 행동하는데, 이를 위해서는 지식의 소유가 필수적이다. 시장에서 우리는 우리가 타인에 대해 아는 일부 지식을 바탕으로 그들의 행위에 대한 우리의 기대를 형성하고 그들 또한 우리에 대해 아는 일부 지식을 바탕으로 기대를 형성한다. 이로써 서로의 기대가 부합하여 다양한 재화와 서비스를 생산하고 획득할 수 있는 기회를 확장하며 각 개인들을 사회 구성원으로 통합한다. 지속적으로 좌절되는 기대에 대해서는 개인들은 그에 대한 대가를 치름으로써 이를 인지하고 자신은 물론 구성원들의 지식을 효과적으로 활용하는 방식으로 행동을 조정해 나간다. 즉 시장질서에서 경제 주체들(예를 들어 소비자와 생산자) 간의 행동 조정은 한 번으로 이뤄지는 것이 아니라 각자의 기대와 그런 기대의 어긋남이 반복적으로 이뤄지면서 상호 조정되는 것이다.

그렇다면 수많은 사람들이 참여하는 시장에서 각 개인들은 타인에 대한 기대를 형성하고 행동을 조정하는 데 필요한 지식과 정보를 어떻게 획득하는가? 또 이런 지식들을 얼마나 필요로 할까? 개인들이 의사결정에 사용하는 지식과 정보에는 두 가지 종류가 있다. 하나는 중앙 집중화가 가능한 과학적 지식과 정보이며, 다른 하나는 특정 시공간에서 여러 개인들 간에 흩어져 존재하므로 어느 누구도 중앙 집중화하여 통제할 수 없는 현장 지식과 정보이다. 개인의 의사결정에는 과학적 및 현장 지식과 정보가 모두 중요하지만, 특정 시공간에서 특정 사안에 대한 의사결정에는 당면한 현장의 지식과 정보가 매우 중요하다. 과학적 지식의 발견은 과학적 탐구 대상이 되는 사물에 대한 항구적인 일반적 사실을 발견하는 것이지만, 경제적 경쟁이 발견하는 것은 구체적이며 일시적 목적을 위한 지식과 정보이기 때문이다. 어떤 원자재에 대한 초과수요가 있으면 그 가격이 올라가고 반대로 초과공급이 있으면 그 가격이 내려간다는 것은 경제학의 일반적 지식이지만 특정 시공간에 어떤 원자재에 대한 초과수요나 초과공급이 존재하고 있다는 것은 현장 지식과 정보로서, 그 현장의 어떤 개인이 이를 활용하여 이익을 얻으려는 행위를 할 수 있다. 그리고 그런 행위가 관련되는 모든 개인들을 시장으로 통합한다. 따라서 이런 상황이 다반사인 인간 세상에서 의사결정이 각 개인에게 맡겨져야 하는 것은 매우 당연하다.

이제 문제는 이와 같이 여러 개인들 간에 흩어진 지식과 정보를 누가 어떻게 서로에게 효과적으로 소통함으로써 개인들의 의사결정을 돕고 또 이들의 협동을 촉진하는가이다. 사유 재산 제도가 존재하는 자본주의 경제에서는 시장의 가격기구(price mechanism)가 변화하는 상황에 대한 복잡한 지식과 정보를 실어 나르는 기능을 함으로써 익명의 수많은 사람들을 시장에 참여하여 경쟁하고 협동하도록 유도한다. 시장이 거대한 의사소통 기구로서의 기능을 하는 것이다. 시장 참여자들은 변화에 따라 자신에게 상대적으로 중요하게 대두되는 사안과 관련되는 지식과 정보만을 필요로 하며 전체적 변화에 대한 것들은 알지도 못하며 또 알 필요가 없는 경우도 많다. 예를 들어 설명해보자.

중동 지역에서 전쟁이 발발하여 석유 생산이 감소하면 석유 수입국에 공급되는 석유량이 감소한다. 우선 석유 가격이 오르고 석유 관련 제품(유류제품) 가격도 점차 오른다. 이제 이들 제품을 사용하는 사람들은 오른 가격을 통해 석유가 예전보다 더 희소해졌다는 정보를 입수하고 석유를 아껴 써야 한다거나 석유 대신 다른 에너지를 사용하는 것을 고려할 것이다. 석유 사용량을 줄일 것인지 아니면 다른 대체재를 활용할 것인지는 개인이 처한 시공간의 여건에 의존할 것이다. 어떤 의사결정을 하더라도 이들은 석유 공급이 감소하여 가격이 올랐는지, 아니면 석유에 대한 수요가 증가하여 가격이 올랐는지를 꼭 알 필요는 없다. 중동 지역의 전쟁으로 석유 공급이 감소하고 그 결과 가격이 올랐다는 사실을 알았다고 하더라도, 석유 소비에 대한 의사결정에 관한 한, 누가 왜 전쟁을 일으켰는지를 굳이 알 필요는 없다. 물론 국제 정세에 대한 호기심이나 다른 업무와 관련하여 전쟁의 이유를 알고자 하는 것은 별개의 문제다.

석유 대체재를 사용하는 사람들이 증가하면 대체재의 가격이 오를 것이며, 이전부터 석유 대체재를 사용해 오던 사람들은 대체재 가격이 오르는 것을 보고 대체재 시장에 변화가 있음을 알게 된다. 이들 또한 대체재의 소비를 줄일 것인지 아니면 그에 대한 또 다른 대체재를 사용할 것인지를 자신이 처한 여건에 따라 결정할 것이다.

그런데 이들 역시 다른 특별한 동기가 있다면 몰라도, 대체재의 가격이 왜 올라가는지를 굳이 알 필요가 없다. 이는 곧 대부분의 사람들은 경제적 의사결정을 할 때, 자신의 이해와 관련된 지식과 정보만을 사용한다는 것을 의미한다. 유류제품 사용자의 경우에도 마찬가지다.

한편 이전보다 더 희소해진 석유 가격이 오르는 것을 보고 석유 수입업을 하면 상당한 이윤을 벌 수 있으리라고 생각하는 사람은 석유 수입상이 될 결심을 할 수도 있다. 즉 시장 가격은 정보전달 기능, 유인제공 기능, 소득분배 기능을 수행한다.[9] 이와 같이 시장은 특정 시공간에서의 상황 변화에 따른 가격 변화를 통해 시장 참여자들을 서로 소통시키며 협동을 유도한다. 그래서 시장은 거대한 의사소통 기구이다. 시장질서가 아니면 서로 알지도 못하는 수많은 사람들을 하나의 시스템으로 불러들이거나 협동을 유도할 수 없다.

현대와 같이 서로 알지 못하는 사람들과의 교환이 가능한 대규모 사회에서는 인간은 경쟁적 협동을 통해 더 나은 물적 토대를 구축할 수 있다. 인간들의 튼튼한 물적 토대를 위한 행동은 여러 사람들이 협력하고 상호 작용하는 시장에서 교환, 소비, 저축, 생산 등의 소비자와 생산자 활동으로 나타난다. 자유 사회에서 이러한 행동들은 어느 누구에게도 구속되지 않는, 오로지 자신의 고유한 목적을 위한 것이며, 각 개인의 이런 행동들이 조화되고 융합되어 시장을 형성하고, 또 시장 과정을 통해 끊임없이 조정되는 것이다. 이제 경제 주체

9 가격의 정보전달 기능, 유인제공 기능, 소득분배 기능과 그와 관련된 설명은 Friedman(1979), 제1장 참조.

들 간의 상호 작용에 대해 알아보자.

소비자는 내가 가진 인적·물적 재산을 바탕으로 남에게 봉사함으로써 얻은 소득의 일부를 자신의 행복을 증진시키기 위해 일부는 소비하고 일부는 미래를 위해 저축한다. 그래서 소비자의 행동은 생산자가 무엇을 언제 얼마나 어떻게 생산할 것인가를 지시하게 된다. 소비자는 특정 산출물이 자신들에게 유용하다는 가치를 부여함으로써 그 산출물이 시장에 나오도록 하여 그 산출물에 가격이 지불되도록 함은 물론, 그 산출물을 만드는 데 들어가는 생산요소에도 가치를 부여함과 동시에 가격이 지불되도록 한다. 소비자가 가치를 부여하지 않는 최종 재화와 서비스, 그리고 그러한 재화와 서비스를 만드는 데 들어가는 생산요소는 시장에 나오지 못한다.

따라서 소비자는 생산 활동을 지시하는 최고의 명령권자다. 소비자들은 더 낮은 가격, 그리고 더 나은 품질의 재화와 서비스를 찾는데, 그들의 선호는 변화무쌍하다. 어제 산 상품보다 조금이라도 더 나은 것이 있으면 오늘 매몰차게 돌아선다. 그리고 소비자들의 선택을 더 이상 받지 못한 기업은 시장에서 퇴출되는 운명을 맞는다. 소비자들은 그들이 지출하는 화폐로써 매일매일 기업이 생산하는 재화나 서비스를 심판하는 것이다. 그리고 이러한 심판은 정치 세계에서의 투표와 달리 아무리 소액의 화폐 지출이라고 하더라도 기업의 생산구조에 영향을 미친다. 정치 세계의 투표에서 다수를 획득하지 못하면 묵살되는 것과는 다르다.

어느 기업이든지 퇴출 전에 기업을 회생시키려고 노력하며, 그 과정에서 구조 조정에 당면하기도 한다. 구조 조정은 기존 생산 라인의 폐기·축소 또는 새로운 생산 라인의 설치와 그에 따른 인력 조정 등이 된다. 당연히 해고당하는 아픔을 겪는 근로자들도 생기는데, 이를 보고 사람들은 기업가를 무자비한 존재라고 비난한다. 그러나 이는 비난하는 바로 그 소비자들의 명령을 생산자가 받든 결과이다. 소비자들이 냉혹하고 비정하기 때문에 기업가는 그들의 요구에 따를 수밖에 없다. 특정 기업이 생산한 제품을 어제처럼 오늘도 변함없이 사 준다면 그 기업이 어려움에 처할 이유는 없다. 구조 조정으로도 해결할 수 없는 기업들은 결국 시장에서 퇴출되는 운명에 처하게 된다. 그런 점에서 소비자들은 매일매일 되풀이되는 구매 행위를 통해 자본가-기업가가 소유하고 활용하는 자본을 비롯한 생산요소를 관리할 자격을 부여하기도 하고 빼앗기도 한다. 자본가-기업가는 소비자들의 명령에 복종하지 않을 수 없는 존재에 불과하다. 소비자가 자본가-기업가를 지배하는 것이지 자본가-기업가가 소비자를 지배하는 것이 아니다.

자본가-기업가들은 변화무쌍한 소비자들의 변덕에도 불구하고 무엇을 위해 그들의 욕구를 충족시키려고 하는가? 자본가와 기업가가 얻고자 하는 것은 각각 이자와 이윤이다. 이들이 시장에서 이자와 이윤을 벌고 살아남기 위해서는 소비자들의 요구가 무엇이든 그것에 복종해야 한다. 자본가-기업가들이 개인적으로 도덕이나 윤리에 높은 가치를 부여할 수도 있다. 소비자들의 구매 행위나 상품을 보는 안목에 대해 못마땅하게 생각할 수도 있다. 기왕에 좋은 관계를 유지하던 소비자가 조금 더 낮은 가격에 판매하는 다른 판매자에게 옮겨가는 것을 보면서 배신감을 느낄 수도 있다. 그러나 이런 자본가-기업가의 감정은 상업 세계에서는 부질없는 것들이다. 시장에서 살아남기 위해서는 까다롭고 변화무쌍한 지휘자인 소비자들의 요구에 부응하지 않을 수 없다.

이와 같이 시장은 끊임없이 이러한 조정을 요구하고 요구받는 수많은 생산자와 소비자들이 만들어가는 과정이다. 그리고 이런 시장 조정은 단 한 번에 이뤄지는 것이 아니다. 누가 어떤 일을 할 것인가를 선별하는 과정(selection process)은 기업의 생산 방법을 수요와 공급의 변화에 계속 맞춰가도록 유도한다.

시장은 완전한 지식과 정보위에 서 있는 질서가 아니라, 불완전한 지식과 정보 때문에 형성되고 이러한 문제를 해결하면서 점진적으로 진화한다. 한 사회의 정책 입안자들이 어떤 정책이나 제도를 고안할 때, 완전경쟁 시장을 판단의 기준으로 삼으면, 그들에게 현실의 시장은 항상 실패하는 시장이며 불완전한 존재가 될 수밖에 없다. 인간 세상에 존재하지도 않고 또 존재할 수도 없는 것과 실제의 인간 세상을 비교하는 것은 열반오류(涅槃誤謬, nirvana error)이다. 열반오류를 바탕으로 정부가 시장에 개입하면 시장질서가 교란된다. 불완전하고 여러 가지 비용이 존재하는 시장이 바로 우리가 사는 인간 세상의 시장이다.

5. 시장질서는 정의로운가?[10]

시장질서 또는 시장경제는 정의로운가? 시장경제에 대한 비판의 하나는 그것이 정의롭지 못하다는 것이므로 이에 대한 자세한 논의가 필요하다. 물론 그런 비판의 저변에 깔린 정의라는 개념은 모

10 이 부분, 김영용(2018) 참조.

호하지만, 각 개인에게 돌아가는 몫이 불공정하다는 것을 의미할 때가 많다. 사실 사람들이 가장 민감하게 반응하는 부분이 바로 공정(fairness) 또는 정의로움(justice)인데, 여기에서는 공정과 정의를 동일한 개념으로 사용한다.

먼저 자본주의와 시장경제에 대한 약간의 설명을 덧붙이는 것이 좋을 것 같다. 일부 철학자나 역사학자들이 이에 대한 정확한 이해 없이 비판을 쏟아내는 경우가 많기 때문이다. 물론 누구나 그가 가진 세계관이나 경제관에 따라 자본주의와 시장경제를 비판할 수 있으나, 정확한 이해가 없는 비판은 오류를 범할 가능성이 높을 뿐만 아니라, 근거 없는 불신의 씨앗을 제공한다.

자본주의는 하나의 경제 체제로서 그 핵심은 사유 재산 제도에 있으며, 사유 재산 제도가 없어 생산재를 공유하는 사회주의와 대척점에 있는 경제 체제이다. 어떤 체제에서든지 소비재는 궁극적으로 분할되어야 하므로 공유할 수 없다. 그래서 사회주의 국가에서는 생산재를 공유한다. 생산재를 공유함으로써 발생하는 사회주의 경제 계산 불가능성 문제는 제1장에서 설명했다. 한편 시장경제는 자원의 배분과 몫의 나눔을 특정 개인이나 집단 또는 국가가 하는 체제가 아니고 수많은 시장 참여자들이 시현하는, 시장에서의 수요와 공급에 의해 결정된 가격이 하는 체제를 말한다. 시장경제가 실천되기 위해서는 개인의 사유 재산권이 있어야 하므로 자본주의는 항상 시장경제와 짝을 이룬다. 반면에 사회주의 국가에는 사유 재산 제도가 없으므로 자원배분과 몫의 나눔은 국가의 계획에 의한다. 당연히 자본주의 시장경제에는 개인의 자유가 있지만 사회주의 계획경제에는 개인의 자유가 없다. 따라서 브로델(Fernand Braudel)처럼 경제 체제를 3층 집에 비유하여 1층은 물질생활, 2층은 시장경제, 3층은 자본주의로 설명하는 것은 근거가 없는 것이다.[11] 자본주의 시장경제나 사회주의 계획경제는 물질생활이 이뤄지는 체제 자체를 일컫는 것이다. 이런 엉뚱한 실수는 철학자인 롤스(John Rawls)의 경우에도 나타나는데, 그가 시장경제가 자본주의는 물론 사회주의에서도 가능한 것으로 이해하는 것이 그런 것이다.

인간 사회에서 도덕과 부도덕, 공평과 불공평, 그리고 정의와 불의의 문제는 대부분 개인들이 차지하는 몫에 관한 것으로부터 연유한다. 인간이 가지거나 누리고 싶은 것은 무한하지만, 이를 충족시켜줄 수 있는 자원이나 기회는 한정되어 있기 때문이다. 그리고 대부분의 사람들은 자신에게 유리한 분배 방식은 도덕적이고 공평하고 정의로우며, 자신에게 불리한 분배 방식은 부도덕하고 불공평하며 정의롭지 못하다고 생각하는 경향을 보인다. 물론 그런 기준은 개인들의 주관적인 것이므로 모두가 만족할 수 있는 몫의 나눔 방식을 만든다는 것은 매우 어렵거나 불가능하다.

따라서 우리는 특정 체제의 도덕성과 정의로움을 논할 때 개인들의 주관적 선호와 판단을 기준으로 할 수는 없고, 특정 체제가 그것이 형성되고 유지되는 데 필수적이며 오랜 기간 동안 사람들의 공감을 얻어 만들어진 도덕과 정의로움을 요구하는지를 살펴보아야 한다. 즉 특정 체제가 이기적인 사람들을 도덕적이며 정의롭게 행동하도록 유도하는지 여부가 그 체제의 도덕성과 정의로움을 판별하는 기준이 되어야 한다. 그래서 특정 체제가 도덕적이고 정의롭다고 말

11 Braudel[2008] 지음, 김홍식 옮김(2012) 참조.

하는 것은 바로 그 체제가 사람들을 도덕적이고 정의롭게 행동하도록 유도한다는 것을 의미하는 것이지, 비인격적인 체제 자체가 그렇다는 것이 아니다. 자본주의 시장경제와 사회주의 계획경제, 그리고 복지 국가에 대한 것들이 모두 그렇다.

우리는 인간에게 가장 소중한 가치는 자유와 평등이라는 사실을 여러 차례 강조했다. 인류 역사를 관통하는 커다란 흐름은 인간이 신분 사회의 억압과 굴종에서 벗어나 자유와 평등을 쟁취해 온 과정이라고 해도 과언이 아니다. 아리스토텔레스만 하더라도 노예제도는 당연한 것으로 여겼고, 미국 독립 당시 건국의 아버지들도 모두 노예를 소유했을 정도로 당시에 인간 사회의 신분 질서는 누구도 이의를 제기하지 않는 당연한 것이었다. 그러나 일반 대중의 부의 증가와 재산 축적에 따른 자유 의식의 제고, 문명의 진보에 따른 인간과 인권에 대한 이해의 증진 등으로 신분 사회가 완화되거나 폐지되고, 이제 대부분의 사회에서 사람들은 자유와 평등을 누리게 되었다. 그리고 사유 재산제의 확고한 정착은 개인의 자유를 지키는 보루로 자리 잡게 되었다.

먼저 정의가 무엇인지에 대해 논의할 필요가 있을 것이다. 정의의 기원이 소유의 기원이 된다고 설파한 철학자는 흄이다.[12] 인간 세상의 자원이 희소하다는 사실은 반복할 필요 없이 자명하다. 이런 세상에서 인간은 탐욕스럽고 남의 재산을 넘보는 정념의 소유자이며, 이런 정념은 이성이나 자기 통제 능력 따위에 의해 적절하게 제어되지 않는다는 사실 또한 자명하다. 그만큼 정념은 강렬하기 때문이다.

12 Hume[1951], Book Ⅲ, Section Ⅱ 참조.

따라서 그런 정념이 제어되기 위해서는 제어하지 못함에 따른 손실과 제어에 따른 이득이 분명하게 존재한다는 타산적 계산이 있어야 한다. 실제로 인간은 이런 정념이 적절하게 제어되지 않으면 사회질서가 유지되지 않으므로 사회에서 얻을 수 있는 것들을 얻을 수 없고, 이런 정념이 제어되었을 때 비로소 원하는 것들을 얻을 수 있는 타산적 계산에 의해 남의 재산을 탐하지 않게 된다. 그리고 모든 사람들이 이런 타산적 계산에 따른다면, 남의 재산을 넘보지 않고 사회 질서를 유지하면서 각자가 원하는 바를 채우는 행위에 유쾌의 감정을 부여하고, 이를 정의감이라는 감정으로 공감한다. 즉 인간은 소유의 안정성에 관한 정의로운 행동 규칙인 도덕 규칙을 세움으로써 남의 재산을 넘보는 정념을 억제하고, 그런 행위에 정당성을 부여하는 공감대를 형성한다. 따라서 정의의 기원은 자원의 희소성과 인간의 이기심이며, 정의는 소유의 안정성에 깃든다. 이는 곧 경제질서에서 정의에 관한 논란은 재산의 소유에 관한 것이며, 이는 다시 인간이 주어진 시간을 살아가면서 얻게 되는 소득과 이를 바탕으로 축적하는 부(富)에 관한 것임을 의미한다.

이제 개인의 자유를 전제로 형성되는 시장질서의 도덕성과 정의로움에 대해 살펴본다. 개인의 자유가 보장될 때, 시장질서가 어떻게 형성되고 작동하는지에 대해서는 본 장의 앞에서 논의하였다. 간단히 되풀이하자면, 사유 재산을 바탕으로 한 자유가 보장될 때, 저마다의 고유한 목적을 위해 행동하는 인간들에 의해 생산과 교환이 가능한 시장이 만들어지는데, 시장이 질서 있게 작동하고 유지되기 위해서는 특정 거래자가 저지를 수 있는 사기, 협잡, 음모, 약탈 등으로부터 다른 거래자를 보호하는 도덕률인 행동 규칙이 만들어지고 준수되어야 한다. 또한 행동 규칙을 위반하는 거래자의 행위에 대해서는 사람들이 불쾌한 감정을 느낄 뿐만 아니라 비호혜적으로 대응하며 법에 따라 처벌하고 퇴출시킴으로써 시장이 유지된다. 시장 참여자는 시장이 그렇게 움직이리라는 기대 하에 일상적인 상거래에 종사함으로써 자신의 고유한 목적을 달성한다.

이제 우리는 시장경제 체제는 사람들을 정의롭게 행동하도록 훈육하는 한편, 다른 경제 체제는 그렇지 않다는 사실을 보임으로써, 시장경제 체제가 정의로운 것임을 확인한다. 앞에서 본 바와 같이 시장경제가 형성되고 유지되기 위해서는 정의로운 행동 규칙이라는 도덕률이 만들어지고 정의감에 의해 지탱되어야 한다. 그런데 시장에서 사람들은 도덕 규칙과 법을 위반하는 행위에 대해서는 불쾌감을 느끼고 그런 행위자를 시장으로부터 퇴출시켜 처벌한다. 그런 점에서 시장은 도덕적이며 정의롭다. 따라서 우리는 시장질서가 사람들로 하여금 도덕적이며 정의롭게 행동하도록 요구한다는 사실을 더욱 자세히 논증할 필요가 있다. 즉 탐욕과 이기심을 가진 인간들이 가득 차 있다고 생각하는 시장경제에는 도덕과 정의의 규칙이 내재되어 있어, 이를 준수하는 사람들은 자신의 목적을 자유롭게 추구할 수 있지만, 위반하는 사람들은 퇴출된다는 사실을 보이는 한편, 다른 체제에서는 사람들이 부도덕하고 정의롭지 않게 행동하게 된다는 사실을 보인다. 시장경제를 특징짓는 몇 가지 항목으로 구분하여 살펴본다.

1) 사유 재산

시장경제는 기본적으로 개인의 사유 재산을 바탕으로 형성되고 움직인다. 사유 재산이 있어야 자유로운 생산과 교환 활동이 가능하기 때문이다. 이 점이 바로 자본주의 시장경제와 사회주의 계획경제

간의 근본적 차이다.

사람들이 생산과 교환이라는 시장 활동에 참여하는 이유는 그로 인한 이익이 자신에게 귀속될 것이라고 기대하기 때문이다. 즉 사유 재산을 바탕으로 하는 제반 시장 활동의 결과를 자신이 가지며 자신의 의사대로 처분할 수 있는 재산권이 자신에게 있다고 기대하기 때문이다. 그리고 그런 기대에 따른 사유 재산권은 오랜 세월에 걸쳐 사람들의 물질적 삶을 개선해 온 자생적 질서로 자리 잡은 것이다.

물론 이들 활동은 모두 자신의 이기심을 충족하기 위한 행위이지만, 그 과정에서 생산자와 소비자가 모두 이익을 얻는다. 그런데 이런 활동이 시장에서 지속되기 위해서는 정의로운 행동 규칙이 지켜져야 하는데, 시장경제에서는 사람들 간에 형성된 정의라는 감정이 도덕률을 위반하는 시장 참여자를 퇴출시킴으로써 참여자들로 하여금 도덕률을 준수하도록 강제하고 훈육한다. 이렇게 작동하는 자유시장은 저마다의 고유한 목적을 위해 행동하는 인간들 간의 협동을 촉진하여 인간 사회 전체의 몫을 늘림으로써 다툼을 조화로 해결하고 평화로운 사회의 기반을 제공한다. 그래서 우리는 시장질서는 도덕적이며 정의로운 것이라고 말할 수 있다.

만일 사유 재산권이 없거나 지켜지지 않는다면 어떤 일이 생길까? 생산자는 생산 활동으로 생기는 이익이 자신에게 귀속되지 않는다면, 강제가 아닌 한, 그런 활동에 참여하지 않는다. 강제로 참여한다면 소비자가 원하는 것이 무엇인지를 열(熱)과 성(誠)을 다해 알아내려고 하지도 않을 뿐만 아니라, 그것을 안다고 하더라도 자원을 효율적으로 이용하여 생산하려고도 하지 않는다. 오히려 열과 성을 생산적이지 못한 곳에 사용할 가능성이 높다. 또한 열과 성을 다할 의사가 있다고 하더라도 명령자의 뜻에 맞지 않으면 실천할 수 없다. 그저 명령자가 지시하는 품목과 할당량을 생산할 뿐이다. 교환 참여자들 역시 교환으로 얻는 이익이 자신의 것이 되지 않는다면 아예 교환에 참여하지 않거나 신중을 기하지 않는다. 그저 명령자의 지시에 따른 품목과 할당량을 분배받을 뿐이므로 노예와 마찬가지다. 또 자신의 노력으로 더 나은 상태의 행복 수준으로 이동하려는 욕구가 차단되므로 사람들 간의 분업을 통한 협동으로 재화의 공급을 늘리지도 못한다. 전체적인 몫은 자연이 제공한 양을 넘지 못하므로 다툼이 심해지고 대부분의 사람들이 궁핍하게 살게 된다. 다툼이 심해지는 만큼 사기, 약탈, 폭력, 음모 등의 부도덕한 행위도 일상화된다. 그래서 사유 재산을 부정하는 사회는 인간의 가장 기본적 속성인 이기심에 반(反)하고 자유를 억압하고 시장질서를 파괴하여 총체적 몫을 줄이고, 몫의 분배에 있어 부정부패가 만연하고, 독재정치로 치닫는다는 점에서 부도덕하고 정의롭지 못하다.

2) 경쟁

시장경제가 부도덕하고 정의롭지 못하다는 다음의 비판은 시장경쟁은 매우 치열하여 사람들을 피곤하게 할 뿐만 아니라, 죽느냐 사느냐의 다툼이므로 경쟁에서의 패자(敗者)는 폐기되고 승자가 몫을 전부 차지한다는 것이다. 그런데 이는 인간 사회의 교환학적 경쟁(catallactic competition)과 강자만이 살아남는 정글의 법칙 및 약육강식의 원리가 적용되는 생물학적 경쟁(biological competition) 간의 차이를 모르는 데서 연유한다.[13]

인간 사회의 경쟁은 잠재적 거래 상대방에게 다른 시장 참여자보다 더 매력적인 기회를 제공함으로써 다른 참여자를 이기려는 대항적 행위인데, 이는 남이 아닌 바로 내가 그 거래 상대방과 협동하겠다는 것이다. 경쟁은 다툼인데 경쟁이 협동이라면 그 둘은 상호 모순되는 것이 아니냐는 의문을 가질 수 있다. 그러나 시장 경쟁에서는 어느 누군가가 특정한 목적을 위해 협동을 계획하거나 제안한 바가 없고, 사람들이 애초에 서로 협동하겠다는 생각을 가진 것도 아니다. 다만 생산과 교환 활동에 참여하여 자신의 이익을 위해 상대방을 이기려는 경쟁적 행동을 하는데, 그러한 행동이 결과적으로 사람들이 원하는 여러 가지 재화와 서비스의 생산과 교환이라는 협동을 가능하게 하여 모두의 이익을 높인다는 점에서 모순되는 것이 아니다.

누군가에게 이익을 주기 위해서는 그 사람이 무엇을 원하는지를 알아야 하는데, 이와 관련되는 지식이나 정보는 경쟁을 통해서 얻을 수 있다. 사람들이 원하는 물건을 생산하여 공급하는 생산자는 이윤을 얻을 것이며, 그렇지 않은 생산자는 손해를 보게 되므로 생산자는 소비자가 원하는 것을 알기 위해 부단히 노력하는데, 이런 과정이 바로 경쟁의 과정이다. 즉 경쟁은 사회 구성원들의 요구에 맞춰 나가는 협동의 과정이다.

협동의 형태는 주로 노동 분업을 통한 것이다. 경제가 대규모 익명 사회로 변화함에 따라 사람들은 씨·부족 사회와 같은 대면 사회의 자급자족 경제에서 남을 위해 생산하는 경제로 이동하고, 이 과

13 Mises(1998[1949]), 제15장 참조

정에서 노동 분업이 보편화되어 산출물의 공급이 증가하게 된다. 이런 상황에서 다른 생산자가 아닌 내가 생산한 산출물을 소비자에게 판매하려면 다른 생산자보다 더 우월한 방법으로 생산해야 한다. 이는 곧 생산자들 간에 경쟁이 이뤄진다는 것이며, 경쟁에서 이기기 위해서는 다른 생산자보다 자원을 더 효율적으로 활용하여 생산 비용을 낮추어야 한다는 것을 의미한다. 경쟁으로 자원 활용의 효율성이 촉진되는 것이다. 효율성 증가를 통해 동일한 양의 자원으로 더 많은 산출물을 생산하여 서로 교환하면 사람들이 소비할 수 있는 몫이 늘어나며, 사람들은 이를 바탕으로 자신들이 추구하는 저마다의 행복 수준에 더 가까이 다가 갈 수 있다.

그런데 경쟁에서는 패한 사람이 있기 마련인데, 경쟁이 어떻게 모든 사람에게 이익이 되는가라고 물을 수 있다. 즉 경쟁에 대한 비판은 흔히 경쟁에서 패한 자와 승리한 자 간의 소득이나 부의 분배에 있어 크게 차이가 난다는 것이다. 이는 물론 경쟁이 생기는 산업의 발달 정도와 특성, 산업에 참여하는 사람들의 수, 경쟁이 일어나는 시기와 장소, 경쟁을 둘러싼 각종 사회 제도 등에 따라 정도의 차이가 있지만, 특정 시공간에서의 경쟁에서 승자의 몫이 늘어나고 패자의 몫이 줄어드는 것은 사실이다. 또한 경쟁에서 누구나 승자가 되기를 원하지만 모두가 승자가 될 수는 없고 패자가 생기기 마련이다. 패한 자가 유쾌한 감정을 가지기는 어렵다. 그러나 인간 사회의 경쟁에서는 패한 자라고 하더라고 동물 세계에서의 경쟁과는 달리 폐기되는 것이 아니라 차선(次善)이나 차차선(次次善) 등의 자리로 옮겨가는 것이다. 즉 경쟁 과정을 통해 자신에게 가장 적합한 위치로 이동하는데, 우리는 이를 자원이 적재적소에 배분된다고 말한다. 적재적소에 배분된다는 말은 모든 사람들이 동일한 한 가지 자원이나 자리를 차지하기 위해 다투는 것이 아니라 비교우위에 따라 모두가 자신에게 걸맞은 자원이나 자리를 차지한다는 것이다. 그래서 경쟁의 목적은 머리에 월계관을 쓸 최후의 승자를 가리는 것이 아니라 각 개인이 달성하고자 하는 목적을 서로 돕는 것이다.

이와 더불어 시장 경쟁의 결과에 대해 강조할 사항은, 하이에크와 액튼(Harry Burrows Acton)의 지적처럼 사유 재산권과 도덕적이고 정의로운 행위 준칙 하에서 나온 결과는 도덕과 부도덕, 공정과 불공정, 그리고 정의와 불의를 따질 수 있는 대상이 될 수 없다는 것이다. 공정이나 불공정, 정의나 부정의는 인간 행위와 관련된 것이므로 정의로운 행위가 낳은 결과는 어느 누구도 변경할 수 없으며 그에 대한 공정이나 정의 여부를 물을 수 없다. 이를 따지기 위해서는 어떤 상태를 만든 개인이나 집단이 있어야 하는데, 시장질서는 특정인이나 집단을 위해 만든 것이 아니므로 질서 안에 그런 개인이나 집단은 존재하지 않는다. 따라서 정의로운 행위 준칙 하에서 나온 시장 경쟁의 결과는, 그런 결과를 낳는 행위가 정의로운 만큼 정의롭다고 규정할 수 있다.

노동 시장에서의 경쟁도 도덕적이며 정의로운 사회 질서에 기여한다. 노동자들이 원하는 것은 높은 임금과 쾌적한 노동 여건이다. 그런데 그것은 노동조합을 결성하여 그 힘을 키워 고용주인 사업가와 싸워서 얻어지는 것이 아니다. 아주 단기적으로는 힘의 우위를 점하여 원하는 결과를 얻을 수 있을지 모르지만, 그런 노동자를 계속 고용하고 사업을 지속할 고용자는 없기 때문에 장기적으로는 모두가 도탄에 빠지는 결과를 초래할 뿐이다. 기업은 이윤을 벌 수 있어야 사업을 지속할 수 있고, 사업을 지속할 수 있어야 노동자를 계속 고용하고 임금을 줄 수 있기 때문이다. 그래서 노동자들의 임금을 높이고 노동 여건을 개선하는 것은 노동조합이 아니라 노동자들에 대한 기업 간 경쟁이다. 마찬가지로 노동자들이 기업에서 일하기 위한 그들 간의 경쟁이 치열할수록 기업은 노동자들에 의해 착취당하지 않는다. 노동시장에서의 경쟁은 어느 누군가를 희생시키지도 않으며 모든 노동자들과 기업가들이 공헌한 만큼 몫을 가져갈 수 있도록 하고, 경제 질서를 유지시킨다는 점에서 도덕적이며 정의로운 것이다.

3) 차별의 신분 사회와 차이의 시장

사람들이 시장에서 나온 결과를 선뜻 받아들이지 못하는 또 하나의 이유는 자신이 까닭 없이 차별당한다고 느끼는 경향이 있기 때문이다. 사실 인간의 역사를 보면 타고난 신분에 따른 차별의 정도는 매우 심각했다. 신분에 따라 얻는 몫의 차이는 물론, 생명에도 귀천이 있었다. 세계의 거의 모든 나라에 노예 제도가 있었으며, 노예들은 아예 인간으로 취급받지 못하고 학대 받으며 질곡의 삶을 살았다. 노예보다 신분이 한 계급 위인 일반 평민들도 왕이나 귀족들을 위한 생산 도구에 불과했다. 이런 대우는 능력의 차이에 의한 것이 아니라 순전히 신분 차별에 의한 것이었다. 사회가 쌍방을 위한 질서에 따라 돌아가는 것이 아니라 착취하는 일방을 위한 명령이나 강제적 질서에 의해 돌아가는 형국이었다. 이와 같이 차별이 보편적인 세상이 부도덕하고 정의롭지 못하다는 것은 더 이상의 설명을 필요로 하지 않을 것이다.

그렇다면 시장에서는 어떠한가? 시장은 타고난 신분이나 현재 차지하고 있는 지위에 따라 사람들을 차별하지 않는다. 시장은 제반 거래비용을 낮추고 교환의 편의를 위해 자연스럽게 생기며, 그런 만큼 시장에서의 거래는 쌍방적이다. 거래 당사자 모두가 이익을 얻지 않으면 거래는 이뤄지지 않는다. 그리고 거래자들은 서로가 서로의 신분이나 지위를 따져보고 거래하지 않는다.[14] 특히 대규모 사회의 거래에서는 생산자는 자신이 생산한 물건을 누가 얼마나 소비할지 모르며, 소비자는 자신이 소비하는 물건을 누가 어디에서 만들었는지를 알지 못한다. 서로 알려고 하지도 않으며 또 알 필요도 없다. 서로에게 이익이 되므로 사고팔 뿐이다.

또한 시장에서는 신분 사회에서의 질서와는 달리 어느 누가 항상 고정된 지위를 차지하도록 정해진 것이 없다. 시장 경쟁이 영원히 끝나지 않는 과정이듯이 시장에 불변적으로 고정된 것은 없으며 모든 것은 매일매일 변한다. 매일매일 시장과 다른 기업들이 어떻게 움직이는지를 예의 주시하지 않으면 어제까지 높은 시장점유율을 차지하던 기업이 내일은 퇴출의 운명을 맞을 수도 있으며, 어제까지 적자에 허덕이던 기업이 오늘은 혁신적 방법으로 소비자들을 매료할 수 있다. 이는 물론 변덕스럽고 까다롭기 그지없는 소비자들 때문이다. 그래서 미제스의 지적처럼 시장은 어제의 영광을 찬양하지도 않으며 어제의 불운을 저주하지도 않는다. 소비자들은 오늘 자신들을 만족시키는 기업에 박수를 보낼 뿐이다. 시장에서 각 개인은 능력에 따라 정당한 몫을 가져갈 뿐, 개인들 간에 차별적 몫의 차이

14 좋은 사례가 한국에서도 문제가 되었던 이른바 블랙리스트(black list)이다. 블랙리스트에 오른 어떤 개인이 생산하는 재화나 서비스를 사람들이 원하고, 누군가가 이런 기회를 이용하여 많은 이윤을 벌 수 있다면, 블랙리스트를 공권력으로 강제하지 않는 한, 시장은 블랙리스트를 무력화한다. 만약 공권력으로 강제하면 관련 암시장이 생긴다.

는 없다. 어느 누군가가 차별적 행위를 한다면, 그가 생산자든 소비자든, 시장 퇴출을 각오해야 한다. 그런 점에서 시장은 도덕적이며 정의롭다. "외삼촌 떡도 커야 사먹는다."는 말은 시장에는 차별이 없다는 점을 웅변적으로 표현하는 것이다.

4) 빈익빈 부익부

시장경제가 가장 혹독하게 비판받는 이유는 부자는 더욱 부자가 되고 빈자는 더욱 빈자가 되므로 부도덕하며 정의롭지 못하다는 것이다. 빈익빈 부익부(貧益貧 富益富)라는 것이다. 실제로 그러한가? 역사적으로 사람들의 물질적 삶은 이전보다 몰라보게 개선됐다. 요즈음 일반 사람들이 먹는 음식과 입는 옷은 예전의 왕들이 먹었던 음식이나 입었던 옷보다 비교할 수 없을 정도로 한결 더 나은 것들이다. 특히 시장경제 체제를 택한 나라에서 굶어죽는 사람들은 이제 거의 없어졌다. 반면에 사회주의 체제의 나라와 그런 경향이 강한 나라에서는 지금도 굶어죽는 사람들이 있다. 과거 마오쩌뚱 치하의 중국에서는 약 1억 명 이상으로 추산되는 사람들이 죽었는데 대부분 아사자(餓死者)였다는 사실, 오늘날의 베네수엘라의 궁핍상, 북한의 처절한 실상 등은 이를 웅변으로 보여준다. 이런 사실만 보더라도 우선 '빈익빈' 현상은 사회주의 체제의 특성을 일컫는 것이지, 자본주의 시장경제 체제에서 빈익빈이 조장된다는 말은 전혀 타당하지 않다.

시장경제에서 빈익빈 현상이 발생할 수 없는 이유는 거래는 상호적이며 서로를 위한다는 사실로부터 어렵지 않게 추론할 수 있다. 사유 재산권이 보장되는 자본주의 시장경제 체제에서는 시장 참여자들의 자유로운 생산과 교환 활동으로 모두의 부(富)가 증가하기 때문이다. 비록 증가하는 부의 크기와 속도가 사람에 따라 다르더라도, 적어도 장기적으로는 모두의 부가 증가한다는 사실은 부정할 수 없다. 이는 논리적으로도 그렇고 역사적으로 시장경제를 택한 나라들의 모든 사람들의 삶의 질이 개선되었다는 사실로써 증명된다.

그럼에도 불구하고 빈익빈이 시장경제의 특징이므로 정의롭지 못하다는 주장이 강하게 제기되고 있다. 그러한 주장의 실체에 대해 몇 가지 측면에서 살펴보자. 첫째, 숫자적 크기의 변화에 따른 착시현상을 들 수 있다. 예를 들어 20명의 소득 자료가 있다고 할 때, 우리는 평균 소득과 표준편차를 구할 수 있고, 가장 높은 소득과 가장 낮은 소득의 비율도 얻을 수 있다. 이들의 소득이 낮은 수준에서는 소득 간의 차이에도 불구하고 어느 누구도 소득이 불평등하다고 생각하지 않는 경향을 보인다. 이제 모든 사람의 소득이 10배씩 증가했다고 하면 평균과 표준편차도 각각 10배씩 증가하고, 가장 높은 소득과 가장 낮은 소득의 차이도 10배로 커지지만 그 비율은 변하지 않는다. 이를 이전과 동일한 좌표 상에 표시하면 사람들은 이제 각각의 소득이 숫자적으로 이전보다 평균으로부터 한결 더 멀리 떨어져 있고, 빈자의 소득은 적게 증가하고 부자의 소득은 크게 증가하여 빈익빈 부익부라고 생각하게 된다. 이런 생각은 가장 높은 소득과 가장 낮은 소득 간 비율은 소득이 증가하기 전과 동일하지만 양적 차이가 10배로 커진 사실에 의해 강화된다. 물론 양적 차이가 커졌다는 사실을 보고 그런 느낌을 가질 수 있다. 가장 가난한 사람의 소득도 10배 증가했지만, 상대적으로 양적 차이가 커진 것은 사실이기 때문이다. 그러나 가난한 사람이 절대적으로 더 가난해진 것은 아니다. 그래서 사람들은 절대적 차이보다는 상대적 차이에 더 민감하게 반응하는 경향을 보인다. 평등 의식이 강한 사회에서는 그런 경향이 더욱 두드러진다. 경제가 성장하여 규모가 커지면 소득 간 비율에는 변화가 없지만 숫자적 차이가 커지는 현상을, 부자는 더욱 부자가 되고 빈자는 더욱 빈자가 된다는 주장의 근거로 사용하는 것은 일종의 착시라고 할 수 있다.

둘째, 좀 더 현실적인 현상으로서 모든 사람들의 소득이 비례적으로 증가하지 않는 것이 일반적이다. 우리가 증명해야 하는 것은 이런 경우에도 자본주의 시장경제가 빈익빈 부익부를 초래한다는 주장이 타당하지 않다는 것이다. 시장경제에서 개인의 소득은 경제활동에서 공헌하는 정도에 비례한다. 아리스토텔레스도 분배는 개인의 공적(merit)에 따라 이뤄져야 한다는 점에 동의하는데, 공적이란 현재 분배되는 것의 일정 분량을 받을 자격을 부여하는 것이다.[15] 그러나 그는 공헌 요소를 평가하고 합산하는 것이 매우 어렵거나 불가능하다고 생각했다. 분배 정의를 실현하기 위해서는 진정으로 정의로운 분배 기준을 가진 분배자가 있어야 하는데, 인간이 그런 기준을 설정하고 합산한다는 것은 불가능하다는 것이다. 따라서 우리는 어느 한 사람이나 소수의 사람들이 평가 기준을 세우고 실제로 공헌적 요소들을 평가하는 것보다는 수많은 익명의 사람들이 자신의 이익을 위해 행동하는 시장에서 자연스럽게 나타나는 평가가 불편부당한 기준이 될 것이라는 점을 어렵지 않게 생각할 수 있다. 특정한 사람에 의한 기준의 설정과 공헌도 평가는 불가피한 오류와 편파성을 동반하지 않을 수 없기 때문이다. 시장 평가는 바

15 Aristoteles 지음, 강상진 외 옮김(2011), 제5권 참조. Acton은 영어의 'merit'는 각자의 몫을 받는다는 그리스어의 동사인 'meiromai'에서 유래했고, 부분이라는 명사 'meros'와 관련이 있다고 지적한다.

로 각 생산요소의 가격인 임금, 이자, 지대로 나타난다. 일부 사람들이 이런 가격들에 대해 불만을 가진다고 하더라도, 아무도 그 가격을 정하지 않았으므로 그 불만을 제기할 수 있는 대상이 되는 사람이 없다.

그래서 불만은 누가 어떤 생산요소를 얼마만큼 가지게 되느냐에 돌려지는데, 생산요소의 소유는 매우 복잡한 과정을 거쳐 결정된다.[16] 첫째, 한 개인이 이 세상에 태어날 때 부모가 그 개인의 의사와는 전혀 상관없이 선택해 놓은 것들이 하나의 요인이다. 한 개인이 태어날 때 그의 용모와 지적 능력은 그의 선택과는 전혀 상관없는 것들이다. 또한 개인이 태어나 자라면서 처하게 되는 지적·물적 환경 등도 그 개인의 선택과는 무관한 경우가 대부분이다. 둘째, 특정 개인이 부여받은 지적·물적 능력과 자원을 그 개인이 어떻게 발전시키느냐, 어떤 일에 적용하여 무엇을 생산하고 누구에게 판매하느냐에 따라 그의 소득은 달라진다. 이 과정에서 생산요소에 대한 수요와 공급에 의해 결정되는 가격이 사람들이 어떤 생산요소를 형성할 것인가를 결정하는 데 커다란 영향을 끼친다. 셋째, 어느 누구도 통제할 수 없는 운(運)을 들 수 있다. 동일한 생산요소를 가졌다고 하더라도 개인이 처한 시공간에 따라 소득이 크게 달라질 수 있다. 현재 뛰어난 프로야구 선수의 연봉은 아주 높지만, 동일한 자질을 가진 그 개인이 프로야구가 없거나 이제 갓 생겨난 초기에 선수생활을 했다면 지금의 소득을 얻지 못했을 것이다. 이런 차이는 운으로 돌릴 수밖에 없다. 이 외에도 여러 가지 요인들이 상호 작용하여 특정 개인의 소득을 결정한다.

---

16 Friedman(1979), 제1장 참조.

따라서 아무리 우수한 지적·물적 능력과 부모로부터 부를 물려받았다고 하더라도 그 개인이 그것을 낭비하고 잘 발전시키지 못하거나 시장에서 수요가 없거나 미미한 생산요소를 형성한다면 그 개인의 소득은 낮기 마련이다. 물려받은 자원을 모두 탕진하고 망해버리는 경우도 허다하다. 반면에 부모로부터 별다른 자원을 물려받지 못한 개인도 승승장구하여 커다란 부를 일군 사례도 많다. 시장경제는 빈익빈 부익부를 고착시키는 체제가 아니다.

셋째, 부익부라는 비판은 흔히 기업가의 이윤을 겨냥한다. 시장경제에서 소득은 임금, 이자, 지대, 이윤의 형태로 나눠진다. 그런데 임금, 이자, 지대는 각각 그 생산요소의 수요와 공급 사정에 의해 정해진다. 사전적(事前的)으로 결정된 임금, 이자, 지대라는 약정 금액을 받는 사람들은 기업이 생존하는 한, 정해진 소득을 얻을 수 있다. 반면에 기업가의 소득인 이윤은 사전적으로 정해질 수 없다. 미래의 불확실성을 성공적으로 떠맡은 데에 대한 보상이기 때문이다.[17] 사업이 번창하여 이윤을 많이 벌고 부자가 되기도 하지만, 반대로 사업이 망하여 가난해지기도 한다. 그런데 흔히 부익부는 사업이 번창하여 이윤을 많이 얻은 기업가의 부(富)만을 강조하여 비판하는 말이다. 기업가가 얻는 이윤이 부익부를 조장한다고 하지만, "부가 부를 낳는다."는 명제는 성립하지 않는다. 미제스의 지적처럼 "자본은 자동적으로 이윤을 낳는 것이 아니다."[18] 이윤과 손실은 기업가가 소비자들의 수요에 대응하여 어떻게 생산을 조정하느냐에 달린 것이지 필연적인 법칙에 의존하는 것이 아니다.

17 자본가의 소득인 이자와 기업가의 소득인 이윤에 대해서는 이 책의 제8장 참조.
18 Mises(1996[1949]), 제15장 제9절 참조.

요약하자면, 시장경제가 '빈익빈 부익부'를 낳는다는 필연적 법칙이나 경향은 없으며, 시장경제 체제를 택한 사회의 모든 사람들의 삶이 다른 어떤 체제의 사람들의 삶보다 훨씬 더 개선되었다는 사실은 시장경제가 빈익빈 부익부 현상을 낳는다는 주장을 송두리째 부정하는 것이다.

5) 기본적 생존을 도외시한다는 비판

시장경제에서 재화와 서비스는 그 가격을 지불할 용의와 능력이 있는 사람들을 위해 생산되므로, 그럴 용의가 있더라도 능력이 없는 사람들은 재화와 서비스를 구매하지 못하여 곤경에 처한다는 비판이다. 예를 들어 사람들의 생존에 꼭 필요한 주택 서비스와 의료 서비스는 물론, 개인의 생산성 향상을 통한 미래의 건설에 긴요한 교육 서비스 등이 그렇다는 것이다. 물론 모든 사람들이 이런 서비스를 받을 수 있어야 한다는 점은 중요하다. 따라서 대부분의 자유 국가는 이런 서비스를 받지 못하여 긴급한 위험과 곤란에 처하는 사람들을 위해 자발적 혹은 비자발적 기부나 세금으로 특별한 장치를 마련한다. 그러나 사회가 파편화되고 사람들의 관심의 범위가 소규모화하는 가족 단위에 국한됨에 따라, 다른 사람들에 대한 무관심이 보편화되어 자발적·비자발적 기부는 축소되고, 서비스를 필요로 하는 사람들도 기부자와 대면하여 도움을 받는 것보다는 전체의 일부로 숨어 자신을 감추면서 도움받기를 원한다. 그리고 그런 장치는 세금으로 만들어진다.

그런데 긴급한 위험과 곤란을 위해 취해지는 최소한의 서비스가 점점 더 대중적 지지와 정치권의 영향권에 들면서 그런 서비스를 필요로 하는 사람들의 권리로 변하는 경향이 생긴다. 서비스를 정부에 요구하는 것이 정당한 권리가 되면 제공되는 서비스는 사람들 간에 차이가 없어야 한다는 평등 의식이 더욱 강화된다. 한국에 아직은 모든 주택을 똑같이 지어야 한다는 주장은 없지만, 의료나 교육 서비스는 모든 사람들에게 공평하게 제공되어야 한다는 주장 등이 그런 것들이다.

물론 최소한의 삶을 유지할 능력이 없는 사람들을 위한 복지는 꼭 필요하지만, 그것이 정의라는 이름 아래 수혜자들의 권리의 수준으로 나아가는 것은 지극히 경계(警戒)해야 할 일이다. 온정적 복지와 기본적 필요를 충족시키는 것이 정의라는 명제는 성립할 수 없다.

시장경제는 자기 선택의 자유를 보장하고, 그 결과 생긴 부를 바탕으로 긴급한 위험과 곤란에 처한 사람들을 위한 자원을 마련할 수 있다는 점에서 도덕적이며 정의롭다. 또한 사람들로 하여금 복지는 권리가 아닌 박애라는 점을 인식시키고 자력갱생하도록 한다는 점에서 도덕적이며 정의롭다. 그런데 민주정에서 이를 실천하는 일은 매우 어려워 보인다.

6) 분배적 정의

사람들이 자본주의 시장경제가 부도덕하며 정의롭지 못하다고 생각하는 이유로서는 대체로 '빈익빈 부익부', '경쟁의 승자 독식', '기본적 필요의 무시' 등으로 요약할 수 있다. 따라서 시장경제에 대한 비판자들의 주장은 이를 교정하는 것이 정의라는 것이다. 빈익빈 부익부의 문제와 승자 독식의 문제는 소득재분배 정책으로, 기본적 필요는 지불 능력이 아니라 필요에 따라 제공함으로써 정의를 구현해야 한다는 것이다. 그러나 우리는 앞의 두 가지는 자본주의 시장경제에서 빚어지는 현상이 아니라는 점을 설명했고 마지막 문제는 그러한 주장의 문제점에 대해 설명했다. 여기에서는 소득재분배에 의한 '분배적 정의' 문제를 다루고자 한다.

우선 시장경제에서의 분배 문제를 검토해보자. 앞에서 설명한 바와 같이 시장경제에서 소득은 개인이 가진 생산요소에 대한 수요와 공급에 의해 결정되므로 우리는 특정 개인이 가지게 되는 생산요소의 형성과 가격 등에 대해서는 논의할 수 있지만, 소득분배의 주체에 대해서는 논의할 수 없다. 왜냐하면 시장경제에서는 소득을 나눠주는 주체가 없기 때문이다. 따라서 시장경제에서 정의의 규칙 하에서 얻어진 소득에 대해서는 어느 누구에게도 불평할 수 없으며, 정의나 부정의, 공정이나 불공정을 따질 수 있는 대상이 아니라는 점은 앞에서 설명했다.

그럼에도 불구하고 평등주의자들은 분배적 정의를 강조한다. 분배적 정의는 경제 활동의 결과물을 나누는 것에 관한 것인데, 이를 위해서는 정의의 기준을 가진 분배자가 있어야 한다. 그런데 우선 그 개념과 기준이 명확하지 않다. 더 정확하게 말하면 그것은 정의할 수 없는 개념이다. 혹자에게는 '공정한 분배'를 뜻하기도 하지만, '공정한 분배'가 '분배 정의'라고 한다면 무엇이 공정인지가 확실해야 한다. 어떤 특정 개인이나 집단에게 공정하다고 해서 그것이 모두에게 받아들여지는 것은 아니다. 인간은, 분배 원칙을 정하는 논거에 상관없이, 자신에게 조금이라도 유리한 분배 방식은 공정하다고 인식하고 불리하면 불공정하다고 인식하는 경향을 보이기 때문이다. 공정함을 둘러싸고 논란과 분쟁이 많은 이유이다.

사전에 당사자들 간에 합의한 기준에 따라 분배가 이뤄지면 공정하지만, 이를 어길 경우에는 불공정하다고 말하는 것은 명백하게 옳다. 예를 들어 바다에서 잡은 고기를 팔아 번 돈을 분배하는 데 있어 배의 주인에게 50%, 선장에게 나머지의 50%, 그리고 그 나머지는 선원들에게 동일하게 분배하는 원칙을 미리 공지하고 그에 따라 분배한다면, 이는 사전에 당사자들이 합의한 기준이 지켜졌다는 의미에서 공정한 분배이다. 교수가 학생들에게 학점을 주는 원칙을 미리 공지하고 그에 따라 학점을 부여한다면, 이 또한 공정하다고 할 것이다. 물론 이런 기준은 그 기준을 정하는 개인적 주관과 특정 분야에서 이런저런 이유로 오랫동안 전통적으로 정착되어 온 관행 등에 의존하기 마련이며, 사람들은 이에 대해 일반적으로 큰 불만을 가지지 않는다. 만일 이해 당사자들이 그 기준 자체에 대해 이의나 불만을 제기하거나 이전과는 달리 바다의 생태적 여건, 어획 기술, 자본과 노동의 상대적 공급 등, 제반 여건이 변하여 이전의 기준이 불합리하다는 의견에 동의한다면, 그런 기준은 점차 바뀔 것이다. 즉 분배 기준도 변화하는 여건에 따라 점차 변화할 것이다. 이는 곧 시장 여건이 산출물을 나누는 분배 방식에 영향을 끼친다는 것이다. 이런 경우에도 불만을 느끼는 사람들이 전혀 없지는 않겠지만, 이해 당사자들의 규모가 크지 않은 대면 사회에서는 그런 기준이 대체로 받아들여지거나 쉽게 조정되므로 별다른 사회 문제를 일으키지는 않는다.

그러나 오늘날과 같이 수많은 생산자들과 소비자들이 유기적 관계를 맺으면서 돌아가는 대규모 경제에서는 각 개인이 가져갈 '정의로운' 몫의 기준을 특정 개인이나 집단이 정하는 것은 불가능하다. 즉 모든 사람들이 정의롭다고 동의하는 분배 기준을 확립할 수 없는 것은 명백하다. 실제로 각 나라에서는 이 기준을 두고 좌우로 갈려 정권 다툼이 벌어지고 사회를 혼란에 빠뜨리는 경우가 많다.

모든 사람들이 만족할 수 있는 기준을 만들 수 없다면 모든 사람들의 개인적 주관성을 배제하는 방법이 가장 공정하다고 해야 할 것이다. 어느 누구의 행위도 비난할 수 없기 때문이다. 어느 누군가가 주도하여 특정 가치나 이념을 내 세우지도 않으며 특정 기준을 지지하거나 반대하는 행동을 할 수 없는 가운데 이뤄지는 방식이기 때문이다.

이 방법은 첫째, 분배 기준을 세우는 방식 자체가 정의롭다. 분배 기준을 세우는 데 어떤 개인이나 집단의 가치와 이념을 우선적으로 반영하고 다른 개인이나 집단의 가치와 이념을 다음으로 반영하거나 또는 반영하지 않거나 하는 등의 자의적 요소가 들어가지 않기 때문이다.

둘째, 주관성을 배제해야 한다는 측면에서 시장경제와 계획경제의 분배 방식을 살펴보면 공정성의 차이가 명확하게 드러난다. 시장경제에서는 경제 활동의 결과로 얻는 몫의 할당, 즉 소득은 각 개인이 가진 생산요소에 대한 수요와 공급에 의해 결정된다. 그런데 수많은 익명의 사람들이 시장 활동에 참여하므로 어느 한 개인이나 집단의 의지나 이익이 우선적으로 또 크게 반영되는 일은 있을 수 없다. 만일 그런 일이 있다면 정부가 이를 강제적으로 합법화 해주기 때문이다. 예를 들어 노동조합이나 협회 등은 정치인과 정부를 상대로 로비하여 분배구조를 뒤틀고 자신들의 이익을 챙긴다. 따라서 정부에 의한 합법적 울타리만 제거한다면 시장경제에서 소득은 그야

말로 경제 활동에 공헌한 정도에 비례하여 나눠진다. 경제적 강자가 약자를 착취한다는 주장이 제기되는 경우가 있지만, 시장경제에서는 어느 한 개인이 다른 개인들을 착취할 수 없다. 시장 경쟁이 그런 착취 행위를 효과적으로 막아주기 때문이다. 노동자들은 그들에 대한 기업들 간 경쟁으로 착취당하지 않으며, 기업들은 그들에 대한 노동자들 간의 경쟁으로 착취당하지 않는다. 그런데 경쟁을 차단하는 것은 정부 규제이지 시장이 아니다.

반면에 계획경제에서는 생산과 분배, 소비가 모두 전적으로 중앙 계획자의 개인적 가치나 이념 등의 주관에 의존한다. 중앙 계획은 온 나라가 온갖 규제로 가득 차 있다는 것을 의미할 뿐이다. 대규모 사회를 계획하려면 사회 구조가 안정적이며 반복적으로 운행돼야 하지만, 인간 세상에 변화하지 않는 고정적인 것은 없다. 새로운 구조를 만들기 위해 기존 구조를 파괴하는 창조적인 사람들은 경제 질서를 어지럽힌다는 죄목으로 처벌되고, 중앙 계획자의 가치가 강요되므로 정체(政體)는 반드시 전제정으로 내닫게 된다. 또한 산출물은 중앙 계획자에게 가장 우선적으로 분배되고, 그 다음에는 그의 주변 사람들에게 분배되며 실제로 생산을 담당하는 생산자들에게 돌아가는 몫은 보잘 것이 없다. 평화적 시장 경쟁이 자취를 감춤에 따라 생산량도 턱없이 줄어든다. 사회주의 국가에서 굶어죽는 사람들이 생기는 이유이다.

특정 이념이나 가치에 입각한 분배 정의를 실현하려면 반드시 국가가 개입하고, 국가의 개입은 세금을 통한 소득재분배 정책으로 귀결된다. 국민의 생명과 자유와 재산을 지키고 보호하는 국가의 책무 수행에 필요한 세금을 초과하기 마련이다. 특히 원하지도 않고 동의

하지도 않은 세금이 원하지도 않으며 동의하지도 않은 분야에 쓰이는 일이 허다하다. 궁극적으로는 시장질서를 파괴하고 자원배분을 왜곡하며 모두의 부가 줄어드는 참담한 양적 평등만이 실현될 뿐이다. 정의가 강물처럼 흐르는 듯 보이는 '분배 정의'는 모두의 삶을 피폐하게 만든다.

요약컨대, 자본주의 시장경제가 빈익빈 부익부를 조장한다는 주장이나, 승자가 모든 것을 차지한다는 언설은 반자본주의 심리이자 시장경제가 돌아가는 이치에 대한 몰이해를 반영하는 것이다. 이는 자본주의 시장경제가 인류에게 물질적 풍요와 정신적 번영을 선사했지만, 아직 해결되지 않았거나 인간 세상에서 실현될 수 없는 유토피아에 도달하지 못한 것을 자본주의 시장경제 탓으로 돌리는 것이다.

인류가 빈곤을 탈출한 것은 사유 재산 제도의 도입에 따른 자원의 효율적 사용으로 부가 크게 증가했기 때문이다. 그런데 '분배 정의'는 반드시 정부의 개입을 요구하고, 정부의 개입은 반드시 인간의 기본 속성인 이기심의 존재를 애써 무시함으로써 인간의 생기를 꺾고 사회를 식물 상태에 이르게 한다. 사람들이 수용할 수 있는 수준을 넘어서는 강제적 기부나 높은 세금 등은 근로 의욕과 부의 축적 유인을 떨어뜨림으로써 사회 전체의 부의 규모를 감소시켜 모든 사람들을 가난으로 인도한다. 인도주의적이며 온정적 복지마저 파괴한다. 평등주의자들이 주장하는 분배 정의는 빈곤층의 삶을 개선할 수 없을 뿐만 아니라 분배자와 그 주변 인물들을 제외한 모든 사람들에게 노예의 삶을 강요하는 것이다.

6. 롤스와 시장경제

한편 롤스(John Rawls)의 『정의론』에 비춰본 시장경제는 정의로운가? 롤스에 의하면 정의는 사회의 기본 구조를 이루는 근간이다. 그래서 무지의 베일이라는 원초적 입장에서 참여자들이 도출해낼 정의의 두 원칙은 "각 개인은 광범위한 기본적 자유에 있어서 다른 사람들의 유사한 자유와 양립할 수 있는 평등한 권리를 가져야 한다."는 제1 원칙과 "사회적·경제적 불평등은 모든 사람들의 이익이 합당하게 기대되고 모든 사람들에게 개방된 직위와 직책에 결부되게끔 조정되어야 한다."는 제2 원칙이다.

제1 원칙에서 말하는 기본적 자유에는 정치적 자유(투표의 자유 및 공직을 가질 자유), 언론과 결사의 자유, 양심과 사상의 자유, 인신의 자유와 재산을 소유할 자유, 법의 지배라는 개념이 규정하는 이유 없는 체포와 구금으로부터의 자유 등이 포함된다. 특이한 점은 생산수단 등의 특정한 재산의 사적 소유는 포함되지 않는다는 것이다. 시장경제를 롤스의 정의 개념과 관련하여 몇 가지 측면에서 살펴본다. 즉 시장경제에 롤스의 정의의 개념이 적용될 수 있는지를 살펴본다.

첫째, 시장이 형성되고 자유롭게 작동하기 위해서는 소비재는 물론 생산재(생산요소)의 사적 소유가 허용되어야 하고, 경제 주체들의 생산과 소비 활동에 아무런 제약이 없어야 한다. 사회주의 국가에서처럼 생산재의 사적 소유가 허용되지 않는다면 생산재 시장이 생기지 않는다. 거기에 차등의 원칙까지 지켜져야 한다면 이런 경제 체제는 시장경제가 아니라 계획경제 체제가 강화된 것이다. 사회주의 계획경제와 자본주의 시장경제는 양립하지 않는다. 그런데 롤스는 그의 정의론은 어떤 형태의 체제도 옹호하지 않는다고 주장하면서, 시장경제와 계획경제라는 두 체제나 그 중간 형태의 체제 가운데서 정의의 요구 사항에 가장 충실히 부응하는 것이 어느 것인가는 미리 결정할 수 없고, 그것은 대체로 전통이나 제도, 그리고 각국의 사회적 세력 및 그 특수한 역사적 여건 등에 달린 문제라고 선언한다. 그런데 그것은 선언이 아니라 얼버무린 것이다.

시장경제에서 정의의 두 원칙이 충족되기 위해서는 모든 생산 활동과 개인별 몫이 나눠지는 현상을 정확하게 알아야 하고 그러한 원칙이 지켜지도록 온갖 규제 장치를 세세하게 알고 만들어야 한다. 그런데 이는 불가능하다. 거대 사회에서 일어나는 모든 생산 활동을 다 알 수 없을 뿐만 아니라, 안다고 하더라도 차등의 원칙이 지켜질 수 있는 규제 장치를 다 알 수도 없고 만들 수도 없다. 역동적으로 변화하는 시장경제에서는 더욱 그렇다.

둘째, 생산요소의 사적 소유가 허용되는 시장경제에서 두 원칙이 충족되는 결과는 보장할 수 없다. 제2 원칙은 제1 원칙의 제약 조건이 되는데, 이는 곧 제1 원칙과 제2 원칙이 충돌한다는 사실을 의미한다. 그래서 롤스는 생산 수단의 사적 소유가 기본적 자유에 포함되지 않는다고 선언한 것이다. 시장경제가 장기적으로 모든 시장 참여자들의 소득과 복지를 향상시키는 것은 사실이지만, 태생적이든 후천적이든, 각 개인이 보유하는 생산요소의 양과 특성에 따라 일시적으로 또는 상당한 기간 동안 최소 수혜자의 처지가 개선되지 않을 수도 있을 뿐만 아니라, 정의의 두 원칙이 지켜지도록 하는 보장책이 있을 수 없기 때문이다. 특정 생산요소를 바탕으로 한 혁신이 기존 생산요소의 유용성을 무력화하는 경우나 미래에 대한 상이한 예측과 위험에 대처하는 태도 등의 차이에 의해 시장 경쟁 과정에서는 이런 일이 얼마든지 일어날 수 있다. 따라서 시장경제에서는 제2 원칙이 지켜진다는 보장이 없다. 만일 매우 복잡다단한 규제를 통해 제2 원칙을 충족시킨다고 가정하면 시장은 이미 자유시장이 아니라 규제 세상으로 변한다. 물론 그런 세상에서도 두 원칙은 충족되지 않는다. 시장경제에서 제1 원칙의 제2 원칙에 대한 우선성과 제2 원칙이 충족될 가능성을 조금이라도 높이기 위해서는 불가피하게 생산요소의 사적 소유와 계약의 자유를 기본적 자유로부터 제외돼야 하는데, 이는 시장경제를 부정하는 것이다. 물론 이 경우에도 두 원칙이 체계적으로 지켜질 가능성은 없다.

그에 따른 문제를 더 자세히 살펴보자. 자본주의 시장경제와 사회주의 계획경제를 구분하는 가장 중요한 요인은 생산요소의 사적 소유 여부이다. 롤스는 자유 시장을 이용하는 것과 생산요소의 사유 사이에 본질적인 관련이 없다고 주장한다.[19] 그 이유는 시장경제가 최선의 체제라는 관념은 역사상의 우연에 불과한 것이며 사회주의 체제에서도 시장을 이용하는 것이 가능하기 때문이라는 것이다. 즉 롤스는 시장경제는 자본주의 체제나 사회주의 체제에 모두 부합하다고 주장하는 것이다. 롤스가 사회주의 체제가 투자 계획을 세우고 자원을 할당하기 위해 이윤율을 설정하고 토지 및 임야와 같은 자연적 자원과 자본을 사용하는 데 대한 임대료를 계량한다고 해서 이상할 것이 없다고 주장하는 것은, 롤스가 사회주의에도 자본재 가격이 있다고 생각하는 것이다. 그러나 자본재의 사적 소유가 허용되지 않

19 Rawls (1971), 271쪽 참조.

는 사회주의 국가에서는 자본재 시장이 생기지 않는다는 점, 자본재 시장이 없으므로 자본재 가격이 없어 자본 개념이 없다는 점에서 롤스의 사회주의 시장 관련 논설은 모두 틀렸다.

한편 모든 시장 참여자들은 장기적으로 이득을 본다는 점에서 시장경제는 롤스가 주장하는 제1 및 제2 원칙을 가장 충실하게 실천하는 경향을 가진다는 사실에도 주목할 필요가 있다. 물론 시장경제가 두 원칙을 준수하는 방식으로 몫의 분배를 한다는 보장은 없지만, 따라서 몫의 나눔 방식이 그런 원칙에 따른다는 보장은 없지만, 역사적으로 모든 인간들의 삶이 개선되었다는 사실에 비춰보면 다른 어떤 체제보다도 제1 및 제2 원칙의 충족 가능성을 높이는 방식으로 몫을 나누어 왔다고 할 수 있다.

셋째, 롤스는 저축의 원칙을 선택함에 있어 원초적 입장에 있는 사람들은 순수한 시간선호(時間選好)를 갖지 않는다고 가정한다. 즉 여러 가지 사실들 중 어떤 것도 그것이 단지 시간상으로 더 가까이 위치하고 있다는 이유로 우리가 미래의 더 큰 선보다 현재의 더 작은 선을 택하는 것을 정당화하는 것은 없다는 것이다.[20] 이 점에서 롤스는 실제의 인간 행동의 속성을 관찰하지 않고 자신이 상정한 정의의 틀에 맞도록 인간 행동을 정의하고 짜 맞춘다. 미제스가 지적한 바와 같이 양의 시간선호는 인간 행동의 범주에 속하는 것이다. 사람들은 소득과 부를 자신의 주관적인 시간선호에 따라 현재의 소비와 미래의 저축으로 배분하며, 자본가-기업가들은 바로 이렇게 만들어진 저축을 투자하여 자본재를 획득함으로써 자본주의적 생산

20 Rawls(1999), 293-4쪽 참조.

양식을 갖추는 것이다. 또한 사람들이 시간선호를 갖지 않는다면 내구도가 무한이거나 거의 무한인 토지 등은 가격을 갖지 못한다. 시간선호를 부정하는 것은 행동하는 인간의 중요한 속성을 부정하는 것이다.

요약하자면 롤스는 자본주의 시장경제와 사회주의 계획경제의 작동 원리에 대해 크게 혼동하고 있다. 그리고 인간 행동의 원리에 대한 이해가 매우 부족하다. 따라서 시장경제에 관한 한, 롤스의 정의론은 인간 세상의 실제(reality)에 대한 분석과 전망이 아니라 허구의 세상을 조각한 것이다.

참고문헌

김영용, "현 정부의 경제 정책에 대한 비판," 자유와 시장, 한국하이에크소사이어티, 제10권, 2018, pp.29-59.

______, "법치와 공정거래법," 자유와 시장, 한국하이에크소사이어티 제6권, 2014, pp.19-45.

도메 다꾸오(堂目卓生), 우경봉 옮김, 『지금 애덤 스미스를 다시 읽는다』, 동아시아, 2012.

임일섭, 『행동규칙과 자생적 시장질서: 하이에크의 경제학 방법론과 시장이론』, 자유기업센터, 2000.

Acton, Harry B., 『The Morals of Markets and Related Essays』, 이종욱·유주현 옮김, 『시장의 도덕과 관련 에세이들』, 한국경제연구원, 1996.

Aristoteles, 『Ethica Nicomachea』, 강상진·김재홍·이창우 옮김, 『니코마코스 윤리학』, 도서출판 길, 2011.

Braudel Fernand, 『La dynamique du capitalisme』, Flammarion, 2008, 김홍식 옮김, 『물질문명과 자본주의 읽기』, 북마루코리아, 2012.

Friedman, Milton & Rose, 『Free to Choose』, Avon Books, 1979, 민병균·서재명·한홍순 옮김, 『선택할 자유』, 자유기업원, 2003.

Hayek, Friedrich A. von, 『The Constitution of Liberty』, University of Chicago Press, 1960. 김균 옮김, 『자유헌정론 I, II』, 자유기업센터 1997.

______________________, 『Law, Legislation, and Liberty, Volume 1: Rules and Order』,

University of Chicago Press 1973.

__________, 『The Sensory Order: An Inquiry into the Foundations of Theoretical Psychology』, University of Chicago Press, 1976[1952].

Hume, David, 『A Treatise of Human Nature』, Reprinted from the original edition in three volumes and edited, with an analytical index, by L. A. Selby-Bigge, M.A., Oxford University Press, 1951, 김성숙 옮김, 『인간이란 무엇인가』, 동서출판사, 1994.

Jones, Harold B. Jr., "The Kantian Ethics of Capitalism," *Journal of Private Enterprise*, Volume XXII, Fall 2006, pp.37-52.

Kant, Immanuel, 『Kritik der Praktischen Vernunft)』, translated by Thomas Kingsmill Abbott, 『Kant's Critique of Practical Reason and other works on The Theory of Ethics』, 6th edition, Longmans, Green, and Co. 1909. 최재희 옮김, 『실천이성비판』, 박영사, 1975.

Locke, John, 『Second Treatise of Government』, Watchmaker Publishing, 1921, 남경태 옮김, 『시민정부론』, 효형출판, 2012.

Mises, Ludwig von, 『Human Action: A Treatise on Economics』, Ludwig von Mises Institute, 1998[1949], 민경국·박종운 옮김, 『인간행동』, 지식을 만드는 지식, 2011.

__________, 『Theory and History: An Interpretation of Social and Economic Evolution』, Liberty Fund, 2005[1957].

Rawls, John, 『A Theory of Justice』, Revised Edition, Harvard University Press, 1999 [1971].

Smith, Adam, 『The Theory of Moral Sentiments』, Penguin Classics, 박세일·민경국 옮김, 『도덕감정론』, 비봉출판사, 1996.

3

경쟁

"시장이 경쟁적일 때 자원 배분은 효율적으로 이뤄진다.", "현대인들은 모든 측면에서 치열한 경쟁에 노출되어 있다.", "경쟁 압력이 없거나 약한 공기업의 성과는 보잘 것 없다." 등등, 우리는 주변에서 일어나는 현상을 설명할 때 '경쟁'이라는 용어를 많이 사용한다. 또한 경제학 교과서에도 경쟁이라는 용어가 자주 등장한다. 그러나 정작 경쟁이 무엇을 의미하는지에 대한 설명은 거의 없다. 따라서 경쟁은 우리의 경제생활과 매우 밀접한 관련이 있지만, 그에 대한 사람들의 이해도는 높지 않다. 경쟁의 의미와 이와 관련된 사항을 살펴본다.

경쟁이란 나의 잠재적 거래 상대방에게 더 매력적인 기회를 제공함으로써 다른 참여자를 이기려는 대항적 행위(rivalry or emulation)를 의미한다. 생산자가 소비자에게 자신의 물품을 판매하기 위해서는 다른 생산자보다 더 나은 제품을 더 낮은 비용으로 생산할 수 있어야 한다. 소비자가 특정 산출물을 자신이 소비하기 위해서는 다른 소비자보다 더 높은 가격을 지불할 수 있어야 한다. 이와 같이 경쟁이 상대방을 이기려는 행위임에는 분명하지만, 인간 세계에서의 경쟁은 사회 구성원들이 서로의 요구에 맞춰나가는 과정으로서 시장을 확대하여 모든 사람들의 물적 생활을 개선한다. 많은 사람들이 경쟁에 대해 오해하고 불만을 나타내는 것은 생물학적 경쟁(biological competition)과 교환학적 경쟁(catallactic competition) 간의 차이를 이해하지 못하기 때문이다.

1. 생물학적 경쟁과 교환학적 경쟁

인간이 아닌 다른 동물들이 살아가는 자연 세계에서 벌어지는 생물학적 경쟁은 자연이 제공하는 한정된 먹이를 둘러싼 다툼이다. 빈곤으로 특징지어지는 자연의 세계에서 먹느냐 먹히느냐의 삶과 죽음을 가르는 싸움이다. 패자(敗者)는 폐기(廢棄)되어 사라져버린다. 승리한 자가 얻고 패배한 자가 잃는 것을 더하면 거의 영(零)이 된다. 영합(零合)의 게임이다. 이런 동물의 세계에는 협동이나 교환이 없다. 문제는 대부분의 사람들이 바로 이 생물학적 경쟁을 인간 사회의 경쟁과 혼동하고 자본주의 시장경제는 '약육강식' 이나 '정글의 법칙'이 적용되는 살벌한 체제라고 비난한다는 것이다. 특히 일부 정치인이나 지식인들이 이를 이용하여 반자본주의 심리를 부추긴다. 그러나 인간 사회에서 벌어지는 경쟁은 이와는 전혀 다른 것이다.

생물학적 경쟁과 달리 인간 사회에서의 경쟁을 교환학적 경쟁이라고 하는데, 카탈락틱스(catallactics)는 '교환하다, 커뮤니티 출입을 허가받다, 적을 친구로 바꾼다'라는 그리스어인 카탈라타인(katallattein)에서 유래된 말이다. 그런 일이 일어나는 시장질서를 카탈락시(catallaxy)라고 한다. 교환학적 경쟁도 상대방을 이기려는 대항적 행위임에는 분명하지만, 이는 노동 분업을 통한 협동으로 귀결된다. 경쟁을 통한 사람들 간의 협동으로 생산성을 높여 재화와 서비스의 공급을 늘림으로써 몫을 둘러싼 갈등을 조화로 해결한다. 즉 자연이 준 먹이만을 둘러싼 싸움이 아닌 협동을 통한 생산 증가로 갈등을 조화로 해결한다. 미제스가 지적한 '어울림의 법칙'이 작용하는 곳이 바로 교환학적 경쟁이다. 이 과정에서 패자는 폐기되는 것이 아니라 차선(次善), 차차선(次次善)의 위치로 이동한다. 그래서 경쟁은 승자를 가려내는 것이 아니라 각 개인이 각자의 목적을 더 효과적인 방법으로 달성하도록 서로 도와주는 것이다.

2. 경쟁은 과정인가 상태인가?

경쟁은 '경쟁하다(to compete)'라는 동사적 의미이다. 물리학에서 중력(gravity)이 지표 근처의 물체를 수직의 아래 방향으로 당기는 힘(force)을 의미하듯이, 경쟁은 가격을 결정하고 자원이 효율적으로 사용되도록 하는 힘을 의미한다. 그런 점에서 경쟁은 특정의 정지된 상태(state, situation)가 아니라 움직이는 과정(process)에 적용되는 개념이다. 특정한 상태로 접근하기 위해서는 그 상태로 인도하는 힘이 있어야 하는데 그 과정에서 작용하는 힘이 바로 경쟁인 것이다. 즉 시장 과정은 시장 사회의 여러 구성원들이 각자의 행동을 사회적 요구 사항에 맞춰 나가는 것을 의미하는데, 경쟁이 바로 사회 구성원들을 협동으로 인도하는 힘이다. 따라서 경쟁 개념이 의미가 있으려면 '경쟁하다'라는 동사와 관련되는 상업 행위와 관련되어야 하며, 특정 상태에서의 행위를 뜻할 수 없다. 스미스(Adam Smith), 리카도(David Ricardo), 밀(John S. Mill) 등은 모두 경쟁을 시장 과정으로 파악했다.

경쟁이 마치 특정 상태를 의미하는 것처럼 그 개념이 뒤틀린 것은 경쟁이 모두 끝난 상태에 대해 관심을 가진 꾸르노(Augustin Cournot) 이후에 생긴 일이다. 꾸르노는 단지 "모든 경쟁이 끝난 상태는 어떤 모습일까?"라는 질문의 결과로서 완전경쟁 모형을 제시했을 뿐이다. 그런데 현재 거의 모든 경제학 교과서에서 경쟁이 가장 치열하게 일어나고 있는 상태라고 설명하는 완전경쟁을 하나의 시장 구조로 부각시킨 것은 신고전학파이다. 제본스(William S. Jevons)나 에지워드(Francis Y. Edgeworth) 등에 의해 경쟁과 시장 구조가 결합되었으며, 이후 나이트(Frank H. Knight) 등에 의해 정치화된 것이다. 완전경쟁은 물리학에서의 완전 진공(perfect vacuum) 상태와 유사한 개념이다.

이와 같이 경쟁 개념이 시장구조와 결합되어 기업이 활동하는 어느 시장에서나 경쟁은 존재한다는 사실을 간과하게 되었고, 경쟁 개념을 기업 내의 생산 기술이나 기업의 조직 형태와 체계적으로 연결시키지 못함으로써 기업의 주요한 경제 활동을 설명하는 데 유용한 도구로서의 역할을 하지 못하게 되었다. 고전학파 경제학자들도 경쟁을 시장에서의 교환에만 국한하여 논의하였을 뿐, 기업 내의 생산이나 기업 조직 등과 연결하여 논의하지 못하였다.

3. 완전경쟁

경쟁이 과정이 아니라 특정 상태를 의미하는 현상은 신고전학파의 완전경쟁에서 두드러지게 나타난다. 고전학파 경제학자들이 기업가의 기능을 언급하고 있지 않은 것은 사실이지만, 이들은 경쟁을 각 기업이 가격을 변수(variable)로 인식하는 시장의 불균형을 의미하는 개념으로 사용했다. 반면에 신고전학파 경제학자들은 완전경쟁을 각 기업이 가격을 주어진 것(parameter)으로 받아들이는 균형 상태를 의미하는 개념으로 사용하고 있다. 따라서 시장 과정을 의미하는 고전학파의 경쟁 개념과 사물의 상태를 의미하는 신고전학파의 완전경쟁 개념은 근본적으로 양립할 수 없다. 왜냐하면 신고전학파의 완전경쟁이 균형의 조건을 의미하는 데 반해, 고전학파의 경쟁은 균형으로 인도하는 행위를 의미하기 때문이다.

완전경쟁은 수많은 기업들이 산업에 자유롭게 진입하여 경쟁한 결과, 더 이상 경쟁하지 않는 수많은 기업들이 존재하는 상태를 의미한다. 완전경쟁 상태에서는 모든 시장 참여자들이 동일한 행동을 하며, 다른 참가자들보다 더 좋은 방법의 행동을 통해 더 이상 달성할 것이 없기 때문에 다른 참가자의 행동을 주시할 필요가 없다.[1] 따라서 특정 상태를 뜻하는 완전경쟁은 '경쟁하다'를 뜻하는 동사적 의미의 경쟁 개념과 양립할 수 없다. 예를 들어 초과공급이 있을 때 가격을 낮춰 더 많은 양을 판매하려는 행위는 시장 과정으로서의 경쟁이지만, 완전경쟁 상태에서는 이러한 행위가 불가능하다. 경쟁이 모두 끝난 상태이기 때문이다. 따라서 완전경쟁 모형은 가정의 비현실성에 따른 현실 세계에서의 실현 불가능성도 문제이지만 '경쟁하다'를 뜻하는 동사적 개념과 양립할 수 없다는 데 문제의 핵심이 있다.

하이에크(Friedrich A. Hayek)에 의하면 완전경쟁은 경쟁 과정에 의해 결과적으로 도달하려는 상태에서 경쟁을 논의하므로 경쟁 행

1 Kirzner(1973), 제3장 참조.

위의 범위를 제거해 버릴 뿐만 아니라 행위 자체를 불가능하게 만들어 버린다.[2] 따라서 경제학자들이 과정에 의해 결과적으로 도달하게 되는 상태를 논의하면서 마치 경쟁의 본질과 과정에 대해 논의하는 것처럼 믿는 것은 스스로를 기만에 빠뜨리는 것이다. 즉 완전경쟁이나 독점과 같이 시장구조를 중요시하는 분석은 자기 순환적(tautology)이라는 것이다. 경쟁의 결과가 경쟁에 대한 논의의 출발점이 서 있는 제반 가정에 이미 암묵적으로 포함되어 있기 때문이다. 완전경쟁은 생산자나 소비자가 각각 생산 방법과 수요에 대한 지식을 모두 갖추고 있다고 가정한다. 생산자는 소비자의 재화와 서비스에 대한 수요는 물론 그가 얼마의 가격을 지불할 용의가 있는지도 알며, 생산 기술, 생산요소 가격들을 모두 알기 때문에 가장 효율적인 생산 방법을 안다고 가정한다.[3] 소비자도 자신이 원하는 재화 및 서비스의 가격 등, 모든 정보를 안다고 가정한다. 그러나 그러한 지식과 정보는 경쟁 행위를 통해서 획득되기 때문에 경쟁 과정 없이 경쟁적 균형 상태에서 이러한 지식과 정보를 가지고 있다고 가정할 수 없다. 소비자의 선호와 개인이 보유한 지식과 정보 등이 모두 알려져 있다면 경쟁은 필요 없고 단지 계산문제만 남아, 기업가에게는 결정해야 할 아무런 사항도 남지 않게 된다. 그러나 시장 과정에서 기업가는 경쟁을 통해 자기가 생산한 상품이 어떤 가격에 얼마나 판매될지, 필요한 생산요소를 어느 가격으로 이용할 수 있을지를 알게 된다. '경쟁은 발견적 절차'이며, 사람들은 경쟁이라는 발견적 절차에 의해 지식을 창출하고 집적하여 경제 활동에 대한 견해를 형성하기 때문이다.

---

2 Hayek(1948) 참조.

3 신고전학파의 미시경제이론에서 비용곡선은 모두 최소화된 비용곡선인데, 이는 모든 정보를 안다는 전제 하에서 가능하다.

모든 지식이 '주어진' 것이라고 가정하는 것은 현실 세계에서 실제로 설명해야 하는 중요하고 의미 있는 모든 것을 무시해버리는데, 이런 경제학은 사회 과학이 아니라 순수 논리학이 되어버린다. 실제로 경제학에서 푸는 정태적 또는 동태적 최적화 문제들이 모두 그렇다. 따라서 경제학이 순수 논리학이 아닌 사회 과학으로서의 의미가 있으려면, 신고전학파에서 가정하는 '주어진' 것들에 대한 탐구가 이뤄져야 한다.

'주어진'이라고 가정하는 사실들은 실제로 발견되어야 할 것들인데, 이는 곧 지식의 문제를 야기하고, 지식의 발견과 소통은 바로 경쟁을 통해 이뤄진다. 하이에크가 경쟁을 지식의 발견적 절차라고 명명하는 이유이다. 그런데, 제2장에서 설명한 바와 같이, 지식에는 과학적인 것으로서 중앙 집중화가 가능한 것이 있는가 하면, 분산된 시간과 장소에서 각 개인이 소유하고 있는 고유한 현장 지식이 있다. 이제 이러한 지식, 특히 수많은 개인들이 소유하고 있는 분산된 현장 지식과 정보를 어떻게 소통할 수 있느냐의 문제가 대두되는데, 바로 경쟁이 이뤄지는 시장에서 형성된 가격이 이러한 소통 문제를 해결한다. 즉 분산된 지식과 정보를 사회 전체적으로 동원하여 효과적으로 활용할 수 있는 방법은 자발적 질서인 시장을 통해서만 가능하다. 따라서 시장의 기능을 정확하게 알고자 한다면, 시장을 단순한 계산기나 자원배분 기구가 아니라 지식과 정보를 소통하는 메카니즘으로 이해해야 한다.

커즈너(Israel Kirzner) 역시 현대 경제학은 경쟁을 과정이 아닌 상태로 인식하고 있음을 지적한다. 특히 완전경쟁은 모든 시장 참여자들이 동일한 행동을 하며, 다른 참가자가 하는 것과는 다른 더 좋은 방법의 행동을 발견하여 이룰 것이 없기 때문에 다른 참가자의 행동에 관심을 둘 필요가 없는 상태임을 말한다. 따라서 이런 상태에서는 경쟁자를 이기기 위해 더 매력적인 기회를 찾을 수가 없다. 완전경쟁과 독점 모형의 오류를 지적하고자 했던 독점적 경쟁 개념 역시 과정이 낳게 되는 결과인 상태 또는 상황을 전제하며, 과정에 대한 인식이 없다는 점에서 똑같은 오류를 범하고 있다. 예를 들어 제품 차별화는 최종적인 균형의 결과가 아니라 지속적인 발견 과정의 반영이라는 가능성을 배제한다. 한편 커즈너는 기업가의 모든 활동은 경쟁적이며 경쟁적인 활동은 모두 기업가적임을 강조하며, 방해받지 않는 경쟁이 존재하기 위한 필요충분조건은 모든 종류의 시장 활동에 대한 완전한 진입 자유임을 역설한다.

시장 경쟁은 미지(未知)의 기회를 이용하여 이득을 취하려는 기업가들에 의해 주도된다. 기업가는 시장에서 저평가(underpriced)된 자원을 발견하고 이를 활용하여 완성되는 제품의 시장 평가를 통해 이윤을 추구하는데, 바로 이러한 이윤 동기가 저평가된 자원을 바로잡는 과정에서 자원 배분의 효율성을 촉진하며, 결과적으로 소비자에게 이익을 제공한다. 그리고 기업가가 저평가된 자원의 사용 기회를 성공적으로 발견하면 이러한 사실이 널리 알려지게 된다. 그 결과 저평가된 자원에 대한 수요가 증가하고 이를 이용한 산출물의 증가가 이뤄져 이윤은 궁극적으로 사라지는 경향을 보인다.

한편 배인(Joc S. Bain)의 구조-행위-성과의 분석 틀은 바로 경쟁 개념이 시장구조와 잘못 결합된 결과물이다. 즉 구조가 행위를 결정하고, 행위는 성과를 결정한다는 분석 틀에서는 구조를 바꿈으로써 행위와 성과를 바꿀 수 있기 때문에 시장구조를 경쟁적으로 유지해야 한다는 점을 강조한다. 그러나 경쟁을 '경쟁하다'라는 동사적 의미의 과정으로 파악하면 경쟁 행위를 바탕으로 한 성과에 의해서 구조가 결정된다는 논리가 더 타당하다. 이는 이윤율은 시장점유율이 아닌 기업의 효율성에 의해 결정되며, 따라서 구조가 성과를 결정하는 것이 아니라 성과가 구조를 결정한다는 뎀세츠(Demsetz, 1973)의 연구결과를 이론적으로 뒷받침하는 것이다. 이러한 인과관계의 전도로 말미암아 실제 상업 세계에서 일어나고 있는 경쟁 행위를 규제하는 오류가 범해지는 것이다.

4. 경쟁과 거래비용

경쟁과 거래비용의 논의에서는 두 가지 문제를 제기할 수 있다. 첫째, 거래비용이 없다는 말의 의미와 경쟁과의 관계는 무엇인가? 둘째, 경쟁이 거래비용을 감소시키는 역할을 하는가이다. 먼저 거래비용이 없다는 말은 시장 참여자들이 자신들에게 가용한 바람직한 기회에 관한 정보를 아무런 비용을 들이지 않고 획득할 수 있음을 의미한다. 코오즈(Coase, 1960)의 논리에 따르자면 거래비용이 없으면 더 이상 자원배분을 개선할 수 없을 때까지 거래가 진행되어 최적의 상태에 이르게 된다.[4] 그러나 커즈너(Krizner, 1973)에 의하면 거래비용이 없다는 것 자체가 기회의 발견을 보장하지는 않는다. 즉 바람직한 기회에 관한 정보를 비용 없이 획득할 수 있다는 사실이 그러한 기회를 언제나 안다는 것을 보장하지는 않는다. 거래비용이 없다고 하더라도 우리가 모르는 발견되지 않은 많은 기회가 존재

4 코오즈는 거래비용이 없는 세계가 아니라 현실 세계와 같이 거래비용이 있는 세계에 대한 분석이 목적이었다.

할 수 있고, 이러한 기회 역시 기업가의 경쟁적 행위에 의해 점진적으로 발견되기 때문이다. 따라서 거래비용이 없다고 하더라도 이윤동기를 가진 기업가의 경쟁적 행위에 의한 조정이 없다면 더 나은 기회의 점진적 발견은 기대할 수 없다.

다음으로 두 번째 질문을 검토해 보자. 이 문제는 하이에크의 논설에 잘 요약되어 있다. 즉 "우리가 경쟁을 통해 발견하기를 원하는 사실을 모른다면, 경쟁으로 발견될지도 모를 사실들을 발견하는 데 경쟁이 얼마나 효과적이었는지는 확인할 수 없다. 다만 우리가 알고자 하는 것은 발견을 경쟁에 의존했던 사회가 그렇지 않았던 사회보다 원하는 목적을 더 성공적으로 달성했느냐는 것인데, 이는 문명의 역사가 확실하게 확인해주는 결론이다."와 "경쟁으로 발견된 것들 중에는 특정한 기대나 의도를 실망스럽게 하거나 좌절시키는 것들도 있는데, 이 또한 경쟁의 일반적 이로운 효과에 포함되어야 한다."이다.[5] 이는 경쟁은 그 결과를 예측할 수 없고 일반적으로 처음에 의도했던 결과와 다르기 때문에 가치가 있다는 것이다. 경쟁의 결과를 구체적으로 예측할 수 있고, 의도한 결과를 얻을 수 있다면, 경쟁과정은 의미가 없다. 처음부터 예정된 결과를 경쟁을 통해 확인해야 한다면 그것은 낭비일 뿐이다. 월드컵 축구 경기에서 어느 국가가 우승할 것인지를 미리 안다거나 고속도로 공사의 입찰에서 어느 회사가 낙찰 받을지를 미리 안다면 경쟁은 낭비일 뿐이다. 경쟁으로 예측이 가능하다면 그것은 구체적 예측이 아니라 '패턴' 예측 정도이다.

5 Hayek(1978), 제12장 참조.

그러나 비록 특정 경쟁의 결과를 구체적으로 예측할 수는 없지만, 경쟁을 통해 사실들을 발견하고자 했던 사회가 그들의 목적을 더 성공적으로 달성해왔다는 사실은 경쟁으로 자원이 효율적으로 이용되고 그에 따라 거래비용도 감소해 왔음을 뜻한다. 우선 경쟁으로 기회의 발견이 진행되면 시장 참여자들이 알게 되는 기회도 더 넓어지고, 따라서 기회와 관련된 정보와 견해 형성에 필요한 지식의 양도 더 풍부해질 것이다. 따라서 지식과 정보의 양이 많아지고 품질 수준도 높아지면 거래비용이 감소한다고 예측할 수 있다. 정보의 생산 및 가공 기술의 발달로 정보에 대한 접근이 용이해질 뿐만 아니라, 이전에는 가용하지 않았던 기회를 이용할 수 있기 때문이다. 또 시장 참여자가 새롭게 발견된 기회를 이용한다면, 이는 곧 새로운 기회가 더 낮은 거래비용을 수반하기 때문이라고 할 수 있다. 따라서 거래비용을 시장 참여자가 선택할 수 있는 기회와 관련되는 비용이라고 해석하면, 경쟁은 시장 참여자들이 접근할 수 있는 기회를 확대함으로써 거래비용을 감소시킨다. 물론 이전보다 더 많은 거래비용을 수반하는 기회가 발견될 수도 있을 것이며, 새로운 기술 개발 등의 여건 변화로 이미 발견된 기회들 중에서 이전에는 높은 거래비용이 수반되었으나 이제는 낮은 거래비용을 필요로 하는 기회로 바뀔 수도 있을 것이다. 어느 경우든지 시장 참여자들은 거래비용이 적게 드는 기회를 이용할 것이므로 경쟁은 거래비용을 감소시킬 것이다.

한편 현실 세계에서 거래비용이 영(零)이 아니라는 사실은 상업 세계에서 실제로 일어나고 있는 현상과 경제학자들이 분석하고 있는 현상 사이에는 큰 괴리가 있음을 의미한다. 이는 다시 상업 세계에서는 '과정'으로서의 경쟁을 의미하는 반면, 경제학자들이 논의하는 경쟁은 사실상 경쟁이 존재하지 않는 '상태'를 의미하는 데서 기인하는 것이다.

마지막으로 경쟁에는 낭비적인 요소가 존재하는가? 전지전능한 신의 관점에서 보면 기업가의 경쟁적 행위에 의해 조정되는 시장 과정은 불완전하기 짝이 없는 낭비와 잘못된 자원배분으로 가득 차 있을 것이다. 그러나 경쟁 과정은 정보의 조정을 개선하고 부조화를 낳은 과거의 결정을 제거하거나 수정한다. 물론 아직 인지되지 않은 기회들은 방치될 수 있다. 결국 경쟁이 낭비라고 생각되는 것은 인간의 불완전성에서 연유하는 것이며, 이를 찾아 완화하거나 제거하는 것이 바로 시장 경쟁의 기능이다. 그런 점에서 경쟁의 결과가 애초에 의도했던 결과에서 벗어나는 것이라고 하더라도 경쟁의 이로운 효과에 포함해야 한다는 하이에크의 논설이 의미를 가진다.

5. 경쟁과 효율

'경쟁과 거래비용'과 '경쟁과 효율'은 사실상 같은 문제를 다른 각도에서 보는 것이다. 효율성이란 산출물 가치를 투입물 가치로 나눈 것이다. 가치가 개입되어 있으므로 효율성도 객관적이 아니라 주관적 개념이라는 사실을 알 수 있다. 그러므로 사람들이 투입물이나 산출물에 부여하는 가치가 달라지면 효율성은 달라진다. 즉 효율성은 절대적이 아니라 상대적인 개념이라는 것이다. 절대적으로 효율적인 것은 없다.

경쟁은 상대방보다 더 매력적인 기회를 제공함으로써 상대방을 배제하려는 행위를 의미하고, 그러한 기회를 제공하기 위해서는 상대방보다 자원을 더 효율적으로 이용할 수 있어야 한다. 또 외부성을 내부화함으로써 희소한 자원이 효율적으로 이용되도록 태동하여 진화하는 재산권은 경쟁을 촉발시키는 원천이다. 따라서 이러한 논리적 연결 고리에 의하면 재산은 경쟁의 원천이며 경쟁은 효율성을 높이는 기능을 한다는 결론에 이른다.

그러나 위에서 인용한 하이에크의 말대로 '경쟁은 발견적 절차'이므로 경쟁이 사실들을 발견하는 데 얼마나 효과적인가를 확인하는 것은 불가능하다. 이제 발견적 절차에 의해 발견하려는 사실이 새로운 기회나 자원 사용 방법 등을 의미한다고 하자. 새롭게 발견된 기회나 방법이 이전의 기회나 방법보다 소비자와 생산자가 부여하는 주관적 만족의 관점에서 더 효율적일 수도 있고 비효율적일 수도 있으며, 전혀 엉뚱한 것이 발견될 수도 있다.[6] 그리고 지식의 한계로 말미암아 효율 또는 비효율을 단기적으로 확인할 수 없을 수도 있다. 그러나 만약 새롭게 발견된 기회나 방법이 이전보다 더 비효율적이라면 사람들이 그러한 기회나 방법은 이용하지 않을 것이므로 퇴출될 것이다. 예전보다 더 높은 거래비용이 수반되는 기회나 방법은 사용되지 않는 이치와 같다. 따라서 새롭게 발견된 기회와 방법 중에서 효율적인 것은 살아남고 비효율적인 것은 점차 도태될 것이라는 점에서 경쟁은 장기적으로 자원배분의 효율성을 높인다고 할

6 경쟁에 의해 애초의 의도와는 정반대로 전혀 엉뚱한 것이 발견된 사례로서는 '포스트잇(post-it)'에 사용되는 풀을 들 수 있다. 포스트잇의 개발회사인 3M은 강력한 접착력을 가진 풀을 개발하려고 했으나 실패하여 접착력이 약하지만 반복적으로 붙였다 뗐다 할 수 있는 풀을 발견한 것이다. 실패한 발견의 결과가 예리한 통찰력을 가진 기업가에 의해 위대한 발견으로 바뀐 것이다.

수 있다. 만일 장기적으로도 경쟁이 효율성을 높이는지를 확인할 수 없다면, 또 그렇지 않다면, 인류가 지금까지 경쟁을 토대로 이룩한 물질적 진보를 설명할 수 없을 것이다.

한편 미제스는 효율성을 사전적(事前的)인 것과 사후적(事後的)인 것으로 구분한다. 사전적 효율성은 방해받지 않은 시장에서 개인들이 미래의 예상 가격은 물론, 기타 질적 지식에 기초한 경제계산을 통해서 하게 되는 사전적 의사결정과 그에 따른 자원배분은 효율적이라는 것을 의미한다. 그러나 예측 오류로 사후적으로 틀릴 수 있으므로 비효율적 결과를 초래할 수도 있다. 시장은 이러한 오류와 비효율성을 줄여나가는 '선별 과정(selective process)'이다.

효율성을 높이는 발견적 절차가 작동하기 위해서는 커즈너와 아르멘타노(Dominick T. Armentano) 등이 지적한 바와 같이 경쟁을 저해하는 법률적 장벽(legal barriers)이 모두 제거되어야 한다. 즉 경쟁이 낮은 비용을 수반하고 더 효율적인 것이 되기 위해서는 '방해받지 않는 시장(unhampered market)'이 보호되어야 한다. 이러한 관점에서 보면, 낮은 가격과 양질의 품질로써 경쟁 상대를 시장으로부터 배제시키려는 행위를 이른바 약탈적 관행(predatory practices)으로 규정하고, 이를 경쟁을 제한하고 소비자 복지를 감소시킨다는 논리 아래 규제하는 것은 경쟁을 억제하는 것이다. 경쟁 상대자를 이기기 위해서는 그들보다 더 효율적인 방법으로 구매자들에게 더 좋은 기회를 제공해야 하는데, 이런 행위가 바로 경쟁이기 때문이다. 그러므로 법률적 장벽이 없는 상태에서 기업이 효율성에 기초한 비법률적 장벽으로 경쟁자를 배제함으로써 시장 구조적으로는 독점이 되었다고 하더라도, 이는 경쟁의 결과이며 소비자의 이익을 침해하는 것도 아니고 자원배분을 왜곡하는 것도 아니므로 하등 문제 삼을 일이 아니다.

참고문헌

김영용, "The Concept of Competition and Korean Fair Trade Act," 재정정책논집, 제11집 제1호, 2009, pp.203-234.

______, "법치와 공정거래법," 자유와 시장, 한국하이에크소사이어티 제6권, 2014, pp.19-45.

Armentano, Dominick T., 『Antitrust and Monopoly: Anatomy of a Policy Failure』, The Independent Institute, 1999[1990].

______, 『Antitrust Policy: The Case for Repeal』, Cato Institute, 1991.

______, "Antitrust Reform: Predatory Practices and the Competitive Process," *Review of Austrian Economics* 3(1), 1990 pp.61-74.

Coase, Ronald H., "The Problem of Social Cost," *Journal of Law and Economics* 3, October 1960, pp.1-44.

Cournot, Augustin, "Of the Competition of the Producers," and "Of Unlimited Competition," in Researches into the Mathematical Principles of the Theory of Wealth, Translated by Nathaniel T. Bacon, Chapter VII, New York: The Macmillan Company, 1838 [1927], pp.79-98.

Demsetz, Harold, "Industry Structure, Market Rivalry, and Public Policy," *Journal of Law and Economics* 16, April 1973, pp.1-9.

Hayek, Friedrich A., "The Meaning of Competition," in 『Individualism and Economic Order』, Chapter V, University of Chicago Press, 1948.

______, "Competition as a Discovery Procedure,"in 『New Studies in Philosophie, Economics and the History of Ideas』, 1978.

Kirzner, Israel M., "Competition and Monopoly," in 『Competition and Entrepreneurship』, Chapter 3, University of Chicago Press, 1973.

McNulty, Paul J., "Economic Theory and the Meaning of Competition," *Quarterly Journal of Economics* 82, 1968, pp.639-56.

Mises, Ludwig von, 『Human Action: A Treatise on Economics』, Ludwig von Mises Institute, 1998[1949], 민경국·박종운 옮김, 『인간행동』, 지식을 만드는 지식, 2011.

4

공정거래법의 경쟁 개념

본 장에서는 제3장의 경쟁 개념을 바탕으로 한국의 '독점규제 및 공정거래에 관한 법률(공정거래법)'이 경쟁을 촉진하는 법률인지 아니면 억제하는 법률인지를 검토한다. 공정거래법에서는 일반 경제학 교과서에서와 마찬가지로 '경쟁'이라는 용어를 많이 사용하고 있지만, 그 의미가 무엇인지에 대해서는 전혀 설명이 없다. 따라서 공정거래법에서 기술하고 있는 내용을 바탕으로 그 의미를 파악하고 시장 과정으로서의 경쟁 개념의 관점에서 검토한다.[1]

공정거래위원회(공정위)는 공정거래 제도는 시장경제 체제의 기본원리인 "'기업 간의 공정하고 자유로운 경쟁'을 보장하기 위한 경제 활동의 기본질서를 확립하기 위한 것"이라고 밝히고 있다. 문제는 공정위가 현행 공정거래법을 바탕으로 시장경제 체제의 기본 원리를 확립할 수 있는가이다.

공정거래법은 1963년의 '삼분(三粉) 파동' 이후 몇 차례 입법 시

1 본 장은 김영용(2009)을 수정·보완한 것임.

도되었으나 시기 상조론과 재계의 반발로 무산되었다.[2] 이후 1975년 '물가 안정 및 공정거래에 관한 법률'이 제정되었으나 공정거래 정책은 부수적 역할에 그쳐 별다른 주목을 받지 못하였다. 1980년대에 들어 한국경제의 운용 틀이 정부주도에서 시장경제로 바뀌고 있다는 인식에 따라 1980년 12월 공정거래법이 제정(1981년 4월 시행)되어 오늘에 이르고 있다.

공정위는 1985년 하도급법, 1986년 지주회사 설립금지와 출자총액제한 등의 경제력 집중 억제 시책, 1997년 이후 진입장벽 및 경쟁제한을 시정하는 독과점 시장구조 개선 시책 등을 도입·추진했다. 또 공정위는 1997년 국제통화기금의 구제 금융을 계기로 기업구조조정과 시장개혁을 통한 시장경제 주창자로서의 입지를 구축했으며, 2008년 이후에는 경제력 집중 억제 시책 등의 사전 규제 방식에서 탈피하여 사후적 규율로 정책의 무게 중심을 옮기고 대·중소기업 동반성장과 진입규제 개선 작업 등을 통해 명실 공히 경쟁 정책과 소비자 정책 부서로서의 위상을 확립했다고 자평한다.[3]

그러나 공정거래법은 여전히 경제력 남용이 아닌 경제력 집중 억제를 목적으로 자산 규모가 큰 대규모 기업집단(재벌)을 규제하는 것을 주요 기능으로 하고 있다.[4] 경제력 집중 문제는 대규모 기업집단이 아닌 여타 기업에는 해당되지 않기 때문이다. 이는 "사업자의

---

2 '삼분(三粉) 파동'이란 시멘트, 밀가루, 설탕 생산업자들이 독과점을 만들고 담합하여 가격과 시장을 조작했다는 사건을 말한다.

3 공정거래위원회(2011) 참조

4 법률에서 말하는 경제력 집중이란 용어에는 다소 모호한 점이 있지만, 여기에서는 기업의 절대 규모에 따른 일반집중을 의미한다고 해석한다.

지위의 남용과 과도한 경제력의 집중을 방지하고…”를 명시하고 있는 공정거래법의 제1조에 잘 나타나 있다. 상호출자제한 기업집단 지정, 시장지배적 지위의 남용 금지, 기업결합의 제한 및 경제력 집중의 억제, 경영조직 및 출자 규제, 금융계열사의 의결권 제한 등이 골자다.

법률의 목적을 명시한 공정거래법의 제1조는 “이 법은 사업자의 시장지배적 지위의 남용과 과도한 경제력의 집중을 방지하고, 부당한 공동행위 및 불공정거래행위를 규제하여 공정하고 자유로운 경쟁을 촉진함으로써 창의적인 기업 활동을 조장하고 소비자를 보호함과 아울러 국민경제의 균형 있는 발전을 도모함을 목적으로 한다.”로 되어 있다.

제2조에서는 법률에서 사용되는 용어를 정의하고 있는데, ‘경쟁’ 개념에 대한 설명은 없다. 다만 다음의 조항들로부터 공정위가 사용하는 경쟁의 의미를 파악할 수 있다. 즉 제2조 제7항의 시장지배적 사업자(시장지배적사업자라 함은 일정한 거래분야의 공급자나 수요자로서 단독으로 또는 다른 사업자와 함께 상품이나 용역의 가격·수량·품질 기타의 거래조건을 결정·유지 또는 변경할 수 있는 시장지위를 가진 사업자를 말한다. 시장지배적사업자를 판단함에 있어서는, 진입장벽의 존재 및 정도, 경쟁사업자의 상대적 규모 등을 종합적으로 고려한다. 다만, 일정한 거래분야에서 연간 매출액 또는 구매액이 10억 원 미만인 사업자를 제외한다)와 제8항의 일정한 거래분야(거래의 객체별·단계별 또는 지역별로 경쟁관계에 있거나 경쟁관계가 성립될 수 있는 분야), 그리고 제8항2의 경쟁을 실질적으로 제한하는 행위(일정한 거래분야의 경쟁이 감소하여 특정 사업자 또는 사업자단체의 의사에 따라 어느 정도 자유로이 가격·수량·품질

기타 거래조건 등의 결정에 영향을 미치거나 미칠 우려가 있는 상태를 초래하는 행위) 등에서 공정거래법에서 사용하고 있는 경쟁 개념을 유추할 수 있다. 여기에서는 이 세 가지 사항에 국한하여 공정거래법의 경쟁 개념을 검토한다.

1. 시장지배적 사업자

공정거래법 제4조는 일정한 거래분야에서 1사업자의 시장점유율이 100분의 50 이상인 자와 3 이하의 사업자의 시장점유율의 합계가 100분의 75 이상인 자(시장점유율이 100분의 10 미만인 자는 제외)를 시장지배적 사업자(market dominating enterpriser)로 추정하도록 되어 있다.

또한 제3조의2는 시장지배적 지위의 남용 금지 규정을 담고 있는데, 그 구체적 내용은 다음과 같다.

(1) 상품의 가격이나 용역의 대가(이하 "가격"이라 한다)를 부당하게 결정·유지 또는 변경하는 행위
(2) 상품의 판매 또는 용역의 제공을 부당하게 조절하는 행위
(3) 다른 사업자의 사업활동을 부당하게 방해하는 행위
(4) 새로운 경쟁사업자의 참가를 부당하게 방해하는 행위
(5) 부당하게 경쟁사업자를 배제하기 위하여 거래하거나 소비자의 이익을 현저히 저해할 우려가 있는 행위

이 조항에 의하면, 공정위는 시장지배적 사업자가 존재할 수 있고, 또 시장지배적 지위의 남용이 가능하다고 판단하고 있다. 그런데 시장지배적 사업자를 추정하는 기준은 불가피하게 '경쟁' 개념에

의존하게 되는데, 공정거래법 상의 경쟁은 '시장 과정'이 아닌 시장 구조론에 입각한 '상태'를 기준으로 하고 있음을 즉각적으로 인식할 수 있다. 제3장에서 기술한 바와 같이 경쟁은 '경쟁하다(to compete)'라는 동사적 의미이다. 즉 경쟁은 특정의 정지된 상태(state, situation)가 아니라 움직이는 과정(process)에 적용되는 개념이다. 이는 다시 시장 과정이란 시장 사회에서 여러 구성원들이 각자의 행동을 사회적 협동이라는 요구 사항에 맞춰 나가는 것을 의미하므로 경쟁은 사회 구성원들을 협동으로 인도함을 의미한다. 따라서 경쟁 개념이 의미가 있으려면 '경쟁하다'라는 동사와 관련되는 상업 행위와 연결되어야 하며, 특정 상태에서의 행위를 뜻할 수 없다. 그런데 공정거래법에서의 경쟁 개념은 시장 과정이 아니라 특정 상태를 기준으로 하고 있어 경쟁 개념의 본질을 왜곡하고 있다. 이를 좀 더 자세히 살펴보자.

첫째, 시장지배적 사업자의 추정에 관한 것이다. 우선, 거래가 자발적인 한, 시장을 지배할 수 있는 사업자는 없다. 거래란 일방적이 아니라 상호적이기 때문이다. 어떤 판매자든 자신이 판매하고자 하는 재화나 용역의 특정 수량에 대해 어떠한 가격도 매길 수 있다. 그 판매자는 시장점유율이 높은 판매자일 수도 있으며 낮은 판매자일 수도 있다. 문제는 그 수량을 그 가격에서 사고자 하는 구매자를 발견할 수 있느냐 하는 것이다. 자유시장에서 판매자가 팔고자 하는 수량과 가격으로 잠재적 구매자를 만족시키지 못하면 상호적인 거래는 이뤄지지 않는다. 시장점유율과는 상관없이 어떤 판매자든 자신이 판매하고자 하는 수량과 가격에 대해서는 완전한 지배를 하지만, 구매자가 사려는 수량과 가격에 대해서는 전혀 지배할 수 없다. 구매자의 경우에도 마찬가지다. 어떤 구매자든 자신이 원하는 재화나 용역의 특정 수량에 대해 어떠한 가격도 판매자에게 요구할 수 있다. 문제는 그런 판매자를 발견할 수 있느냐이다. 이와 같이 거래는 쌍방적인 것이지 일방적인 것이 아니라는 점에서 시장지배적 사업자는 존재할 수 없다. 따라서 공정거래법의 시장지배적 사업자에 대한 논의는 무의미하다. 이하에서는 공정거래법에서 시장지배적 사업자가 규정 및 논의되고 있으므로, 논의의 전개에 필요할 경우 그것이 마치 존재하는 것처럼 가정한다.

둘째, 공정거래법에서는 현재의 시장점유율을 기준으로 사업자, 즉 독과점을 추정할 뿐, 어떠한 경쟁 과정을 거쳐 그러한 시장점유율을 차지하게 되었는지에 대한 언급은 발견할 수 없다. 경쟁을 자유시장에서 나의 잠재적 거래 상대방에게 다른 시장 참여자보다 더 매력적인 기회를 제공함으로써 그 참여자를 이기려는 대항적 행위를 의미하는 시장 과정으로 파악할 때, 경쟁 과정에 대한 구체적 논의 없이 특정 시공간에서 정의로운 행동 규칙을 지키고 경쟁한 결과로 나타난 '상태'인 시장점유율을 기준으로 시장지배적 사업자를 추정하는 것은 경쟁 개념을 잘못 적용한 것이다. 따라서 이러한 기준을 바탕으로 시장점유율이 높은 기업을 시장지배적 사업자로 추정하여 행위를 규제하는 것은 공정거래법의 목적인 경쟁을 촉진하는 것이 아니라 억제하는 것이다. 현재 특정 기업이 자유시장에서 높은 시장점유율을 차지하고 있다는 것은 그 기업이 그동안 소비자들이 원하는 바를 다른 기업보다 더 잘 충족시켰다는 사실을 의미한다. 소비자들을 만족시키지 않고서는 높은 시장점유율을 차지할 수 없기 때문이다. 즉 경쟁의 본질인 대항적 행위에서 다른 사업자를 이겼다는 것이며, 이는 다시 새로운 발견이나 혁신으로 미처 충족되지 못한 소비자들의 욕구를 만족시켰다는 뜻이다. 결국 시장점유율이 높은 사업자를 시장지배적 사업자로 규정하여 마치 시장을 지배할 수 있는 것처럼 묘사하는 것은 경쟁 개념에 어긋나는 것이다.

소비자들이 비효율적인 기업의 상품을 외면하고 효율적인 기업의 상품을 구매함으로써 효율적인 기업의 시장점유율이 높아졌다는 것은 소비자들에게 아무런 해를 끼치지 않을 뿐만 아니라 자원배분을 왜곡하지도 않는다. 설령 시장 구조적으로 독점이 되었다고 하더라도 아무런 문제가 없다. 소비자에게 봉사하지 못하는 기업들을 시장에 머물게 하여 인위적으로 경쟁자 수를 많게 함으로써 경쟁을 촉진하는 것처럼 말하는 것은, 경쟁을 통한 자원의 효율적 이용을 방해하는 것이다.

이런 경우 흔히 우려하는 사항은 하나의 효율적인 기업이 지속적으로 낮은 가격(약탈적 가격)에 판매함으로써 다른 경쟁자들을 시장에서 모두 몰아 낸 다음, 이른바 독점 가격을 설정한다는 것이다. 그러나 정부에 의한 인위적인 진입장벽이 없는 상태에서 효율을 근간으로 시장에 남은 유일한 기업은 악(惡)이 아니라는 점, 어떤 한 기업이 언제나 독점 가격을 설정할 수 있는 것은 아니라는 점, 그리고 경쟁에서 밀려난 기업들은 잠시 사업을 접었다가 독점 기업이 가격을 인상하면 다시 사업을 개시하여 높아진 가격에서 제품을 파는 방법으로 그런 행위를 무력화시킬 수 있다는 점 등을 고려하면 시장에서 약탈적 가격 설정(predatory pricing)을 피해갈 수 있는 방법은 많다. 즉 자유시장에서 약탈적 가격 설정은 유효한 경쟁 방식이 아니라는 것이다. 이는 마치 이른바 덤핑이라고 불리는 국제판 약탈 가격이 작동하지 않는 이유와 같다. 로버츠(Roberts, 2001)에 의하면 낮은 상품 가격으로 외국에 진출하여 외국 기업의 문을 모두 닫게 하고 독점적 지위를 차지한 후에 다시 가격을 올린 사례는 세계 무역의 역사에 단 한 건도 없었다. 국제판 약탈적 가격인 덤핑은 존재하지 않는다는 것이다. 낮은 상품 가격으로 외국에 진출하여 시장점유율을 높이는 것은 그만큼 자원을 효율적으로 사용하여 비용을 낮출 수 있기 때문이다.

셋째, 법률의 제3조 제2항에서 시장지배적 지위의 남용으로 규정하고 있는 '부당'한 행위도 사기, 폭압, 협잡 등의 방법이 아니라면 거래 당사자를 지배하고 강요할 수 없으므로 의미 없는 것이다. 살펴봐야 할 점은 경쟁 과정에서의 정의로운 행동 규칙의 준수 여부이다. 정의로운 행동 규칙이 지켜지는 자유시장에서는 특정 사업자의 경제력 남용이 허용되지 않는다. 그것이 허용되지 않는 이유가 바로 경쟁 덕분인 것이다. 규칙을 위반하는 사업자는 궁극적으로 시장 퇴출을 면할 수 없기 때문이다. 이는 물론 시장점유율이 낮은 사업자의 경우에도 마찬가지이다. 높은 시장점유율을 차지하고 있는 사업자를 시장지배적 사업자로 판별하여 규제하는 것은 경쟁 자체를 보호하는 것이 아니라 경쟁자를 보호하는 것이다.

넷째, 경쟁 사업자의 상대적 규모가 시장지배적 사업자를 판별하는 기준이 될 수 없다. 위에서 논의한 바와 같이 어떤 규모의 기업이든지 자신이 생산하여 판매할 생산품에 대한 가격과 수량에 대해서는 절대적 통제권을 가지지만, 구매자의 행위에 대해서는 아무런 통제권을 가지지 못한다. 거래는 쌍방적이라는 것이다. 따라서 경쟁 사업자 간의 상대적 규모가 경쟁을 제한하는지를 알 수 있는 방법은 없다. 또한 기업의 적정 규모는 소비자 수요와 여러 가지 생산요소들의 기회비용은 물론, 각 기업의 기술 수준 하에서 기업가들이 이윤을 극대화하는 방향으로 결정되는 경향을 보인다. 경제학자나 엔지니어는 물론 공정위 당국자 등의 외부 관찰자들이 가장 효율적으로 작동하는 기업의 규모에 대해 판별할 수는 없다.

다섯째, 재산권과 거래비용의 관점에서 살펴볼 수 있다. '과정'이 아닌 '상태'에 기초한 사업자 규정은 자신의 재산과 아이디어 등을 바탕으로 한 새로운 경쟁 과정의 모색을 방해한다는 점에서 재산권 침해이다. 재산권이 침해되는 만큼 경쟁이 제한되어 새로운 기회와 지식의 발견이 제한되므로 거래비용의 감소와 효율성 증진 효과도 작을 수밖에 없으며, 지식의 문제를 해결하려는 유인도 줄어든다.

2. 일정한 거래분야

공정거래법에서 일정한 거래분야(relevant business area)란 거래의 객체별·단계별 또는 지역별로 경쟁관계에 있거나 경쟁관계가 성립될 수 있는 분야를 말한다. 이는 신고전학파 경제학에서 말하는 독점의 정의와 관련이 있다. 신고전학파 경제학에서는 보통 "적절하게 잘 정의된 시장에서 판매자가 유일할 때 독점이 존재한다(A monopoly is said to exist if and only if there is only one seller in a well defined market.)."고 말한다.

공정거래법이 지적하는 일정한 거래분야는 바로 위의 '적절하게 잘 정의된'과 관련된다. 즉 동일한 재화나 밀접한 대체재가 없는 시장의 획정(劃定)에 관한 것이다. 그러나 이러한 정의에는 몇 가지 치명적 문제가 있다.

첫째, 어떤 재화나 용역들이 동일한 것인지, 밀접한 대체재인지, 독립적인 것인지를 판별하는 주체는 오직 소비자들일 뿐이다. 그런데 서로 다른 소비자들은 서로 다른 시간과 장소에서 서로 다르게 결정할 가능성이 높다. 어떤 상품의 물리적 특성이 같다고 하더라도 이를 파는 상점의 위치와 주변 및 실내 분위기, 점원의 서비스 등에 따라 같은 상품 또는 다른 상품으로 인식하기도 한다. 이를테면 물리적으로 동일한 상품이라고 하더라도, 소비자들은 백화점 입구의 노점에 진열되어 있는 것과 백화점 내의 가게에 진열되어 있는 것을 서로 다르게 인식한다는 것이다. 고급 시계나 가방 등, 이른바 명품(?)이라고 불리는 재화의 가격을 낮게 매기면 잘 팔리지 않는데, 가격을 높게 매기면 잘 팔린다는 사실을 두고 수요의 법칙의 예외 사항이라고 말하는 학자도 있지만, 물리적 특성이 같은 시계나 가방이라고 하더라도 가격을 달리 매겼을 때 판매량이 달라진다면, 소비자들이 가격이 다른 두 시계나 가방을 동일한 재화로 여기지 않는다는 것을 의미한다.[5] 이들이 물리적으로 동일하다고 하더라도 소비자들은 어떤 이유에서든 서로 다른 재화로 판별한다는 것이다. 제품의 물리적 특성에 따라 상품의 동질성, 대체성, 독립성 등이 결정될 수 없으며, 경제학자나 관료가 이를 식별할 수 있는 것은 더더욱 아니다.

시장에 존재하는 모든 재화와 용역은 대체성을 가진다.[6] 물론 대체성의 정도에는 차이가 있다. 예를 들어 탄산음료, 커피, 주스 등은

5 '법칙'에는 예외가 없다. 예외가 발견되면 그것은 법칙으로서의 지위를 상실한다. 따라서 명품은 '수요의 법칙'의 예외적 사례라는 설명은 틀렸다.

6 심지어는 집과 자동차도 대체 관계에 있다. 집을 사는 비용이 매우 크다면 사람들은 집 사는 것을 포기하고 자동차를 구매할 것이다.

모두 음료로 분류할 수 있다. 그런데 각각에도 많은 종류가 있다. 따라서 특정 음료의 시장점유율을 따질 때, 포함하는 음료의 종류와 범위에 따라 그 점유율은 달라진다. 그렇다면 어디까지 포함해야 하는가? 일정한 거래분야를 정의하려면 그 범위를 결정해야 하는데, 우리는 이를 결정할 수 있는 과학적 기준을 가질 수 없다.

둘째, 경쟁은 동적 과정이고 시장에서 판매자 간의 경쟁은 잠재적 구매자에게 다른 판매자보다 더 좋은 기회를 제공하여 내가 팔려는 행위이다. 방해받지 않는 시장에는 경쟁을 저해하는 인위적인 장애물이 존재하지 않으므로 경쟁 과정을 통해 시장은 끊임없이 조정된다. 그러므로 방해받지 않는 시장에서 경쟁에 의해 형성된 비법률적 장벽이 이른바 시장구조론 측면에서 독점을 만든다고 하더라도, 이는 경쟁에 따른 시장의 조정 과정을 방해하지도 않을 뿐만 아니라 소비자의 이익을 해치지도 않으며 자원 배분의 왜곡을 초래하지도 않으므로 전혀 문제될 것이 없다.[7] 따라서 정부의 인위적 진입장벽에 의한 특혜성 독과점이 아닌 자유시장에서의 독과점화를 우려하는 '일정한 거래분야'라는 규정은 의미가 없다. 더구나 수요곡선은 주어진 것이 아니라 경쟁에 의해 발견해야 할 것이라는 사실을 받아들인다면, 우리는 경쟁 가격과 독점 가격을 구분하는 과학적 방법도 가질 수 없다. 가격을 올리고 생산량을 줄였다는 사실이 경쟁 가격에서 독점 가격으로 올린 것을 의미하는지, 아니면 경쟁 가격 아래에서 경쟁 가격으로 올린 것인지 알 수 없기 때문이다.

7 이 부분 Rothbard(2001[1962])와 Rothbard의 견해를 명확하게 요약·정리한 에치고(1985)를 참고.

3. 실질적 경쟁 제한

정부의 인위적인 진입장벽이 아닌 한, 자유시장에서 경쟁자의 진입을 막을 수 있는 강제적 방법은 없다. 자유시장에서 기회는 모든 사업자들에게 열려 있다. 그러나 기회가 열려 있다는 사실이 모든 사업자들이 그 분야에서 성공하리라는 것을 보장하지는 않는다. 즉 진입장벽이 없다는 것과 진입 후 성공한다는 것과는 별개의 사안이다. 예를 들어, 어떤 여성이든지 미인대회에 출전할 수 있으나, 미인으로 선정되는 사람은 소수에 불과하다. 어떤 사람에게나 권투 시합에 출전할 수 있는 기회는 열려 있으나, 실제로 출전하거나 출전하여 챔피언이 되는 사람은 극소수에 불과하다. 개인마다 타고난 신체적 조건과 대회나 시합에 대처하는 방법, 또 그런 대회나 시합에 부여하는 가치 등이 서로 다르기 때문이다.

거대 기업을 설립할 자본을 가지지 못한 사업자는, 이미 그러한 규모의 기업을 운영·유지하고 있는 사업자에 의해 실질적으로 경쟁을 제한당하고 있다는 주장이 설득력을 얻기도 한다. 거대한 자본이 이미 대부분의 시장을 차지하고 있어, 새롭게 진입하는 데 요구되는 자본량이 실질적인 진입장벽이 된다는 것이다. 그러나 위에서 지적한 바와 같이 모든 사업자에게 어느 분야에든지 뛰어들 수 있는 기회가 열려 있다는 사실과 그들이 모두 그 분야에서 유능한 사업가가 된다는 사실은 별개의 것이다. 이는 로스바드(Rothbard, 2001[1962])의 지적처럼 자유와 풍요(abundance)를 혼동하는 것이다. 누구나 화폐 자본을 모을 수 있는 자유는 있지만, 이러한 자유가 곧 모두가 풍요로운 화폐 자본을 모을 수 있다는 사실을 의미하지는 않는다. 많은 자본을 필요로 하는 산업에서는 더 적은 자본을 필요로 하는 산업에서보다 더 적은 수의 사람들이 새로운 기업을 설립할 자유를 활용할 수 있을 뿐이다. 즉 자유시장은 풍요를 위한 필요조건이지 충분조건은 아니다. '실질적(real)'이나 '진정한(true)' 등의 용어는 '경쟁'의 의미를 왜곡하는 것들이다.

이러한 사실은 자본뿐만 아니라 노동에 대해서도 똑같이 적용된다. 고도의 숙련된 기술이 필요한 직업에는, 그렇지 않은 직업에 많은 사람이 진입할 수 있는 것과는 달리, 그에 상응한 능력과 자질을 갖춘 적은 수의 노동자가 진입하리라는 것을 상상하기는 어렵지 않다. 결론적으로 정부에 의한 법률적 진입장벽이 없다면 자유시장에서 효율에 근거하지 않은 진입장벽은 없으므로, 자유시장에서 진입장벽의 유무를 따져 사업자를 식별한다는 공정거래법 규정 역시 무의미하다.

기업결합에 대해서도 마찬가지 논리가 적용된다. 공정거래법이 금지하는 기업결합은 '일정한 거래 분야에서 경쟁을 실질적으로 제한하는' 것과 강요 등의 불공정한 방법으로 이뤄지는 것을 의미한다. 예외는 효율성 증대 효과가 경쟁 제한 효과보다 더 큰 경우와 회생이 불가능한 기업과 합병하는 경우이다. 강요 등에 의한 불공정한 기업결합을 금지하는 것은 당연하다. 문제는 전자의 경쟁 제한 효과에 관한 것이다. 공정위가 우려하는 경쟁 제한 효과는 기업결합으로 시장점유율이 높아져 시장지배적 지위에 오른 사업자의 불공정 행위에 관한 것인데, 기업결합 후 그런 행위가 발생하면 사후 규제로 시정 조치하면 된다. 따라서 불공정 행위의 적발이 매우 어렵지 않다면 경쟁 제한 효과를 우려하여 기업결합을 사전적으로 금지할 이유가 없다. 또한 기업결합 후 높은 시장점유율을 가진 거대 기업이 되더라도 소비자가 원하는 바를 발견하고 이를 충족시켜주지 못한다면 퇴출의 운명을 면할 수 없다는 점, 넓게 열린 자유시장에서는 장기적으로 거대 기업도 신규 진입자에 의해 대체될 수 있다는 점, '일정한 거래분야'에 관해서는 재화의 어느 범위까지가 대체 관계에 있는지를 과학적으로 정의할 수 없다는 점을 고려하면 기업결합을 사전적으로 금지할 이유는 더더욱 없다.

결국 공정거래법은 경쟁을 '시장 과정'으로 파악하지 않고 '상태'로 파악하고 있다. 즉 공정거래법은 경쟁을 동태적(dynamic)인 것이 아니라 정태적(static)인 것으로 파악함으로써 경쟁을 촉진하는 것이 아니라 도리어 억제하는 것이다. 그런 연유로 말미암아 공정거래법은 자유시장에서 정의로운 행동 규칙에 위배되는 행위를 규제함으로써 경쟁을 촉진하는 것이 아니라, 그러한 규칙 하에서 나온 결과를 기준으로 규제함으로써 '경쟁' 자체가 아니라 '경쟁자'를 보호하는 경쟁 억제법이다. 자유시장에서 정의로운 행동 규칙을 준수하면서 얻은 결과는 정의나 부정의 또는 공정이나 불공정의 판별 대상으로 삼을 수 없다는 점은 여러 차례 강조한 바 있다.

공정위는 1980년대에 들어서면서 한국 경제가 정부주도에서 시장경제로 바뀌고 있다는 인식에 따라 공정거래법을 제정했다고 밝히고 있으나, 공정거래법은 잘못된 경쟁 개념을 적용한 결과 경쟁을 촉진하는 것이 아니라 억제함으로써 시장경제 창달을 방해하고 있다.

참고문헌

공정거래위원회, 『공정거래제도 30년의 발자취와 주요성과 및 특징』, 2011년 3월.

김영용, "The Concept of Competition and Korean Fair Trade Act," 재정정책논집, 제11집 제1호, 2009, pp.203-34.

에치고 가즈노리(越後和典), 『競争と 獨占: 産業組織論 批判』, Minerva Shobo Ltd., 1985, 공병호 옮김, 『경쟁과 독점: 산업조직론 비판』, 자유기업센터, 1997.

Armentano, Dominick T., 『The Myth of Antitrust: Economic Theory and Legal Cases』, Ed Conroy Bookseller, 1972.

________________, 『Antitrust and Monopoly: Anatomy of a Policy Failure』, The Independent Institute, 1999[1990].

________________, "Antitrust Reform: Predatory Practices and the Competitive Process," *Review of Austrian Economics* 3(1), 1990 pp.61-74.

Demsetz, Harold, "Industry Structure, Market Rivalry, and Public Policy," *Journal of Law and Economics* 16, April 1973, pp.1-9.

Hayek, Friedrich A., "The Meaning of Competition," in *Individualism and Economic Order*, Chapter V, University of Chicago Press, 1948.

________________, "Competition as a Discovery Procedure," in 『New Studies in Philosophie, Economics and the History of Ideas』, 1978.

Kirzner, Israel M., "Competition and Monopoly," in 『Competition and Entrepreneurship』, Chapter 3, University of Chicago Press, 1973.

McNulty, Paul J., "Economic Theory and the Meaning of Competition," *Quarterly Journal of Economics* 82, 1968, pp.639-56.

Mises, Ludwig von, 『Human Action: A Treatise on Economics』, Ludwig von Mises Institute, 1998[1949], 민경국·박종운 옮김, 『인간행동』, 지식을 만드는 지식, 2011.

Roberts, Russel, 『The Choice: A Fable of Free Trade and Protectionism』 Prentice Hall, New Jersey, 2001.

Rothbard, Murray N., 『Man, Economy, and State: A Treatise on Economic Principles』, Ludwig von Mises Institute, 2001[1962], 전용덕·김이석 옮김, 『인간, 경제, 국가』, 자유기업원, 자유주의 시리즈 63, 2006.

Salin, Pascal, "Cartels as Efficient Productive Structure," *Review of Austrian Economics*, vol. 9(2), 1996, pp.29-42.

5

비용*

우리는 일상생활에서 비용이라는 용어를 자주 사용한다. 그런데 경제학에서 말하는 비용은 기회비용(opportunity cost 또는 alternative cost)을 말하는데, 그 개념을 이해하기가 썩 쉽지 않다. 비용은 '사물'에 고유하게 붙어 있는 것이 아니라 사람들의 행위가 있을 때 발생한다. 우리가 사람들에게 집을 사는 비용이 무엇이냐고 물으면 그들은 집값이라고 대답한다. 그런데 집값은 집을 사는 행동에 따른 비용이다. 집을 사는 행동을 하지 않으면 집값이라는 비용이 발생하지 않는다. 즉 선택하는 인간 행동이 있을 때 비용이 발생하며 행동이 없으면 비용은 발생하지 않는다.

기회비용이란 우리가 선택할 수 있는 여러 가지 대안 중에서 가장 선호하는 최선의 대안을 선택함으로써 차선을 선택하지 못하는 데에 따른 잃어버린 가치를 말한다. 그런데 선택에 영향을 미치는 비용(choice-influencing cost)이라는 의미에서의 기회비용은 실제로 나타난 적이 없는 순전히 추리적(speculative)인 것이다.[1] 또 기

* 이 장은 Buchanan(1999)을 참고하여 작성한 것임.

회비용은 사람들이 어떤 행동을 결정할 때 발생하는 비용이며, 언제나 추가적인 비용, 즉 한계비용을 의미한다.

경제학에서 기회비용에 관한 논란은 바로 잃어버린 가치는 객관적이며 측정 가능한가, 아니면 주관적인 것으로서 측정 불가능한가, 생산비용과 교환가치 간에는 어떤 관계가 있는가, 또 그것은 예측 가능한 것인가 등이다. 이 장에서는 기회비용에 대해 자세히 논의한다.

1. 생산비용 이론

먼저 스미스(Adam Smith)와 리카도(David Ricardo)를 비롯한 고전학파의 이론을 살펴보자. 고전학파의 기회비용에 관한 전형적인 이론은 사냥꾼의 비버(beaver)와 사슴(deer)에 관한 모형이다. 이는 매우 단순한 모형으로서 사냥꾼이 하루의 노동 시간(a day's labor time)을 투입해서 비버를 사냥하면 한 마리, 사슴을 사냥하면 2마리를 잡을 수 있다. 중요한 사실은 비버와 사슴을 사냥하는 데 투입되는 자원(투입물)은 노동이라는 단 하나의 동질적인 것이며, 이 노동으로 2 가지의 대안적 산출물인 비버와 사슴을 잡을 수 있다는 것이다. 따라서 비버 한 마리를 사냥하기 위해서는 두 마리의 사슴을 포기해야 하므로 비버의 기회비용은 사슴 두 마리이다. 같은 논리로 사슴의 기회비용은 비버 1/2 마리이다.

1 선택에 영향을 미치는 비용과 선택에 의해 영향을 받는 비용 간의 차이에 대해서는 본 장의 제3절에서 다룬다.

이제 비버와 사슴에 대한 상대적 수요에 변화가 없는 상황에서 사냥꾼들이 비버 사냥에 집중한다면 비버 가격은 비용보다 낮아진다. 즉 비버의 실제 교환가치가 비버를 사냥하는 데 들어가는 실제의 비용가치와 다를 수 있다는 것이다. 물론 그런 경우에는 사냥꾼들은 자신들의 잘못된 결정을 깨닫고 곧 행동을 조정할 것이다. 중요한 사항은 객관적 생산비용의 비율을 반영하는 정상적(normal) 교환가치가 그 비율에서 벗어나면 경제 주체들의 합리적 사고와 행동에 의해 조정되는 메카니즘이 존재하고 작동한다는 것이다. 즉 실제로 사냥을 해서 얻는 산출물과 교환을 통해 얻는 산출물은 같아진다는 것이다.

이 논의가 의미하는 것은, 이와 같이 매우 단순한 모형에서는 상대적 비용이 교환가치를 결정하고, 따라서 상대적 비용으로부터 교환가치를 예측할 수 있다는 것이다. 즉 비버 1마리는 사슴 2마리와 교환된다. 이 이론에는 물론 생산관계에 대한 예측, 즉 산출물(비버와 사슴)과 투입물(노동) 간의 비율이 수요 형태에 대한 예측보다 더 정확하다는 점이 암묵적으로 가정되어 있다.

그런데 이 단순한 생산비용 이론의 한계는 명확하다. 우선 공급이 고정되어 있는 산출물의 경우에는 산출물과 투입물 간의 관계가 없고 재화의 교환가치는 전적으로 수요에 의해 결정되므로 이 단순한 이론으로는 생산비용과 교환가치 간의 관계를 설명할 수 없다. 또한 이 이론은 투입물이 여러 개의 이질적인 경우에는 한결 더 복잡한 문제에 직면하게 된다. 고전학파 경제학자들은 이를 극복하기 위해 단순 모형에서의 투입물인 동질적 노동과 같은 비교 가능한 공통의 투입물을 찾아 이론을 보완하고자 했으나 성공하지 못했다. 처음에 논의했던 기회비용과 교환가치의 개념이 사라져버리기 때문이다.

요컨대, 고전학파의 매우 단순한 생산비용 이론에서는 비용은 측정 가능하며, 따라서 객관적이다. 생산비용이 객관적으로 측정 가능하면 교환가치가 생산비용에 의해 결정되고, 이는 예측할 수 있다. 그러나 공급이 고정되어 있는 경우나 투입물이 하나의 동질적인 것이 아니라 여러 개의 이질적인 경우에는 생산비용 이론 모형이 의도했던 객관적 기회비용을 설명할 수 없다. 또한 비용이 객관적으로 측정 가능하지 않으며 행위자의 주관에 의존한다면, 교환가치와 객관적 생산비용 간의 관계는 성립하지 않는다.

2. 한계효용 이론

제본스(William S. Jevons), 멩거(Karl Menger), 왈라스(Leon Walras) 등의 한계효용 학파 학자들의 관심은 비용보다는 교환가치에 있다. 즉 생산이 이뤄지는 재화의 교환가치는 생산비용에 의해 결정되고, 공급이 고정되어 있는 재화의 교환가치는 수요에 의해 결정된다는 고전학파 경제학자들의 이중적 설명을 하나로 통합하는 것이다. 한계효용 학파 학자들은 교환가치는 상대적 한계효용(수요)에 의해 결정된다고 생각한다.

생산비용 이론이 객관적 가치를 바탕으로 교환가치를 예측할 수 있는데 반해, 한계효용 이론은 주관적 가치를 바탕으로 하므로 실현된 교환가치에 대해서는 만족스러운 설명을 제공하지만, 교환가치의 예측에 대한 설명은 제공하지 못한다. 그러나 한계효용 이론의 논리적 연장으로 분배에 관한 한계생산 이론을 얻을 수 있고, 산출물의 가치는 그것이 주는 상대적 한계효용에 의해 결정되므로 산출물 생산에 요소로 들어가는 투입물의 가치는 최종 산출물의 가치에 따라 결정된다는 것을 알 수 있다. 그런데 투입물의 가치는 생산자의 비용에 해당하므로, 이로부터 "최종 산출물의 가격(엄밀하게는 수요)이 비용을 결정한다."는 명제가 도출된다.

주관적 비용 이론이 객관적 비용에 의한 교환가치 예측을 불가능하게 하는 것은 사실이지만, 이 이론도 수요뿐만 아니라 비용 측면, 즉 공급의 중요성을 인식하며 한계효용은 수요와 공급에 의존한다는 점을 강조함으로써 비용 측면을 도외시하지 않는다. 즉 생산비용은 공급에 영향을 미쳐 교환가치에 영향을 미친다. 다만 생산비용이 교환가치에 일방적으로 영향을 미치는 단순한 고전학파 모형과는 달리, 한계효용 이론에서는 생산비용과 산출물에 대한 한계적 가치평가가 동시에 교환가치에 영향을 미친다.[2]

투입물의 가치를 반영하는 가격은 그 투입물이 다른 대안적 생산에 고용되어 생산할 수 있는 산출물의 가치를 나타내는데, 이것이 곧 기회비용이다. 즉 자원 사용자가 특정 자원이 다른 용도에 사용되지 않도록, 지금의 용도에 붙잡아두기 위해 지급해야 하는 비용이다.

2 공급이 주어진 상태에서 교환가치는 수요에 의해 결정된다. 이제 두 재화의 공급이 고정되어 있고 우리가 모든 수요자들의 한계효용 스케줄을 정확하게 알 수 있다면 교환가치가 예측될 수 있다. 그러나 이 교환가치는 생산비용 모형에서처럼 행위자들의 합리적 조정에 의한 것이 아니다. 만일 예측된 교환가치가 실제로 나타난 교환가치와 다르다면, 이는 예측에 이용된 자료가 부정확했다는 사실을 말할 뿐이다. 한계효용 모형에는 경제 주체들의 합리적 행위 조정에 의해 상대적 생산비용과 교환가치가 일치하도록 조정되는 메카니즘이 없다.

요약하자면, 생산비용은 화폐로 측정되는데, 이는 동일한 투입물이 다른 대안에 합리적으로 고용되어 생산될 수도 있는 산출물의 가치를 나타낸다. 또한 투입물의 가격은 사용자가 그 투입물이 다른 용도에 사용되지 않고 현재의 용도에 사용되도록 붙잡아 두기 위한 지급이다. 이것이 바로 기회비용이다. 다만 산출물의 가치는 수요자들의 상대적인 한계효용에 의해 결정된다는 점에서 기회비용은 주관적이다.

3. 소결론

고전학파의 생산비용 이론에서 기회비용은 최선의 산출물을 선택함으로써 잃게 되는 차선의 대안적 산출물의 시장 가치를 말한다. 차선의 대안적 산출물이란 최선의 산출물을 생산하는 데 들어가는 동일한 투입물을 합리적 방법으로 다른 대안적 기회에 투입하여 생산할 수 있는 산출물을 말한다. 또 대안적 산출물의 시장가치는 이를 생산하는 데 투입되는 투입물의 시장 가격에 반영된다. 따라서 비용은 예상되는 화폐 지출로 직접적으로 측정된다.

문제는 이 비용이 누구에게 해당되느냐는 것이다. 생산비용이 객관적인 재화의 양으로 측정 가능한 모형에서 기회비용은, 행동하고 결정하는 인간이 아닌 로봇과 같은 기계에 해당되는 비용이다. 인간의 가치 부여 과정이 필요하지 않기 때문이다. 따라서 이러한 이론은 교환가치를 예측하지만 '선택의 이론'이 아니다. 비용은 선택과는 무관하며 외부인도 객관적으로 측정할 수 있다. 인간은 객관적으로 측정 가능한 환경 변화에 따라 예측 가능하게 행동할 뿐이다.

이제 비용을 세 가지 종류로 나누어 정리한다. 우선 생산비용 이론에서의 비용은 객관적 비용으로서 재화 공간에서 측정 가능하며 교환가치는 생산비용에 의해 예측할 수 있다. 교환가치와 생산비용 간에 괴리가 생길 경우에는 행위자들의 합리적 조정에 의해 양자의 비율이 일치하는 방향으로 수렴한다. 그런데 비용이 선택과 무관하다면 비용은 그것을 치르는 개인과 시점에 따라 달라질 이유가 없다. 생산비용 모형에서 비버와 사슴의 교환가치는 단지 물리적 관계를 반영하는 것으로서 생산비용의 구조가 변하지 않는 한, 그 관계가 변하지 않고 그대로 유지되기 때문이다.

다음으로 생산비용 이론이 비용을 재화 공간에서 객관적으로 측정 가능하며 인간의 선택과는 무관한 것으로 분석한 데 반해, 선택 이론은 비용을 효용 공간에서 인간의 선택과 관련하여 주관적 가치로 분석한다. 즉 선택 이론에서 비용은 차선을 선택하지 않음으로써 잃어버리는 주관적 효용 손실인데, 이는 두 가지 측면에서 살펴볼 수 있다. 선택에 영향을 미치는 비용(choice-influencing cost)과 선택에 의해 영향을 받는 비용(choice-influenced cost)이다. 전자의 경우에 비용은 차선의 기회를 포기하는 데 따른 가치 상실을 의미하는 사전적(ex ante) 개념인데, 사전적 개념이란 선택 전이나 선택의 순간에 잃을 것으로 기대하는 기회의 가치를 의미이며, 이는 전적으로 선택하는 사람 자신이 부담한다. 이 비용은 우리가 어떤 선택을 놓고 이럴까 저럴까 망설이게 하는 기능을 하는데, 이것이 바로 진정한 의미에서의 기회비용이다. 이는 선택하기 전이나 선택의 시점에 선택하는 개인의 마음속에 단시간 존재하다가 일단 선택이 이뤄지면 영원히 사라지는 순전히 추론적인 정신적 산물이다.

반면에 후자의 경우에 비용은 사후적(ex post)인 것이다. 그 비용을 의사결정자가 부담하든 제3자가 부담하든, 또 그 비용이 객관적으로 측정 가능하든 가능하지 않든, 선택의 결과 사후적으로 발생하는 비용을 말한다. 중요한 사항은 선택의 결과는 선택 후에 실현되므로 사전적 의사결정자와 사후적 비용을 부담하는 주체가 다를 수 있다는 것이다. 따라서 비용이 선택할 수도 있었을 기회에 부여하는 주관적 가치이기는 하지만, 그 부담자는 의사결정자뿐만 아니라 제3자가 될 수도 있다.[3] 그런데 제3자가 아닌 의사결정자의 경우 '선택에 영향을 미치는 비용'과 '선택에 의해 영향을 받는 비용'에 대한 주관적 평가에는 비용과 관련된 공통의 요소들이 많이 포함될 것이다.

결론적으로 정확한 개념의 기회비용은 선택에 영향을 미치는 비용이다. 그러나 나머지 두 비용의 개념도 완화된 의미에서 유용하게 활용될 수 있다. 예를 들면 생산비용 이론에서 화폐 지출 단위에 의해 객관적으로 측정되는 비용은 사회 구성원들이 동일한 화폐 지출로 생산할 수 있는 대안적 산출물에 부여하는 가치와 동일시 할 수 있다. 물론 이 경우의 비용은 선택하는 사람 자신이 아닌 제3자가 평가한 비용을 말한다.[4]

---

3 일단 선택이 이뤄지면 그에 따른 효용 감소라는 선택에 의해 영향을 받는 비용이 발생한다. 이는 과거의 의사결정이 합리적인 것이었든 불합리한 것이었든 의사결정자가 주관적으로 평가하는 선택에 의해 영향을 받는 비용을 의미하는데, 이는 경제학자들이 말하는 '매몰비용(sunk cost)' 개념에 부합한다. 매몰비용은 의사결정이 이뤄진 다음에 발생하는 것이므로 미래의 의사결정에 참고할 수 있는 경험 자료가 될 뿐이다.

4 시장가치는 일반적으로 수많은 수요자와 생산자들의 주관적 평가에 의해 결정되지만 비용은 적어도 사후적으로는 외부 관찰자가 추정할 수 있다는 점에

4. 사례

사람들은 선택에 영향을 미치는 비용과 선택의 결과 발생하는 비용을 구분하지 않고 사용하는 경향이 있다. 또 객관적 비용과 주관적 비용을 혼동하여 사용하는 경우도 많이 있다. 이제 이를 구분함으로써 비용에 따른 현상을 좀 더 명료하게 설명할 수 있다. 몇 가지 사례를 들어 보자.

어떤 음식점에 붙어 있는 표지판에는 "음식 값을 내고 영수증을 못 받은 고객께서는 주인에게 말씀해주시면 사과의 뜻으로 3만원 상당의 상품권을 드리겠습니다."라고 쓰여 있다.[5] 왜 그럴까? 음식점을 경영하는 주인은 음식 재료 구입에서부터 음식점의 위생과 종업원의 친절 문제까지, 할 일이 참으로 많다. 또한 고객이 음식을 먹고 난 다음에 계산대에서 음식 값을 지불하는데, 계산원이 정확하게 하는지도 감시·감독해야 한다. 음식 값 계산은 음식점의 수입을 결정하므로 주인은 계산원의 행동에서 한시라도 눈을 뗄 수 없다. 계산대에는 금전등록기가 비치되어 있고, 고객이 음식 값을 치르면 금전등록기에 자동으로 입력되고 영수증이 출력된다. 그런데 계산원이 받은 음식 값을 등록하지 않고 자신의 호주머니에 넣더라도 영업이 끝나 결산할 때에는 금전등록기에 입력된 금액과 계산원이 받은 총 금액은 일치하게 되므로 주인은 그만큼 수입을 잃게 된다.

그런데 주인이 계산원에 대한 감시·감독에 집중한다면 다른 일을 할 수 없거나 소홀히 할 수밖에 없다. 즉 주인의 계산원에 대한

서 객관적이다.

5 이하의 세 가지 사례는 Frank(2007)를 참고하여 설명을 덧붙인 것임.

감시·감독이라는 선택 행위에는 커다란 기회비용이 수반된다. 따라서 주인은 계산원을 감시하는 일을 자신이 하지 않고 남이 대신 하도록 하는 방법을 생각할 수 있는데, 그것이 바로 위의 표지판을 붙이는 것이다. 주인은 자신이 계산원을 감시·감독하는 행위를 하지 않고 고객이 하도록 함으로써 자신이 지불해야 하는 비용을 회피하는 것이다. 즉 주인은 자신의 감시·감독 행위에 따른 (선택에 영향을 미치는) 기회비용이 크므로 이를 선택하지 않고 고객에게 넘김으로써 (선택의 결과 발생하는) 비용을 지불하지 않는 것이다. 즉 높은 기회비용을 고려한 선택 행위를 함으로써, 여기에서는 감시·감독 행위를 선택하지 않고 고객에게 전가함으로써, 선택에 따른 자신의 사후적 비용도 거의 영(零)으로 만드는 것이다. 사후적 비용은 어쩌다 지급하게 되는 상품권이 될 것이다.

음식점에 봉사료가 있는 이유도 같은 방법으로 설명할 수 있다. 우선 음식점 종업원과 주인의 유인(誘因)은 다르다. 종업원은 영업이 잘 안 되더라도 사전에 계약한 임금을 받을 수 있지만, 주인은 영업을 접어야 할 수도 있다. 그래서 주인은 종업원들이 고객들에게 친절하도록 교육하고 친절 여부를 감시·감독한다. 그러나 음식점 규모가 커져 주인이 다른 할 일이 많아질수록 종업원들을 감시·감독하기는 어렵다. 감시·감독이 어렵다는 말은 그에 따른 기회비용이 크다는 뜻이다. 따라서 주인은 음식 값을 조금 낮추고 고객들로 하여금 그들에게 만족할 만한 서비스를 해준 종업원에게 봉사료를 주게 하는 방법을 생각할 수 있다. 고객은 종업원이 베푸는 서비스의 질을 가장 잘 판별할 수 있는 사람이므로, 고객을 친절하게 모신 종업원은 봉사료를 받을 것이며 그렇지 않은 종업원은 봉사료를 받지 못할 뿐만 아니라 친절하지 못함이 주인에게 알려지는 부담을 져야 한다. 따라서 이 방식은 주인 대신 고객들로 하여금 종업원을 관찰하도록 해 주인의 감시·감독 비용을 줄이는 것이다. 주인의 선택에 따른 사후적 비용은 음식 값을 조금 낮춘 금액이며, 감시·감독 비용은 고객들이 부담한다.

대도시 사람들이 시골 사람들보다 일반적으로 더 불친절한 이유도 선택에 영향을 미치는 기회비용으로 설명할 수 있다. 일반적으로 대도시 사람들은 시골 사람들보다 더 바쁘다. 따라서 대도시 사람들의 시간비용은 시골 사람들의 시간비용보다 더 높다. 어떤 사람이 대도시에서 길을 물으면 시간을 들여 알려줘야 하는데, 그러한 선택 행위에 따른 비용이 높으므로 시간비용이 낮은 시골 사람들보다 덜 친절한 것으로 나타나는 것이다. 이 역시 높은 기회비용을 고려하여 선택을 조정함으로써 그에 따른 사후적 비용도 줄이려는 것이다.

인기가 높은 연예인이나 스포츠 스타들이 군복무를 회피하려는 욕망이 강한 이유도 마찬가지로 설명할 수 있다. 이들이 입대하면 군복무 기간 동안 수입 활동을 할 수 없고, 그 동안의 공백기에 재능도 후퇴할 수 있어 미래의 기대 수입도 줄어들 수 있다. 즉 이들은 군복무에 따른 큰 기회비용을 예상하는 것이다. 그러나 한국과 같은 징집제 국가에서는 신체 건강한 청년이 군복무를 합법적으로 면제받는 조건이 매우 까다롭다. 따라서 이들은 불법적인 방법으로 군 입대라는 선택을 피함으로써 그에 따른 사후적 비용을 회피하려는 것이다.

기회비용으로서의 소비자 가격에 대해서이다. 한 잔의 커피는 그것을 마시려는 사람들의 수만큼 대체적 용도를 가진다. 커피의 공급이 제한되어 있는 상태에서 커피를 마시려는 사람들이 증가하면 커피 가격은 상승한다. 가격이 상승함에 따라 점점 더 많은 사람들이 커피 마시기를 포기할 수밖에 없다. 이제 수요량과 공급량이 같아지는 가격은 커피를 마시고 싶었지만 포기한 사람이 커피 가격보다 가격이 낮은 다른 음료수를 마시게 하는 가격이다. 중요한 사항은 사람들은 커피가 그들에게 주는 가치만큼 가격을 지불하는 것이 아니라 커피가 가장 높은 대체적 용도에서 주는 가치만큼 가격을 지불한다는 것이다. 따라서 커피의 시장 가격은 커피가 시장에 나오도록 하는 데 추가적으로 사용된 자원의 기회비용뿐만 아니라 아슬아슬하게 커피를 마시지 못한 소비자의 기회비용을 반영한다.

객관적 비용과 주관적 비용 간의 혼동은 피구(Arthur C. Pigou)가 제안한 외부성을 교정하기 위한 조세나 보조금 정책에서도 잘 드러난다.[6] 교정적 조세는 외부불경제로 인한 피해만큼 세금을 매겨 외부불경제를 줄이고자 하는 것이다. 반면에 교정적 보조금은 외부경제로 인한 편익만큼 보조금을 주어 외부경제를 줄이고자 하는 것이다. 즉 선택에 영향을 주는 사적 한계 비용을 객관적으로 측정 가능한 사회적 한계 비용과 일치시키고자 하는 것이다.

문제는 세금을 매기거나 보조금을 주기 위해서는 비용을 객관적으로 측정할 수 있어야 한다. 그런데 외부불경제로 피해를 보는 제3자의 주관적 비용은 그에 따른 효용 감소의 가치인데, 이는 측정할 수 없다. 또 외부경제로 이익을 보는 제3자의 주관적 이익은 그에 따른 효용 증가의 가치인데, 이 역시 측정할 수 없다. 비용이나 이익이 주관적이기도 하지만, 제3자는 의사결정에 참여하지 않은 사람이

6 이하의 네 가지 사례는 Buchanan(1999) 참조.

므로 외부효과에 따른 이들의 비용이나 이익을 추정하는 데 참고할 수 있는 기준이 없기 때문이다. 어떤 방법으로 비용을 추정하든지, 그것은 자의적일 수밖에 없다. 세금을 매기거나 보조금을 준다면, 이는 국외자가 외부불경제나 외부경제로 인한 효과를 평가한 것일 뿐, 당사자의 효용 감소나 증가를 정확하게 측정한 것일 수는 없다. 한편 세금이 매겨지거나 보조금이 주어지면 재화나 서비스의 생산이 각각 줄거나 늘어나는데, 따라서 총 생산에 소요되는 총지출이 각각 감소하거나 증가한다. 그러나 이와 같은 총지출의 변화가 외부불경제나 외부경제를 유발하는 당사자의 선택에 영향을 미치는 진정한 기회비용을 반영하지는 않는다. 총지출의 변화는 선택으로 영향을 받는 사후적 비용을 반영하는 것이기 때문이다.

공공재(public goods)의 선택에서도 비용 개념은 중요하게 작용한다. 여느 선택에서와 마찬가지로 선택 행위에는 그러한 선택을 하지 않게 하거나 망설이게 하는 비용, 즉 선택에 영향을 미치는 사전적 비용과 일단 선택이 이뤄진 다음에 발생하는, 선택에 따른 사후적 비용이 존재한다. 공공재에서도 마찬가지다. 즉 어떤 공공재를 공급할 것인가라는 선택에 영향을 미치는 비용과 특정 공공재 공급을 결정한 이후 지출하는 비용이 존재한다. 전자는 공공재의 선택에 영향을 미치는 사전적 개념의 비용으로서 정확한 의미의 기회비용이며, 후자는 공공재 공급의 선택이 이뤄진 다음에 사회 전체가 사후적으로 치르게 되는 비용이다.

공공재와 관련해서 흔히 주장되는 바는 당대의 사람들이 그들의 세금으로 공공재를 공급하는 경우와는 달리, 국채 발행으로 공공재를 공급하면 그 부담은 미래 세대가 지게 된다는 것이다. 그러나 어떤 공공재를 얼마만큼 공급할 것인가를 선택하는 행위에 영향을 미치는 기회비용은, 의사결정자가 누구이든지, 공공재 공급을 위한 미래의 조세 지출을 사전에 주관적으로 평가하는 비용이며, 이는 공공재 공급을 결정하는 순간 사라지므로 미래 세대의 부담으로 넘겨지는 것이 아니다. 미래 세대의 부담이란 선택이 이뤄진 이후에 공공재 공급에 지출되는 제반 비용으로서, 이는 선택의 결과 발생하는 비용이다.

군이 군인을 경쟁적 노동시장에서 모집할 때, 즉 지원제 하에서 군의 선택에 영향을 미치는 비용은 어떻게 될까? 군인의 공급곡선은 우상향(右上向)하는데, 이는 군인을 직업으로 선택하는 데에 따르는 기회비용이 낮은 사람들부터 높은 사람 순으로 군인이 되기를 의도한다는 것이다. 즉 군인 외의 직업에서 이들의 기회비용은 각각 다르다는 점을 반영한다. 그러나 여기에서 이들은 군인으로서는 동일한 인력이라고 가정한다. 또한 비용을 고려할 때 군인이라는 직업에 대한 호불호 등을 나타내는 비화폐적 비용(non-pecuniary cost)은 존재하지 않는다고 가정한다.

<그림 5-1>의 가로축은 군인의 수를, 세로축은 군인의 연봉을 나타낸다. 이제 <그림 5-1>에서 국방부가 필요한 군인의 수를 A명이라고 하면, 국방부의 선택에 영향을 미치는 비용은 공급곡선(S) 아래의 면적인 사각형 OABD가 된다. 그러나 동질적인 모든 군인에게 동일한 연봉을 지급해야 하므로 A명을 유지하는 데 들어가는 총비용은 사각형 OABC가 되며, 이 중 삼각형 BCD는 A번째의 한계 군인보다 조금이라도 전에(infra-marginal) 고용되는 군인들에게 돌아가는 준렌트(quasi-rent)이다. 물론 이 준렌트는 A명의 군인을 모

집하여 유지하는 데 들어가는 국방부의 총비용에는 포함되지만 기회비용에는 포함되지 않는다.[7]

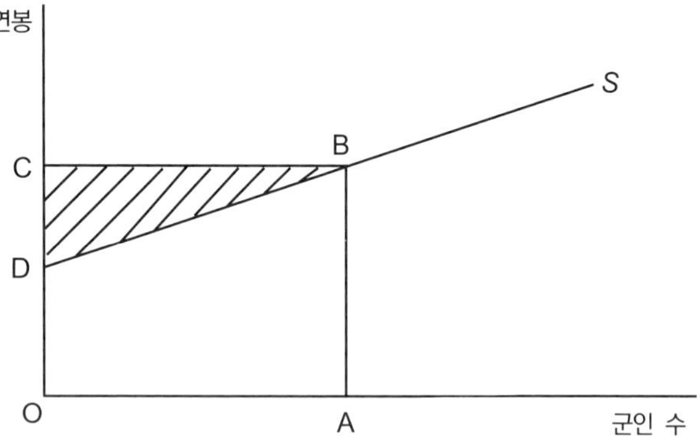

그림 5-1. 군인 모집 비용

그렇다면 지원제와 징병제 중 어느 제도에서 더 적은 비용이 들어갈까. 일정 수준의 군 전력을 유지하는 데 비용 측면에서 징병제가 지원제보다 더 유리하다고 생각하는 사람들이 많다. 물론 징병제에서 장병들의 월급은 일반 사회에서 벌 수 있는 액수보다 훨씬 적다. 그래서 징병제 비용이 적다고 생각하는 경향이 있다. 그러나 지원제가 더 유리할 가능성이 높다. 대부분의 나라의 징병제하에서는, 자신이 원하든 원하지 않든, 일반 사회에서의 생산성이 높든 낮든, 신체 건강한 남자는 군복무를 해야 하기 때문이다. 좀 더 구체적으로 살펴보자.

7 infra-marginal 피고용인에게 준렌트가 존재하더라고 한계에서는 사라지므로 준렌트의 존재가 자원배분의 효율성에는 영향을 미치지 않는다.

비용을 따질 때는 그것이 누구의 비용인지를 명확하게 해야 사안에 대한 이해를 높일 수 있다. 징병제하에서 국방부가 지출하는 비용은 지원제에서보다 더 적을 것이다. 그렇다면 나라 전체가 지불하는 비용은 어떨까. 지원제하에서는 필요한 장병의 수가 충족될 때까지 임금을 점점 증가시키면서 군인을 모집하므로 군복무에 따른 기회비용이 가장 낮은 사람부터 지원하게 되는데, 그것이 <그림 5-1>에서의 공급곡선 S이다. 그러나 징병제하에서는 개인의 기회비용과 상관없이 징집된다. 이 경우 사회에서 생산성이 높은 사람들이 많이 징집될수록, 즉 공급곡선의 위쪽에 속하는 사람들이 많이 징집될수록, 군인을 모집하기 위해 사회 전체가 지불하는 비용이 커진다. 그들이 사회에서 생산 활동을 하면 돈을 많이 벌 수 있는데, 이를 포기해야 하므로 사회 전체가 잃는 생산 손실이 크기 때문이다. 따라서 국방부의 비용은 징병제가 지원제보다 더 적게 들지만 사회 전체의 비용은 징병제가 지원제보다 더 많이 들 가능성이 높다.

한편 징집된 군인은 효율적으로 활용될 가능성이 낮다. 징집된 군인은 자신의 몸에 대한 재산권이 없으므로 기회비용의 지급을 요구할 수 없다. 군으로서도 징집된 군인을 지원한 군인보다 더 효율적으로 활용할 유인이 낮다. 즉 기회비용을 지급받을 수 없거나 지급할 필요가 없다면 자원은 효율적으로 사용되지 않는다.

사회주의 경제계산 불가능성 문제를 기회비용의 문제로 검토할 수 있는데, 사회주의 국가에서는 선택에 따른 주관적 가치평가가 반영되지 않는다. 기회비용이 객관적으로 측정 가능할 때, 기회비용은 선택과 무관할 수 있으며, 기회비용이 선택과 무관할 때, 한 사회의 제도와 조직의 형태는 비용에 영향을 미치지 않는다. 물리적 관계로부터 기회비용이 객관적으로 결정되기 때문이다. 사회주의에서 투입물과 산출물 간의 물리적 관계로부터 비용을 측정하여 사용할 수 있다는 극단적 가정을 하더라도 선택에 따른 주관적 평가는 무시될 수밖에 없다. 즉 자원이 사회주의에서와 같이 국가 소유라면 선택에 영향을 미치는 기회비용을 알 길이 없으므로 자원이 비효율적으로 배분될 수밖에 없다.

참고문헌

Alchian, Armen and William R. Allen, 『Exchange and Production: Competition, Coordination, and Control』, second edition, Wadsworth Publishing Company, Inc., 1977.

Buchanan James M. 『Cost and Choice: An Inquiry in Economic Theory』, Liberty Fund, 1999.

Heyne, Paul, 『Microeconomics』, Macmillan Publishing Company, 1991.

Frank, Robert H., 『The Economic Naturalist: In Search of Explanations for Everyday Enigmas』, Basic Books, 2007.

6

가격과 비용

여의도의 음식 값은 다른 지역의 그것보다 일반적으로 더 높다. 사람들에게 왜 그런가라고 물으면 대부분은 여의도의 땅값이 높아서 그렇다는 대답이 돌아온다. 대답의 내용은 땅값이 음식 값을 결정하는 주요 요인이라는 것이다. 음식을 팔기 위해서는 음식점을 차려야 하고, 음식점을 차리기 위해서는 땅이 필요한데, 땅값이 높으니 자연히 음식 값이 높지 않겠느냐는 추론이다. 얼른 생각해보면 그럴 듯한 설명이다. 그런데 그 설명에는 문제가 있고, 아주 그럴 듯한 이런 설명으로 말미암아 가격을 둘러싼 논쟁이 심하다. 사실 사람들이 이 사항을 잘 이해한다면, 아마도 우리 사회에서 일어나고 있는 가격 관련 논쟁거리의 절반 이상은 사라질 것이다.

제5장에서 우리는 생산비용 이론에서는 비용은 객관적이고 측정 가능하며 교환가치를 결정한다고 했다. 그러나 이 단순 모형은 공급이 제한되었을 경우에나 투입물이 이질적인 여러 개의 경우에는 그 설명력을 상실한다는 점도 보았다. 즉 이 모형에서 기회비용은 행동하고 결정하는 인간이 아닌 로봇과 같은 기계에 해당되는 비용이다.

반면에 한계효용 이론에서는 이론의 논리적 연장으로 분배에 관한 한계생산 이론을 얻을 수 있고, 재화와 서비스가 주는 상대적 한계효용에 의해 최종 산출물의 가치가 결정되므로 최종 산출물의 생산에 생산요소로 들어가는 투입물의 가치는 최종 산출물의 가치에 따라 결정된다는 사실을 명확하게 했다. 그런데 투입물의 가치는 생산자의 비용에 해당하므로, 이로부터 "최종 산출물의 가격(엄밀하게는 수요)이 비용을 결정한다."는 명제를 도출했다. 이제 이 명제를 구체적인 사례를 곁들여서 살펴보자.

1. 가격이 비용을 결정

상품을 생산하기 위해서는 원자재와 여러 가지 공정에 따른 근로자, 토지, 생산된 자본재(produced capital goods) 등의 생산요소가 투입된다. 그런데 생산요소들에 대한 수요는 그것들을 투입하여 만드는 최종 산출물에 대한 수요가 있기 때문에 생긴다. 최종 산출물에 대한 수요가 없다면 이를 만드는 데 들어가는 생산요소에 대한 수요는 생기지 않는다. 그래서 이들 생산요소들에 대한 수요를 유발수요(derived demand) 또는 파생수요라고 한다. 그런데 위에서 설명한 바와 같이 최종 산출물의 가격이 비용을 결정한다. 그럼에도 불구하고 최종 산출물을 만드는 데 투입되는 생산요소들의 가격을 낮게 규제하여 최종 산출물의 가격을 낮추고자 하는 정책들이 시행되곤 한다. 물론 이는 틀린 것이다.

한국의 국회의원들이 툭하면 특정 상품의 제조 원가 장부를 요구하는 경우가 이에 해당한다. 제조 원가(회계 원가)는 그다지 높을 것 같지 않은데 가격은 상당히 또는 매우 높아, 이를 부당하다고 여기기 때문이다. 이와 같이 일반인은 물론 정치인, 관료, 일부 학자 등, 많은 사람들이 상품의 가격은 제조비용에 적당한 이윤을 더해서 결정되는 것이라고 생각한다.[1] 즉 상품을 만드는 데 들어가는 비용이 가격을 결정하므로 생산요소의 가격을 낮게 규제하면 상품 가격을 낮출 수 있을 것이라고 생각한다.

여의도에는 많은 오피스 건물들이 있고 거기에 근무하는 사람들도 매우 많다. 점심 식사를 하기 위해 오피스 건물들에서 나오는 사람들의 수는 놀라울 정도로 많은데, 이는 음식에 대한 수요가 많다는 뜻이다. 수요가 많으므로 음식 값이 그렇지 않은 다른 지역보다 상대적으로 높은 것은 당연하고, 여의도 음식점들이 다른 지역의 음식점들보다 더 많은 돈을 벌 수 있다. 그러므로 여의도 음식점 주인들은 그 규모를 확장하려고 할 것이며, 음식 장사를 시작하려는 사람들도 여의도를 우선적으로 고려할 것이다. 자연히 여의도 땅에 대한 수요가 높아져 땅값이 올라간다. 따라서 여의도의 높은 땅값은 여의도 음식에 높은 가격을 지불할 용의가 있는 사람들의 음식물에 대한 높은 수요에서 연유하는 것이다. 즉 땅이라는 생산요소의 가치는 그 땅에서 만들어지는 음식물이라는 최종 산출물에 사람들이 부여하는 가치에 의해 결정되는 것이다. 음식물에 대한 수요에 따른 음식 값이 원인이고 땅값은 결과이다. 땅값이 높아 음식 값이 높다는 대답은 인과관계를 거꾸로 파악하는 것이다.

프로 스포츠 구단들은 경기 개막을 앞두고 그 동안 여러 가지 비

1 여기에서의 이윤은 일반적으로 경제학 교과서에서 말하는, 단순히 총수입에서 총비용을 뺀 순수입을 말한다. 이윤의 본질에 대한 논의는 제8장을 참조.

용 인상 요인이 발생하여 부득이하게 입장 요금을 올린다고 발표하기도 한다. 특히 구단 간의 선수들에 대한 치열한 경쟁으로 선수들의 연봉이 크게 올라 어쩔 수 없다는 것이다. 그런데 운동 선수들의 연봉이 오르는 것은 운동 경기를 즐기려는 사람들이 기꺼이 그 연봉을 감당할 수 있는 입장 요금을 지불하고자 하는, 운동 경기에 대한 수요가 많기 때문이다. 즉 선수들의 연봉이 오르고 입장요금이 오르는 것은 사람들의 운동 경기에 대한 수요 증가에 있는 것이지, 연봉이 올라서 입장 요금이 오르는 것이 아니다. 유사한 예로 이발 요금이 오르는 이유는 사람들이 이발 서비스에 부여하는 가치가 올랐기 때문이지, 이발사의 임금이 올라서 이발 요금이 오르는 것이 아니다. 사람들이 기꺼이 지불하고자 하는 이발 요금이 이발사의 임금을 결정하는 것이지, 이발사의 임금이 이발 요금을 결정하는 것이 아니라는 말이다. 이와 같이 가격이 비용을 결정하는 것이지, 비용이 가격을 결정하는 것이 아니다. 이런 예는 수도 없이 많다. 몇 가지만 더 들어보자.

"쌀 가격이 올라가니까 쌀 경작에 필수적인 논 가격이 올라가느냐, 아니면 논 가격이 올라가니까 쌀 가격이 올라가느냐?"의 질문이다. 우선 논은 쌀 경작만을 위한 용도로밖에 사용되지 않는다고 가정하자. 즉 논에 대한 다른 독립적 수요가 논 가격에 영향을 미치지 않는다고 가정하자. 이제 쌀에 대한 수출 수요가 늘어나면 쌀 가격이 올라간다. 쌀 가격이 올라가므로 쌀농사를 지어 이전보다 더 많은 이윤을 낼 수 있게 됨에 따라 농부는 더 많은 쌀을 생산하려고 하며, 농부가 아니었던 사람도 이제는 쌀농사를 짓는 농부가 되려는 생각을 할 수도 있다. 그런데 쌀을 생산하기 위해서는 논이 있어야 하므로 논에 대한 수요가 늘어나고 논 가격이 올라간다. 논 가격은 쌀 수요 증가로 상승한 쌀 가격 분까지 상승할 수 있다. 이로부터 우리는 쌀 가격이 논 가격을 결정한다는 사실, 즉 가격이 비용을 결정한다는 사실을 알 수 있다.

다음으로 쌀 가격 변화 이외의 다른 요인에 의해 논 가격이 올라가는 경우에는 어떻게 될까? 즉 새로운 산업 단지 조성이나 도로 건설 등으로 쌀농사를 하던 논에 대한 수요가 늘어나 논 가격이 오르면 어떻게 될까? 논 가격이 올랐으므로 쌀의 생산비용이 증가한다. 그렇다면 쌀 가격이 오르는가? 쌀 가격이 변화하기 위해서는 쌀에 대한 수요나 공급에 영향을 미쳐야 한다. 그런데 지금 당장 쌀에 대한 수요나 공급에 아무런 영향이 없으므로 쌀 가격에는 변화가 없다. 따라서 논 가격이 올랐다고 해서 쌀 가격이 올라가는 것은 아니다. 즉 쌀을 생산하는 비용이 증가했다고 해서 쌀 가격이 올라가는 것이 아니다.[2] 다만 시간이 지남에 따라 논이 산업 단지 조성이나 도로 건설에 전용되어 쌀농사에 투입되는 논의 공급이 감소하면 쌀의 공급이 감소하여 쌀 가격이 올라간다. 이와 같이 완제품이든 생산요소든 각각에 대한 수요곡선이나 공급곡선에 영향을 미쳐야 가격이 변한다. 지금의 예에서 전자의 경우에는 논의 공급에는 변화가 없으나 논에 대한 수요 증가로 논 가격이 오르고, 후자의 경우에는 쌀에 대한 수요에는 변화가 없으나 쌀농사에 투입되는 논 공급의 감소로 쌀 공급이 감소하여 쌀 가격이 오르는 것이다. 그런데 두 경우 모두 쌀 가격이 논 가격을 결정하는 것이지, 논 가격이 쌀 가격을 결정하는 것이 아니라는 사실에는 변함이 없다.

2 자비로 의과대학을 다닌 의사와 장학금으로 다닌 의사가 제공하는 동일한 의료 서비스에 대한 진료비는 다르지 않다.

한편 쌀 가격에는 변화가 없는데 쌀농사 이외의 다른 요인에 의해 논 가격이 오른 경우, 농민들이 쌀 가격을 시장 가격보다 더 높게 책정해 달라는, 즉 쌀 가격지지(price floor) 정책을 요구하고 정부가 이를 받아들여 시행한다면 어떤 일이 벌어질까? 가격지지 정책으로 쌀 가격이 오르므로 논에 대한 수요가 증가하여 논 가격은 더 올라간다.

2. 미국의 국가 에너지법

1975년 미국의 '국가 에너지법(National Energy Act)' 사례를 보자. 의원들은 미국산 원유 가격을 시장 가격 이하로 규제하면 원유로부터 얻는 석유 관련 제품(유류제품)들의 가격이 내려갈 것이라고 생각했다. 과연 그랬을까? 정유회사가 원유를 비등점의 차이를 이용하여 분별증류(분류)하면 휘발유, 등유, 경유, 중유, 아스팔트 등의 유류제품을 얻는다. 이제 1 배럴의 원유를 분류하여 얻는 유류제품의 시장 가격이 200달러이고 원유 구입비용을 제외한, 유류제품을 만들고 저장하고 판매하는 일 등에 들어가는 총비용이 110달러라고 하자. 따라서 정유회사는 원유 구입비용에 90달러까지 사용할 수 있다. 만약 정유회사가 1 배럴의 원유를 50달러에 구입할 수 있다면 정유회사는 원유 1 배럴을 분류하여 40달러의 이익을 얻을 수 있다. 이 경우 원유에 대한 정유회사 간의 경쟁을 유발하여 원유 가격은 90달러까지 올라가는 경향을 보일 것이다. 그런데 이 90달러는 소비자들이 원유에 대해 부여하는 가치이며, 이 가치는 소비자들이 유류제품에 부여한 가치인 200달러라는 가격으로부터 나온 것이다.

그런데 에너지청이 보기에 유류제품 200달러의 가격이 너무 높으므로 원유 가격을 낮게 규제하면 유류제품의 가격을 낮출 수 있을 것이라고 생각하여 원유 가격을 배럴 당 20달러로 낮게 규제한다고 하자. 즉 원유에 최고가격(price ceiling)을 설정하는 것이다. 그렇다면 유류제품의 가격은 내려갈 것인가?

우선 원유 생산업자들이 원유 가격이 배럴 당 10달러든 20달러든 또는 90달러든, 그 가격에서 원유를 중단 없이 이전과 같이 공급한다고 하자. (물론 이는 비현실적 가정이지만, 논의의 편의를 위해 당분간 이 가정을 하며 나중에 수정한다.) 즉 원유에 대한 최고가격이 원유 공급량에 아무런 영향을 미치지 않는다는 것이다. 우리는 지금 유류제품에 대한 수요에 변화가 없다고 가정하고 있고 원유 가격이 원유 공급량에 영향을 미치지 않으므로 수요와 공급에 의해 결정되는 유류제품의 가격은 변하지 않는다. 즉 우리의 예에서 유류제품의 현재 가격 200달러는 변하지 않는다. 원유 가격이 배럴 당 20달러에 고정되어 정유업자는 20달러의 원유를 이용하여 200달러의 유류제품을 만들고 저장하고 파는 등에 110달러의 비용을 들이므로 70달러의 이익을 얻는다. 그런데 이 70달러는 원유 생산업자로부터 정유업자에게 이전되었을 뿐, 유류제품 가격 하락에 아무런 영향을 미치지 못한 것이다. 즉 규제된 원유 가격(정유업자의 비용)이 원유의 공급량에 영향을 미칠 때에만 간접적으로 유류제품 가격에 영향을 미친다. 그래서 "비용이 가격을 결정한다."는 에너지청의 사고와 정책은 잘못된 경제 분석에 따른 것이다.

이제 원유 가격이 얼마이든 원유 공급은 변함없이 이뤄진다는 비현실적 가정을 수정하여 원유 공급이 우상향하는 공급곡선을 따라 이뤄진다고 하자. 원유 가격을 낮게 규제하면 원유 공급량이 줄어든다. 그에 따라 유류제품 생산이 줄어들어 유류제품의 공급곡선이 왼쪽으로 이동하므로 유류제품 가격이 올라간다. 이와 같이 원유 가격을 낮게 규제하면 유류제품의 가격이 내려가기는커녕 도리어 올라간다. 이 경우에도 가격이 비용을 결정하는 것은 마찬가지다. 그리고 가격이 올라가므로 이전의 가격에서 유류제품을 소비했던 일부 소비자들은 소비할 수 없게 되어 이들의 후생 수준은 낮아진다.

요약하자면, 산출물의 가격은 그에 대한 수요와 공급에 의해 결정되는데, 가격은 곧 소비자들이 그 산출물에 부여하는 가치를 반영한다. 이제 더 많은 산출물을 생산하려면 더 많은 생산요소가 필요하며 그에 따라 더 많은 비용을 지불해야 하는데, 경쟁이 치열할수록 그 비용은 사람들이 산출물에 부여하는 가치까지 증가할 수 있다. 이는 곧 산출물을 만드는 데 들어가는 제반 생산요소들의 가치, 즉 생산요소들에 대한 지급이자 생산자의 비용은 소비자들이 부여하는 최종 제품의 가치를 반영하는 가격으로부터 매겨진다는 것이다. 이는 곧 가격이 비용을 결정한다는 사실을 말하는 것이다.

3. 납품 단가 후려치기?

한국에서는 대기업에 납품하는 중소기업 부품의 원자재 가격이 올랐는데도 대기업이 납품 단가를 올려주지 않아 중소기업이 어려움에 처한다는 주장이 광범위하게 설득력을 얻고 있다. 즉 원자재 가격의 상승 등으로 중소기업의 비용이 늘어나는 요인이 발생했지만 대기업이 이를 납품 가격에 반영해 주지 않아 중소기업의 채산성이 악화된다는 것이다. 이 사안도 두 가지 경우로 나누어 분석할 수 있다. 첫째, 대기업의 완성품에 대한 수요가 증가하면 그 완성품을 만드는 데 들어가는 중소기업 부품에 대한 수요도 증가하므로 완성품 가격과 부품 가격이 동시에 오른다. 오르는 정도는 완성품과 부품에 대한 각각의 수요와 공급이 반응하는 탄력성에 따라 다르겠지만, 두 가격이 오르는 것은 사실이다. 완성품에 들어가는 부품의 대체재가 별로 없다면, 즉 부품에 대한 수요가 비탄력적이라면 부품 가격은 많이 올라갈 것이며, 탄력적이라면 덜 올라갈 것이다. 따라서 대기업은 이전과 같은 완성품 가격과 제조비용 구조 하에서 부품 가격을 올려주는 데 별다른 문제가 없으며, 실제로 부품 가격은 올라간다.

둘째, 이는 이른바 '납품 단가 후려치기'라는 이름 아래 대기업을 비난하는 경우인데, 완성품에 대한 수요는 변하지 않았는데, 부품을 만드는 데 들어가는 원자재나 노동의 비용이 증가하여 부품 제조비용이 올라간 경우이다. 이는 앞에서 예로 든 산업 단지 조성이나 도로 건설로 인해 논에 대한 수요가 증가해서 논 가격이 올라가는 경우와 마찬가지다. 중요한 사실은 부품의 제조비용 상승과 관련하여 대기업은 아무런 행동도 취하지 않았고, 아무런 영향도 받지 않았다는 것이다. 따라서 대기업의 완성품 가격과 비용 구조는 변하지 않았으므로 대기업으로서는 부품 가격을 올려줄 수 있는 여지가 없다. 그래서 납품 단가를 후려친다는 말은 대기업의 완성품에 대한 수요와 공급 사정과 상관없이, 부품 제조에 들어가는 원자재나 노동에 대한 다른 부문에서의 수요 증가 또는 공급 감소에 의한 비용의 증가분을 부품 가격에 더해 달라는 것인데, 이는 대기업과는 상관없는 일이다. 완성품에 대한 수요나 공급에 아무런 변화가 없기 때문이다. 따라서 납품 단가 후려치기라는 말은 성립하지 않는다. 즉 이런 경우에 "중소기업이 사용하는 원자재 가격이 올라 원가 상승 요인이 생겼으므로 부품 가격을 올려야 한다."는 주장은 비용이 가격을 결정한다는 틀린 논리에서 비롯되는 것이다. 부품 제조비용이 올라 당장 비용을 감당하지 못하는 중소기업은 기술 개발로 비용을 낮추든지, 그런 부품이 아니라 다른 부품을 만들어 적절한 기업에 납품하든지, 아니면 퇴출되는 운명에 처하게 된다. 마찬가지로 "중소기업이 사용하는 원자재 가격이 내려 원가 하락 요인이 생겼으므로 부품 가격을 내려야 한다."는 주장도 비용이 가격을 결정한다는 잘못된 논리에서 비롯된 것이다.

이제 시간이 지남에 따라 부품의 원자재나 노동 비용이 증가하여 부품의 공급곡선이 왼쪽으로 이동하면 그 공급량이 줄어들고 가격도 올라간다. 즉 부품의 공급곡선에 영향을 미치면 부품 가격이 변한다. 따라서 대기업의 완성품 공급도 줄어들어 그 가격도 올라간다. 물론 이 경우에도 가격이 비용을 결정한다는 논리에는 변함이 없다. 요컨대, 대기업이 부품 가격을 후려쳐 돈을 많이 번다는 주장은 틀렸다.

4. 백화점 셔틀버스 운행 금지[3]

2001년 헌법재판소는 백화점과 대형마트의 셔틀버스 운행 금지를 합헌이라고 판결했다. 백화점과 대형마트(이하 대형 유통업체), 그리고 이를 이용하는 고객들이, 여객자동차운송사업법은 헌법이 보장하는 직업수행의 자유(영업의 자유), 행복추구권(소비자의 권리), 평등권 등의 기본권을 침해하고, 헌법상 법치국가 원리에서 파생하는

3 김영용·김정호·전용덕(2003), 73-91쪽 참조.

신뢰보호 원칙에 위반되므로 위헌이라고 제기한 헌법소원 심판 청구에 대해 헌법재판소가 여객자동차운송사업법은 합헌이라는 결정을 내린 것이다. 우리의 논의와 관련된 여객자동차사업법의 내용은 자가용 운송은 무상이어야 한다는 것이다. 물론 대형 유통업체들은 셔틀버스를 이용하는 고객들에게 운임을 부과하지 않지만, 헌법재판소는 셔틀버스 운행 비용이 이들 매점에서 판매하는 상품 가격에 전가되므로 결국 유상 운송이라고 판단함으로써 셔틀버스 운행을 금지한 것이다. 즉 여객자동차운송사업법은 합헌이고, 이 법은 자가용 운송은 무상이어야 한다는 점을 명시하고 있는데, 셔틀버스는 유상 운송 수단이므로 금지되어야 한다는 판단이다.

셔틀버스의 유·무상 운송 여부가 셔틀버스 운행 금지의 타당성 여부를 결정하므로 이에 대한 분석이 요구된다. 대형 유통업체에서 파는 상품의 공급곡선은 어떤 기업가가 이들 매장을 설립하여 상품 유통 사업을 할 것인가 아니면 다른 사업을 할 것인가를 저울질 하도록 하는 기회비용에 의해 도출되며, 이 공급곡선과 소비자들의 선호와 소득 등을 반영하는 수요곡선에 의해 가격이 결정된다. 대형 유통업체는 시장에서 결정된 (유통)상품 가격을 바탕으로 영업에 필요한 활동 항목 및 그에 따른 비용을 배분하여 이윤을 극대하고자 한다. 중요한 사실은 소비자들이 상품에 부여하는 가치를 반영하는 상품 가격으로부터 제반 비용이 산정된다는 것이다.

대형 유통업체들이 셔틀버스를 운행하여 고객을 매장으로 끌어 모으는 행위는 판매 상품에 대한 수요 증가를 통해 매출을 늘려 이윤을 늘리려는 것이다. 공급 사정에 변화가 없다면 수요가 증가하므로 상품 가격은 당연히 올라간다. 그런데 더 많은 상품을 판매하기 위해서는 그에 따른 비용도 증가하는데, 이 비용은 상품의 시장 가치인 가격까지 증가할 수 있다. 이는 곧 비용이 소비자들이 상품에 부여하는 가치에 의해서 결정되는 것이지, 비용이 상품 가치를 결정하는 것은 아니라는 것이다. 한 단위의 상품을 생산하는 데 비용이 더 들어갔다고 해서 그 상품이 소비자에게 주는 가치가 증가하는 것은 아니다. 셔틀버스의 경우에는 수요 증가로 오른 상품 가격의 일부가 셔틀버스 운행에 따른 증가한 비용으로 배분되는 것이다. 따라서 셔틀버스 운행비용이 상품 가격에 전가된다는 논리는 성립하지 않는다. 만일 이와 같이 셔틀버스를 운행함으로써 수요를 늘리려는 행위를 금지한다면 광고 등, 수요를 늘리려는 모든 행위는 금지되어야 한다.

셔틀버스 운행비용이 상품 가격에 전가된다는 생각은 이른바 가산적 가격 설정(mark-up pricing)을 잘못 이해한 탓이리라. 만일 가산적 방법으로 설정한 가격에서 상품을 원하는 양만큼 판매할 수만 있다면 이윤을 얻지 못하여 망할 기업은 없다. 경제학은 어떤 산출물을 만들어 판매하는 사업을 할 때 이윤을 극대화하는 방법은 한계수입과 한계비용을 같도록 설정하라고 가르친다. 따라서 우선 (1) 한계비용과 한계수입을 추정하고, (2) 한계수입이 한계비용보다 큰 산출물의 모든 단위를, 그리고 그 단위들만을 판매할 수 있도록 하는 생산 수준을 결정하며, (3) 산출물을 모두 팔 수 있는 가격을 설정하라는 것이다. 그런데 한계비용을 정확하게 추정하기는 어렵고 수요와 한계수입을 알기는 더욱 어렵다. 그래서 판매자는 가격탐색에 나서는 것이며, 이 때 그는 가격 탐색의 시작으로서 제조비용에 자신이 적절하다고 판단하는 이윤을 더한 가격을 소비자들에게 제시해 보는 것이다. 제시한 가격에서 산출물이 잘 팔리면 가격을 올리고, 잘 팔리지 않으면 가격을 내려서 다시 제시한다. 이와 같은 방법으로 오류를 시정하면서 시장 가격을 찾아가는 과정에서 사용되는 방법이 바로 가산적 가격 설정 방식이다. 따라서 가산적 가격 설정은 경험적 방법이며, 이윤 극대화 가격을 탐색하기 위한 대략적인 출발점과 탐색 과정에서의 오류를 수정해 나가는 방식을 제공하는 것이다.

결국 모든 재화나 서비스를 얻는 데 있어서 누군가 비용을 지불해야 한다는 점에서 무상은 없으나, 고객이 상품을 사기 위하여 지불하는 가격과 무관하게 셔틀버스 서비스를 받는다는 것은 고객의 입장에서는 무상이라고 보는 것이 타당하다.

5. 아파트 분양가 규제

마지막으로 아파트 분양가 규제의 경우에는 어떠한가? 어떤 특정 시점에서 아파트 가격은 기존 아파트에 대한 수요와 공급에 의해 결정된다.[4] 이제 인구나 소득 증가로 기존 아파트에 대한 수요가 증가하면 기존 아파트 가격이 올라가고, 이에 따라 신규 아파트를 건축하여 얻을 수 있는 이익이 예전보다 더 증가하므로 신규 아파트 공급이 늘어나게 된다. 이처럼 아파트 분양가에 대한 정부 규제가 없는 경우에는 기존 아파트 시장에서 수요가 증가하여 가격이 올라가

4 어떤 특정 시점에서의 수요를 저량수요(貯量수요: stock demand), 공급을 저량공급(stock supply)이라고 하며, 일정한 기간 동안의 수요와 공급을 각각 유량수요(流量수요: flow demand)와 유량공급(flow supply)이라고 하는데, 아파트와 같은 실물자산이나 외환과 같은 금융자산의 가격은 저량수요와 저량공급에 의해 결정된다. 신규 아파트 분양가 규제에 대한 자세한 논의에 대해서는 제12장을 참조.

면 신규 아파트의 공급이 시간을 두고 점차적으로 증가하므로 아파트 시장은 예전과 같은 가격 수준에서, 그리고 기존 아파트의 총량이 증가한 수준에서 균형을 이루게 된다. 그러나 신규 아파트 분양가를 낮은 수준에 규제하면 신규 아파트 공급이 덜 증가하므로 기존 아파트 공급도 덜 증가하여 가격이 덜 내려오게 된다. 결국 분양가 자율화가 기존 아파트의 가격 상승을 부추기는 것이 아니라 분양가 규제가 가격 상승을 유도하는 것이다.

또한 기존 아파트에 대한 수요가 증가하면 기존 아파트 가격이 올라가고, 이에 따라 신규 아파트를 지을 땅과 자재 등의 생산요소에 대한 수요가 증가하여 이들 가격이 올라간다. 즉 기존 아파트에 대한 수요 증가로 아파트 가격이 상승하면 신규 아파트를 지을 땅이나 자재 등에 대한 수요가 증가하여 이들 가격이 올라가는 것이지, 땅이나 자재 등의 비용이 먼저 올라가기 때문에 분양가가 높아지는 것이 아니다.

만일 건설업체가 아파트 건축에 필요한 토지를 낮은 가격(시장 가격이 아닌 감정가격)으로 매입한다면, 건설업체는 경제적 지대를 얻는다. 이제 정부의 토지에 대한 규제가 철폐된다면 토지 가격도 수요와 공급에 의해서 결정될 것이며, 이에 따라 토지 소유자에게 이득이 이전(移轉)될 것이므로 건설업체의 이윤은 떨어질 것이다. 이는 원유 가격 규제 폐지의 경우와 같다. 한편, 분양가 규제로 분양가가 기존 아파트 가격보다 낮아질 경우, 두 가격의 차이는 신규 아파트를 분양 받은 사람이 차지하게 된다. 또한 규제된 분양가에서 운 좋게 신규 아파트를 분양 받은 사람은 커다란 이익을 얻게 되므로 신규 아파트 분양을 둘러싼 특혜 및 비리 문제가 심각해질 것이다. 결국 토지 시장과 분양가를 모두 규제하지 않는 시장, 즉 자유시장에서 토지 시장과 아파트 시장이 모두 경쟁적이 되도록 함으로써 자원 배분의 왜곡을 막고 경제적 지대도 제거할 수 있다.

참고문헌

김영용·김정호·전용덕, 『헌법재판소 판례연구』, 자유기업원, 2003.

Alchian, Armen and William R. Allen, 『Exchange and Production: Competition, Coordination, and Control』, second edition, Wadsworth Publishing Company, Inc., 1977.

Heyne, Paul, 『Microeconomics』, Macmillan Publishing Company, 1991.

7

정보와 투기

우리는 현대를 흔히 정보화 시대라고 부른다. 사실 우리는 예전에 비해 정보가 넘쳐나는, 이른바 정보의 홍수 시대에 살고 있다. 예전에는 소수의 사람들만이 많은 정보를 가질 수 있었으며, 이를 바탕으로 수익 활동을 할 수 있었다. 그러나 지금은 인터넷이 발달하여 공중에게 공개되는 거의 모든 정보를 낮은 비용으로 얻을 수 있다. 그래서 우리는 흔히 정보를 공짜라고 생각하며, 중개인은 별다르게 하는 일 없이 거래 당사자들 사이에 끼어 뭔가 수작을 부리고 수수료를 챙기는 존재로 생각하는 경향이 있다. 또한 정보의 생산과 수집 및 미래에 대한 예측으로 돈을 버는 투기꾼을 생산에 기여하는 바가 전혀 없이 돈을 번다고 비난하기도 한다. 정보와 투기에 대해서 알아보자.

1. 정보

우리는 집을 팔 때는 가장 높은 가격으로 살 사람을 원하고, 집을 살 때는 가장 낮은 가격으로 팔 사람을 원한다. 그런데 문제는 그런 사람을 찾는 방법이다. 첫째는 내가 스스로 원하는 지역의 집들에 대한 정보(information)를 수집하는 방법이 있는데, 그렇게 하려면 돈과 시간을 써야 한다. 즉 정보를 얻는 데는 비용이 든다. 둘째는 집에 대한 정보를 수집하여 보유하고 집을 사고파는 사람들에게 그런 정보를 제공하는 중개인의 도움을 받을 수 있다. 이런 경우에는 일정 금액의 수수료를 내야 한다. 그런데 자신이 직접 발품을 팔아 정보를 얻고 집을 살 사람을 찾는다면 중개인이 소개하는 것보다 더 낮은 가격에 팔 수도 있다. 우리는 집 거래를 하는 데 있어 중개인보다 더 전문가가 아니기 때문이다. 따라서 대부분의 사람들은 중개인의 도움을 받고 수수료를 지불한다. 그럼에도 불구하고 거래가 성사된 후 수수료를 지불할 때는 중개인은 별로 한 일도 없는데 수수료를 받는다는 것에 대해 야릇한 기분을 느끼기도 한다.

왜 그럴까? 중개인들에 대한 썩 좋지 않은 감정은 바로 정보를 공짜로 생각하는 데서 비롯되는 것이다. 정보란 그 정보를 얻는 동안 다른 행동을 하지 못함으로써 잃게 되는 비용을 포함해 그 자체를 생산하는 데 비용이 들어가는 희소한 재화이다. 물론 중개인들이 눈에 보이는 물질을 생산하는 것은 아니다. 그러나 중개인들은 낮은 비용으로 정보를 생산해 유통함으로써 효율성을 높이고 부(富)를 증가시키는 생산적인 존재이다. 요즈음은 각종 정보 관련 비용이 낮아져 예전보다 스스로 일을 처리하는 경우가 많아지기는 했지만, 우리는 여전히 중개인의 도움을 많이 받는다.

2. 투기

정보가 공짜라는 생각 때문에 중개인은 하는 일 없이 수수료를 챙긴다는 생각을 하며 비난한다. 그런데 중개인보다 더 호된 비난을 받는 사람이 바로 투기꾼이다. 투기꾼에는 세계를 무대로 석유 투기(speculation)나 곡물 투기를 하는 전문 투기꾼, 미래에 자신이 제공할 노동 서비스의 가치 증대를 목적으로 지금 학교에 다니는 순진한 학생 투기꾼, 퇴근길에 어느 주유소에서 휘발유를 넣을 것인가를 생각하는 투기꾼 등, 세상에는 다양한 투기꾼들이 있다. 그런데 대부분의 사람들은 자신도 투기꾼이라는 사실은 알지 못한 채, 나쁜 투기꾼들이 자신들의 이익을 위해 순진한 사람들을 이용한다고 비난한다.

투기꾼에 대해 논의하기 위해서는 우선 투자와 투기에 대한 설명이 필요할 것이다. 인간 행동에는 투자와 투기가 섞여 있는 경우가 많다. 우선 투자는 경제의 생산 능력을 변화시키는 행위를 일컫는다. 반면에 투기는 이익을 기대하면서 개인의 부(富)를 특정 자산의 형태로 미래로 이동시키는 행위를 말한다. 어떤 사람이 새로 발행한 기업의 주식을 사면 기업은 그 자금으로 생산 시설을 확충하므로 경제의 생산 능력이 증가한다. 그런 점에서 이는 투자 행위이다. 그렇다면 이 개인은 왜 새로 발행된 주식을 살까? 부의 일부를 주식의 형태로 보유함으로써 미래의 이익을 기대하기 때문이다. 즉 투기 행위를 한 것이다. 이와 같이 인간 행동에는 투자와 투기적 요소가 공존하는 경우가 많다.

투기의 경우에는 기대가 맞아떨어지면 이익을 얻지만, 반대의 경우에는 손해를 본다. 미래는 불확실하기 때문이다.[1] 미래가 불확실하므로 투기의 성공 여부는 투기꾼의 미래에 대한 예측에 의존한다.

1 불확실성(uncertainty)은 위험(risk)과는 다르다. 양자 간의 차이에 대해서는 제8장을 참조.

즉 투기는 불확실성하에서의 결단이며 미래가 확실하면 투기 행위는 있을 수 없다.

그렇다면 투기꾼은 어떻게 불확실한 미래를 예측하여 이익을 얻고자 하는가? 첫째, 석유 투기꾼의 사례를 보자. 석유 투기꾼은 미래에 석유 값이 오르리라고 예상하면 지금 낮은 가격에 석유를 사서 미래에 예상되는 높은 가격에 팔아 이윤을 남기려고 한다. 이런 경우의 석유 투기는 투기꾼이 자신의 자금으로 직접 석유를 사서 보관하고 있다가 가격이 오를 때 파는 형태이다. 미래의 석유 가격이 현재보다 높아지리라는 투기꾼의 예상은 석유가 현재보다 미래에 더 희소해질 것이라는 예상을 반영한다. 투기꾼의 이러한 예측이 맞으면 이익을 얻고, 틀리면 손해를 보므로 투기꾼은 자신의 예측이 맞도록 최선을 다 한다. 즉 투기꾼의 세계는 미래 가격에 대한 예측 싸움의 세계이다. 예측이 맞을 경우, 투기꾼은 석유가 덜 희소한 시점이나 장소에서 더 희소한 시점이나 장소로 이동시켜 석유의 가치를 증가시킨다는 점에서 부를 창출한다. 그 대가로 투기꾼은 이익을 얻는다. 반면에 예측이 틀리면 석유를 더 희소한 시점이나 장소에서 덜 희소한 시점이나 장소로 이동시켜 가치를 떨어뜨린다는 점에서 부의 감소를 초래한다. 그 대가로 투기꾼은 손해를 본다.

전문적인 투기꾼의 활동이 왕성하게 일어나는 곳이 바로 선물시장(先物市場)이다. 선물시장이란 오늘 약정한 선물가격으로 일정 양의 석유를 미래의 특정 시점에 인수·인도할 것을 약속하는 계약이 거래되는 시장이다.[2] 선물 투기꾼은 직접 석유를 사서 보관하는

2 선물시장과는 달리 현장에서 즉시(보통 거래 후 2일 이내) 물건의 인수·인도

투기꾼과는 달리 오늘 석유를 살 현금을 가지고 있지 않아도 되는데, 이 점이 사람들로 하여금 선물 투기꾼을 모리배로 생각하게 하는 하나의 이유이다. 그렇다면 실제로 선물거래가 어떻게 이뤄지는지 예를 들어 살펴보자.

3개월 후에 1만 배럴의 석유를 판매하고자 하는 채굴업자를 가정하자. 지금 석유 가격은 배럴당 100달러인데 이 채굴업자는 3개월 후의 석유 값이 어떻게 될지 몰라 불안하다. 3개월 후의 가격이 100달러보다 높아지면 채굴업자의 수입은 그만큼 늘어나겠지만 그 아래로 떨어지면 수입은 그 만큼 줄어들 것이다. 이 때 채굴업자가 선물시장에서 3개월 후에 1만 배럴의 석유를 배럴당 100달러에 인도하기로 하는 선물계약을 체결하면 3개월 후의 석유 값이 얼마가 되든지 배럴당 100달러를 받게 되므로 가격 변동의 불안으로부터 해방될 수 있다. 즉 이 채굴업자는 선물계약을 맺는 작은 비용을 들여서 가격 변동으로 입을지도 모를 큰 손해를 회피하는 것이다. 이와 같이 작은 비용을 들여 큰 위험을 회피하는 행위를 헤징(hedging)이라고 하며, 여기에서의 채굴업자를 헤저(hedger)라고 한다.

그런데 채굴업자가 원하는 선물계약을 할 사람이 있어야 계약이 성립할 수 있는데, 그가 바로 석유 투기꾼이다. 그렇다면 이 투기꾼은 3개월 후의 석유 가격을 얼마로 예상하고 있는 것인가? 헤저인 채굴업자는 선물계약으로 석유 가격 변동에 따른 위험을 회피했지만, 투기꾼은 선물계약으로 이익을 얻고자 하는 사람이다. 그가 이익을 얻기 위해서는 3개월 후의 석유 가격이 배럴당 100달러보다

가 이뤄지는 시장을 현물시장, 그 때의 가격을 현물가격이라고 한다.

높아야 하는데, 그는 그렇게 예상하고 선물계약을 맺은 것이다. 이제 투기꾼은 3개월 후에 계약한 양의 석유를 인수하여 현물시장에서 팔아 채굴업자에게 배럴당 100달러를 지급한다. 따라서 3개월 후의 현물 가격이 배럴당 100달러를 넘어야 이익을 얻을 수 있다. 예를 들어 3개월 후의 현물가격이 110달러라면 배럴당 10달러의 이익을 얻는다. 만일 투기꾼의 예상과 달리 가격이 배럴당 95달러라면, 배럴당 5달러의 손해를 본다. 따라서 투기꾼은 3개월 후의 석유 가격을 예측하는 데 모든 수단을 동원하여 총력을 기울인다. 예측을 잘못하여 틀리면 큰 손해를 볼 수도 있기 때문이다. 그러나 미래는 불확실하므로 맞을 수도 있고 틀릴 수도 있다. 물론 투기꾼의 잘못된 예측은 그의 무지와 정보 부족으로 인한 것이지 의도적인 것은 아니다. 손해를 보려고 경제 활동을 하는 사람은 없기 때문이다.

투기꾼은 불확실한 세계에서 미래의 시장 상황을 어떻게 예측하느냐에 따라 자신의 운명이 갈리는 사람이다. 따라서 투기꾼이 별로 하는 일 없이 돈을 번다는 비난은 투기꾼이 하는 일이 무엇인지를 전혀 모르고 하는 말이다. 일정한 월급을 받는 근로자가 비록 그 금액이 적다고 하더라도 마음 편한 삶을 사는 것에 비하면 투기꾼의 삶은 항상 불안과 초조함의 연속이라고 할 수 있다. 물론 예측이 잘 맞아 떨어졌을 때 벌 수 있는 많은 이익은 불안과 초조함을 보상한다.

이 외에도 투기꾼이 예측하는 특정 재화나 서비스의 미래 가격은 일반 사람들이 생활하는 데 유용한 정보를 제공함으로써 합리적 경제생활을 하도록 유도한다. 석유 투기꾼이 3개월 후의 석유 가격을 지금의 배럴당 100달러보다 더 높은 110달러로 예상하고 선물계약을 체결했다면, 이는 3개월 후에는 석유가 지금보다 더 희소해질 것이라는 정보를 창출함으로써 일반 사람들이 이를 경제생활에 활용토록 하는 것이다. 물론 투기꾼의 예측이 틀릴 수도 있는데, 그에 대한 대가가 바로 손실이라는 것은 위에서 설명한 바와 같다.

둘째, 외환시장에서의 헤징과 환투기도 위험과 불확실성을 취급하는 하나의 방법으로 동원된다. 그런데 이 역시 정보가 공짜라는 생각에서 벗어나야 올바르게 이해할 수 있다. 예를 들어 설명해보자. 한 수입업자가 노트북 컴퓨터 1,000개를 개당 1,000달러에 수입하기로 하고 수입 대금은 3개월 후에 지급하기로 하였다고 하자. 수입업자는 지금의 대미 달러 환율이 달러당 1,100원인데 3개월 후의 외환시장에서 현물환율이 얼마가 될지 몰라 불안하다. 이런 불안을 해소하기 위해 수입업자는 선물시장에서 3개월 후에 외국의 수출업자에게 지불할 100만(1,000개 × 1,000달러) 달러를 특정 환율, 이를테면 선물시장에서 달러 당 1,150원에 사 두는 계약을 체결한다. 즉 수입업자는 3개월 후의 100만 달러의 선물환을 매입한 것인데, 이는 3개월 후에 100만 달러를 11억 5천만 원(100만 달러 × 1,150원)의 원화를 주고 매입하기로 선물계약을 체결한 것이다. 이로 인해 수입업자는, 3개월 후의 환율이 얼마가 되든지 그가 지불해야 하는 원화는 11억 5천만 원으로 고정되므로, 환율 변동으로부터 해방될 수 있다.

수입업자가 선물환을 매입했으므로 선물환을 매출할 사람이 있어야 선물거래가 성립할 수 있는데, 선물환의 매출자가 바로 외환 투기꾼이다. 투기꾼이 선물환을 매출했다면 이 사람은 3개월 후의 현물환율을 어떻게 예상하고 있는 것일까? 투기꾼이 환투기로 이익을 얻기 위해서는 3개월 후의 현물환율이 달러 당 1,150원보다 낮아야 하는데, 투기꾼은 그렇게 예상하고 선물계약을 한 것이다. 투기꾼은 자신의 수중에 100만 달러를 가지고 있는 것이 아니라, 3개월 후에 수입업자로부터 11억 5천만 원을 받아 현물시장에서 100만 달러를 사서 수입업자에게 건넨다. 예를 들어 100만 달러를 현물시장에서 달러 당 1,130원에 사서 수입업자에게 1,150원에 팔기로 한 선물계약을 이행하고 달러 당 20원의 이익을 얻는 것이다. 물론 이는 투기꾼의 3개월 후의 환율 예측이 맞은 경우이다. 반면에 3개월 후의 현물환율이 1,150원보다 높은 1,180원이라면 투기꾼은 현물시장에서 100만 달러를 달러 당 1,180원에 사서 수입업자에게 1,150원에 넘겨야 하므로 달러 당 30원의 손해를 보게 된다.

이제 반대로 수출업자의 경우를 생각해 보자. 한 수출업자가 노트북 컴퓨터 1,000개를 개당 1,000달러에 수출하기로 하고 수출 대금은 3개월 후에 받기로 하였다고 하자. 수출업자는 지금의 대미 달러 환율이 1,100원인데 3개월 후의 외환시장에서 현물환율이 얼마가 될지 불안하다. 이런 불안을 해소하기 위해 수출업자는 선물시장에서 3개월 후에 외국의 수입업자로부터 받을 100만(1,000개 × 1,000달러) 달러를 특정 환율, 이를테면 선물시장에서 달러 당 1,150원에 파는 계약을 체결한다. 즉 수출업자는 3개월 후의 100만 달러짜리 선물환을 매출한 것인데, 이는 3개월 후에 100만 달러를 11억 5천만 원(100만 달러 × 1,150원)의 원화를 받기로 하고 파는 선물계약을 체결한 것이다.

수출업자가 선물환을 매출했으므로 선물환을 매입할 사람이 있어야 선물거래가 성립할 수 있는데, 이 경우에는 선물환의 매입자가 바로 외환 투기꾼이다. 투기꾼이 선물환을 매입했다면 이 사람은 3

개월 후의 현물환율을 어떻게 예상하고 있는 것일까? 투기꾼이 환투기로 이익을 얻기 위해서는 3개월 후의 현물환율이 달러 당 1,150원보다 높아야 하는데, 투기꾼은 그렇게 예상하고 선물계약을 한 것이다. 투기꾼은 자신의 수중에 11억 5천만 원을 가지고 있는 것이 아니라, 3개월 후에 수출업자로부터 받은 100만 달러를 현물시장에서 팔아서 원화를 수출업자에게 건네는 것이다. 예를 들어 3개월 후에 수출업자로부터 받은 100만 달러를 현물시장에서 달러 당 1,180원에 팔아서 수출업자에게 1,150원을 주기로 한 선물계약을 이행하고 달러 당 30원의 이익을 얻는다. 물론 이는 투기꾼의 3개월 후의 환율 예측이 맞은 경우이다. 반면에 3개월 후의 현물환율이 1,150원보다 낮은 1,130원이라면 투기꾼은 현물시장에서 수출업자로부터 받은 100만 달러를 달러 당 1,130원에 팔고 수출업자에게 1,150원을 줘야 하므로 달러 당 20원의 손해를 보게 된다.

이와 같이 투기꾼이 이익을 얻느냐 손해를 보느냐는 전적으로 그의 미래에 대한 예측 능력에 의존한다. 즉 투기꾼은 불로 소득자가 아니라 미래를 예측하는 통찰력으로 돈을 버는 과정에서 시장 정보를 창출해 사람들이 희소한 자원을 더 효율적으로 사용하도록 유도한다. 투기꾼은 불로소득을 취하는 협잡꾼이 아니라 정보를 생산·유통함으로써 부의 증가에 기여하는 건전한 생산자들이다. 불확실한 미래에 대한 예측보다 더 어려운 일은 아마도 없을 것이다. 이제 여러분은 투기꾼이 별다른 일도 하지 않으면서 돈을 번다고 생각하는 것은 잘못이라는 점을 깨달을 수 있을 것이다.

세계적인 대형 곡물 투기꾼들은 이른바 곡물 메이저들인 미국의 카길(Cargill)과 ADM(Archer Daniels Midland), 프랑스의 루이드레

퓌스(Louis-Dreyfus), 아르헨티나의 벙기(Bunge) 등이다. 미국의 시카고에는 곡물 선물시장이 열린다. 이들은 지역별 곡물 작황에 대한 정확한 정보를 얻기 위해 인공위성 등을 활용하기도 하는데, 이는 곧 정보 생산과 획득에는 비용이 든다는 사실을 의미한다. 이들은 이런 정보를 바탕으로 곡물이 덜 희소한 시점이나 장소에서 구매하여 더 희소한 시점이나 장소로 이동시켜 판매함으로써 이익을 얻는다. 그렇게 함으로써 곡물의 가치를 증가시키기 때문이다. 물론 그런 예측이 맞을 수도 있고 틀릴 수도 있으므로, 정확한 정보를 얻기 위해 인공위성을 동원할 정도로 많은 비용을 투입한다. 그럼에도 불구하고 곡물 메이저인 쿡(Cook)은 대두 투기를 잘못하여 파산했다. 투기가 얼마나 어려운 일인지를 잘 보여주는 사례다. 이 외에도 철광석, 구리 등 광물 선물시장에서 활동하는 투기꾼들도 많다. 이와 같이 헤징과 투기는 인간이 위험과 불확실한 미래에 대처하고 활용하여 이익을 얻으려는 과정에서 개발된 방법이다.

3. 횡재와 횡액

우리가 주변에서 목격하는 현상의 하나는 뜻밖의 홍수나 지진으로 인한 재난 등의 횡액(windfall losses)과 관련해서는 사회적 갈등이 없다는 사실이다. 정부나 민간이 그런 손실에 대해 지원할 때도 손실을 입은 사람들의 권리가 침해됐다고 불평하지 않는다. 홍수나 지진으로 인한 뜻밖의 손실을 의미하는 횡액에 대해서는 다른 사람들이 그에 대한 권리를 주장하지 않기 때문이다.

반면에 재건축으로 아파트 값이 올라 얻은 이익이나 도심 개발로 주변 땅값이 올라 얻은 이익 등에 대해서는 논란이 많다. 이런 이익을 흔히 나무에 올라가서 과일을 따는 수고를 하지 않고 바람이 불어 떨어진 것들을 얻었다는 의미에서 횡재(windfall profits)라고 부르는데, 이는 불로 소득이므로 재산 소유자라고 해도 그것을 가질 자격이 없다는 주장이 있는가 하면, 그 재산의 소유자들은 그 이득에 대한 권리를 주장하므로 논란이 되고 있다. 핵심 사항은 횡재가 누구에게 귀속되어야 하느냐는 것이다.

누가 무엇을 가질 자격이 있느냐의 문제는 경제학뿐만 아니라 윤리학의 범주에 속하는 것이다. 경제학이 비록 윤리적 문제까지 해결하지는 못하더라도 문제의 내용을 명확하게 할 수 있고, 또 서로 다른 해결책은 서로 다른 결과를 낳으므로 이런 논쟁을 해결하는 데 일정 부분 기여할 수 있다. 실제로 문제의 내용이 무엇인지도 잘 모르면서 논쟁을 벌이는 경우가 많기 때문이다.

로크(John Locke)는 존재하는 자연 자원에 어떤 사람의 노동이 더해지면 그렇게 만들어진 재화나 서비스는 노동을 투입한 사람의 재산이라고 했다. 그러나 횡재는 특정 사람의 노동이나 노력이 직접 투입되어 만들어진 것이 아니다. 그렇다면 횡재는 누가 가져야 하는가? 이는 제1장에서 논의한 재산권의 연장선에 있는 것이다.

우선 낡은 아파트를 재건축하면 상당한 부가가치가 생긴다. 이는 이런저런 이유로 저평가된 자원이 시장에서 제대로 평가받게 되는 것을 의미하며, 그 결과 부가가치가 생긴 것이므로 사회 전체의 부(富)도 증가한다. 문제는 이 증가한 부를 누가 가져야 하느냐는 것이다. 일부 사람들은 그렇게 증가한 부는 국가에 귀속돼야 한다고 주장한다. 부를 증가시키는 데 아파트 주인이 아무런 기여도

하지 않았고, 주택 투기를 막고 사회 정의의 실현을 위해서라는 이유에서다.

차분하게 따져보자. 사람들이 특정 장소에 아파트를 소유하고 사는 행위에는 주거 목적도 있지만 분명히 미래에 이익을 얻으려는 목적도 있다. 그리고 이를 잘못된 행위라고 할 논거는 없다. 따라서 어떤 사람이 어디에 어떤 아파트를 소유할 것인가를 결정하는 것은 미래의 불확실한 상황에 대처하는 결단이며, 이런 결단은 기업가 정신에 따른 것이다. 따라서 횡재라고 하는 '뜻밖의 이익'은 뜻밖에 얻은 것이 아니라 상당 부분 기업가 정신에 따른 것이다. 물론 운(運)에 의한 부분도 있을 수 있다. 그러나 기업가 정신에 의한 이익과 순전히 행운에 의한 이익을 구분할 수 있는 과학적 방법은 없다. 주택의 경우에 투기적 수요와 실수요를 구분할 수 있는 과학적 방법은 없다.

이러한 이익을 조세로 환수하면 우선 자원 사용에 있어 사람들을 신중하게 만들지 않는다. 따라서 비록 그것이 사람들이 횡재라고 생각하는 것이라고 하더라도 그것을 자원의 소유자에게 귀속시키는 것이 자원의 효율적 사용을 위해 바람직하다. 이윤 동기의 박탈은 자원의 효율적 사용을 억제하기 때문이다 즉 재산권이 확실하게 보호되지 않으면 사람들이 신중하게 행동하지 않으므로 자원은 비효율적으로 사용된다.

그렇다면 횡재를 재산의 소유자에게 귀속시키는 것이 정의로운가? 제2장에서 설명한 바와 같이, 흄(David Hume)은 정의의 기원이 소유의 기원을 설명한다고 설파한다. 인간은 자기중심적이고 제한된 관용만을 가진 존재이므로 남의 재산을 약탈하려는 정념에 휩싸이는 경향을 지닌다. 모든 사람들이 이런 정념에 휩쓸리면 사회 질서가 붕괴되고 자신들이 원하는 욕구를 달성할 수 있는 통로를 원천적으로 차단당한다. 이는 우리가 조금만 생각해보면 곧 알 수 있다. 그런데 인간은 이런 정념이 적절히 억제되지 않으면 자신은 물론 남도 손해를 본다는 타산적 계산이 서지 않는 한, 정념을 억제하지 못한다. 타산적 계산이란 인간이 이런 정념을 제어하고 사회를 유지하는 것이 오히려 더 많은 것을 가지고자 하는 정념에 부합하므로 남의 재산을 넘보거나 약탈하지 않는 행위에 동의한다는 것이다. 그런 행위에 대한 동의(convention)는 도덕 규칙으로 확립되고 도덕 규칙은 정의감이라는 공감에 의해 지탱된다. 따라서 정의는 자원의 희소성과 인간의 이기심이 그 원천이며, 정의의 실현은 곧 소유의 안정성을 보호하고 유지하는 것이다.

횡재라고 불리는 것을 재산의 소유자에게 귀속시키지 않으면 제3자에게 귀속시키게 된다. 여기에서 제3자는 제3의 개인이 아니라 정부가 되는 경우가 대부이다. 횡재를 정부에 귀속시켜야 한다는 이유는 재산의 소유자가 부가가치를 낳는 데 아무런 공헌을 하지 않았고 단지 정부 정책에 따른 운 때문이라는 것이다. 물론 그럴 수도 있다. 그러나 재산의 소유는 인정하면서도 그로부터 생기는 이득을 귀속시키지 않는 것은 소유의 안정성에 기초를 둔 사회 질서를 해친다. 특정 재산으로부터 발생하는 이득의 원천이 무엇이든지 그것을 재산 소유자로부터 빼앗는 것은 재산 소유자의 재산 처분권을 박탈하는 것이기 때문이다. 비록 횡재가 전적으로 운(運)에 따른 것이더라도 재산 소유자에게 귀속시키는 것이 사회 질서 유지에 보탬이 되며 정의로운 것이다.

참고문헌

Heyne, Paul, 『The Economic Way of Thinking』, Prentice Hall Inc. 1994, 주만수·한홍렬 옮김, 『경제학적 사고방식』, 자유기업원, 1997.

Hume, David, 『A Treatise of Human Nature』, Reprinted from the original edition in three volumes and edited, with an analytical index, by L. A. Selby-Bigge, M. A., Oxford University Press, 1951, 김성숙 옮김, 『인간이란 무엇인가』, 동서출판사, 1994.

Locke, John, 『Second Treatise of Government』, Watchmaker Publishing, 1921, 남경태 옮김, 『시민정부론』, 효형출판, 2012.

8

자본가와 기업가*

인류는 재산권 제도가 생기면서 부(富)를 축적하기 시작했고 이를 바탕으로 삶의 질을 개선할 수 있었다. 그런데 부는 자본 축적과 함께 그 규모가 빠르게 커졌다. 지금 세계에서 잘 사는 나라와 못 사는 나라 간의 가장 큰 차이는 축적한 자본을 바탕으로 한 자본주의적 생산 양식의 존재 유무이다.

우리가 흔히 접하는 경제학 교과서에는 자본, 자본가, 기업가라는 용어가 자주 등장하지만 그에 대한 정확하고 자세한 설명은 없다. 자본은 노동과 함께 생산함수에 생산요소로 들어가 있을 뿐, 자본의 본질에 대한 설명은 없다. 경제 성장론에서 저축 증가에 따른 자본 축적과 성장 경로에 미치는 영향 등이 거시적 차원에서 논의되고 있으나 자본의 의미와 성격, 시간선호에 따른 자본 축적과 이를 주도하는 자본가의 기능에 대한 설명은 없다. 즉 이자율 이론과 자본 이론이 없다. 2014년에 세계적 관심을 끌었던 피케티(Thomas Piketty)의 『Capital in the Twenty-First Century, 21세기 자본』도 정확한 자본

* 이 장은 김영용(2014)의 제3장을 수정·보완한 것임. Mises(1998[1949])의 제15장 및 제20장과 Rothbard(2001[1962])의 제6-9장 등을 참조.

이론에 바탕을 두지 않아 소득 및 부의 불평등과 자본 간의 관계를 왜곡했다.

자본가는 자연적(nature-given) 자원의 소유자인 노동자와 토지 소유자들이 당장 필요로 하는 식품, 옷, 주거 시설, 여가 활동을 위한 자원 등, '현재의 자원'을 그들에게 제공하고, 그들이 가진 노동과 토지 서비스라는 '미래의 자원'을 사서 시간이 걸리는 생산 활동에 투입하여 미래에 현재화(완성)되는 재화와 서비스를 팔아 시간의 비용인 이자를 소득으로 얻는 사람이다. 즉 자본가는 자신의 저축과 차입한 타인의 저축을 바탕으로 현재의 자원을 제공하는 과정에서 자본재를 획득하여 생산구조를 짧은 시간에 많은 소비재를 생산할 수 있는 자본주의적 양식으로 바꾸는 기능을 한다.

또한 교과서에는 기업가는 기업을 일으킨 사람이라는 것 외에 별다른 설명이 없다. 따라서 기업가의 기능과 그의 소득인 이윤의 본질과 이윤의 사회적 기능에 대한 설명도 없다. 기업가는 불확실한 세계에서 미지(未知)의 이윤 기회를 발견하거나 만드는 행동인을 말한다. 이들은 기업가 정신을 발휘하여 불확실성을 성공적으로 떠맡은 데 대한 대가인 이윤을 소득으로 얻는다.

1. 자본가

자본가에 대해 논의하기 위해서는 먼저 자본재와 자본에 대해 살펴봐야 한다. 자본재와 자본은 무엇이며 이를 축적하는 자본가는 누구인가?

1) 자본재와 자본, 경제계산

자본재(capital goods)는 오늘 소비하지 않고 저축한 소비재를 바탕으로 획득되는데, 자연적 생산요소인 노동과 토지(원자재 포함)에 시간이 더해져 만들어진 기계 및 중간재 등과 자본 축적 과정에서 이전보다 더 길어진 생산 기간을 지탱해줄 수 있는 소비재가 여기에 포함된다. 예를 들어 빵 1,000개로 회사를 설립하려는 사람이 500개로 노동자를 고용하고 300개로 토지를 구입하거나 임대하여 기계와 중간재를 만들고, 나머지 200개로 최종 산출물이 생산될 때까지 소요되는 다른 비용을 충당한다면, 빵 1,000개는 자본재로 사용된 것이다. 이 사람의 소비에 쓰는 빵이 50개라면 빵은 그 물리적 특성은 같지만 1,000개는 자본재로 쓰인 것이고 50개는 소비재로 쓰인 것이다. 이와 같이 동일한 빵을 어떻게 사용했는지는 자본가만이 알 수 있다.

또한 자본(capital)은 시장에서 화폐로 평가한 자본재의 총액을 말한다. 그러므로 자본은 항상 일정한 자본재의 형태로 존재한다. 자본재로부터 자본 개념을 도출하기 위해서는 화폐는 물론 자본재의 객관적 교환가치인 가격이 있어야 한다. 자본재의 화폐 가격이 있어야 화폐 평가액을 알 수 있기 때문이다. 그런데 가격 정보는 사유 재산이 있어야 시장에서 교환을 통해 창출된다. 사유 재산이 없다면 교환이 없으므로 가격이 형성되지 않는다. 따라서 생산수단이 사적으로 소유되는 자본주의 사회에는 자본재와 자본이 있지만 생산수단을 국가가 소유하는 사회주의 사회에는 자본재는 있지만 자본은 없다. 자본재의 가격이 없기 때문이다. 자본 개념은 시장경제에서만 의미를 가지며 이익을 얻고 손실을 피하려는 모든 사람들의 경제계산을 돕는 기능을 한다. 경제계산이란 기대 편익과 기대 비용

을 비교하는 것이며, 사람들은 경제계산을 바탕으로 생산과 교환을 어떻게 할 것인지를 결정한다.[1]

이를 좀 더 풀어서 설명해보자. 사유 재산이 허용되는 자본주의 경제에서는 개인들의 재화와 서비스에 대한 선택의 결과로부터 그들의 가치 평가에 대한 과정을 알 수 있다. 즉 시장에서 어떤 하나의 재화가 다른 재화와 교환되는 비율을 통해 그 가치를 측정할 수 있다. 이는 교환에 참여한 사람들의 가치 체계를 반영한 것이며 공통의 단위인 화폐로 표시된다. 따라서 자본주의 시장경제에서는 화폐적 경제계산이 가능하다. 화폐는 서로 다른 재화와 서비스의 가치 비교를 가능하게 하는 단일한 측정 단위이기 때문이다.

반면에 사유 재산이 허용되지 않는 사회주의는 자원의 공유를 특징으로 한다. 그러나 소비재는 궁극적으로 분할되어야 하므로 공유할 수 없다. 내가 한 잔의 물을 마시면 다른 사람은 그 잔의 물을 마실 수 없다. 그러므로 사회주의에서는 생산요소를 공유한다. 생산요소를 공유하므로 생산요소에 대한 사유 재산권이 없고, 따라서 생산요소가 교환되지 않는다. 생산요소가 교환되지 않으므로 그 가치를 알 수 없다. 즉 시장 정보인 가격이 형성될 수 없고 화폐 단위로도 표시될 수 없다. 결국 각종 생산요소를 사용하여 제품을 만드는 사람은 여러 가지 제작 방법 중에서 어떤 방법이 상대적으로 더 저렴한지에 대한 판단을 할 수가 없다. 즉 경제계산이 불가능하다.

1 사회주의 경제계산 불가능성에 대한 자세한 설명은 제1장 참조.

2) 자본재의 전용성

자본재는 생산 과정에 투입되므로 그 전용 가능성의 문제가 제기될 수 있다. 생산은 여러 단계로 이뤄지는데, 다른 사항이 같다면 투입되는 자본재가 최종 소비재 생산 단계에 가까울수록 전용성이 낮아지고 최종 소비재 생산 단계로부터 떨어져 있을수록 전용 가능성이 높아진다. 즉 최종 소비재에 가까운 저차재(lower order good)일수록 전용성이 낮고 그로부터 멀리 떨어진 고차재(higher order good)일수록 전용성이 높다. 일반적으로 자본재를 고차재라고 하는 것은 그것이 곧바로 소비할 수 있는 최종 소비재가 아니라는 뜻이며, 최종 소비재는 즉각 소비할 수 있다는 의미에서 가장 저차재이다.[2] 그런데 특정 재화가 자본재냐 소비재냐 하는 것은 사용 용도에 달려 있고, 어느 정도로 고/저차재인가 하는 것도 생산 과정에서의 사용 용도에 달려 있을 뿐, 특정 자본재에 고유하게 정해지는 것은 아니다. 다만 자본재의 성격에 따라 더 고차재가 되거나 더 저차재가 되는 경향은 있다. 또 고차재가 많아질수록 생산구조의 길이가 길어진다.[3]

새로운 기술이나 생산 방식의 급격한 변화로 기존의 자본재가 완전히 쓸모없어지거나 비효율적이 되는 경우가 발생할 수 있다. 이런 경우에 자본재의 전용 가능성의 한계로 말미암아 생산 과정에 새로운 기술의 적용이 지체될 수도 있다. 그러나 이것이 반드시 비합리적인 것은 아니다. 새로운 기술을 적용하기 위해 대체할 새로

---

2 일반적으로 생산구조는 여러 단계로 구성되는데 최종 소비재 생산에 가까운 생산 단계에서 쓰이는 자본재를 저차재, 최종 소비재의 생산으로부터 떨어진 생산 단계에서 쓰이는 자본재를 고차재라고 한다.

3 생산구조에 대한 설명은 제11장 참조.

운 자본재로 인한 이득이 기존 자본재를 이용하는 이득보다 더 클 경우에만 정당화되기 때문인데, 이는 곧 자본재의 희소성을 반영하는 것이다.

3) 저축-자본재의 변화와 자본 축적

오늘 소비하지 않고 저축한 소비재의 재고를 바탕으로 획득되는 자본재는 생산에 투입되는 과정에서 그 모습을 달리해 가며 결국 소멸되지만 저축과 자본은 소멸되지 않는다. 어떤 사람이 가진 자원의 일부를 소비하지 않고 저축하여, 이를 근로자와 토지 소유자들에게 현재의 자원으로 제공하고 이들이 가진 미래의 자원을 이용하여 자동차를 생산하기 위한 프레스 기계와 용접기를 생산한다면, 이 사람은 프레스 기계와 용접기라는 자본재를 생산한 자본가로서의 기능을 하는 것이다. 이제 프레스 기계 및 용접기, 그리고 그와 같은 방식으로 만들어진 다른 기계 등의 자본재를 이용하면 그런 자본재가 없는 경우보다 동일한 시간에 더 많은 양의 자동차를 생산할 수 있다. 그런 점에서 자본재에는 시간이 저장되어 있다.

생산된 자동차를 시장에서 팔아 얻은 수익금의 일부는 저축을 통해 다시 자동차 생산을 위한 프레스 기계, 용접기, 다른 기계 등의 생산이나 구입과, 근로자와 토지 소유자들에게 제공할 수 있는 빵 등의 소비재 형태의 자본재 획득에 사용된다. 증가한 저축이 투자됨에 따라 더 많은 자본재가 다시 만들어지고, 자본재가 많아지면 자본이 축적되고, 축적된 자본으로 미래에 더 많은 자동차를 생산할 수 있다. 이 과정에서 처음 만들어졌던 프레스 기계나 용접기와 같은 자본재는 수명이 다해 사라지지만 추가적인 저축과 투자에 의해 다시 생산된다. 이와 같이 저축된 자원은 프레스 기계와 용접기 등의 자본재로 바뀌고 이들은 다시 자동차라는 최종 소비재로 변화하는 과정을 거친다. 이는 곧 저축은 여러 단계의 자본재의 변화를 통해 그 모습이 변하지만 결국 자동차라는 최종 소비재로 나타나므로 경제적으로 사라지지 않는다는 사실을 의미한다.

그런데 만일 프레스 기계와 용접기 등의 수명이 다하고 추가적인 투자가 이뤄지지 않는다면 자본재가 줄어들고, 그에 따라 자본이 감소한다. 즉 이전보다 더 적은 저축이 이뤄지고, 따라서 자본재에 대한 재투자가 줄거나 없으면 자본은 소비되고 미래의 생산은 줄어든다.

4) 자본가

(1) 시간선호와 저축

이제 자본 축적의 근간이 되는 저축에 대해 논의할 차례이다. 다음의 질문을 생각해보자. 사람들에게 "오늘의 100만 원과 1년 후의 100만 원 중 어느 것을 원하는가?"라고 물으면 모든 사람들은 오늘의 100만 원을 선택할 것이다. 이와 같이 사람들은 현재의 자원을 미래의 자원보다 선호하는데, 이를 양의 시간선호(positive time preference)라고 한다. 즉 사람들은 현재의 자원을 동일한 양과 질의 미래의 자원보다 더 높게 평가하는데, 그 차이가 이자이며 그 비율이 이자율이다. 따라서 이자는 현재 자원의 미래 자원에 대한 시간 할증이자 미래 자원의 현재 자원에 대한 시간 할인이다.

사람들은 각자의 시간선호에 따라 소득을 소비와 저축으로 나누어 쓴다. 현재를 미래보다 한결 더 중요하게 생각하는 사람은 소비를 많이 하고 저축을 적게 할 것이다. 반대로 미래를 중요하게 생각하는 사람은 소비를 적게 하고 저축을 많이 할 것이다. 이제 한 개인이 어떤 이유에서 이전보다 현재의 자원을 미래의 자원보다 더 선호하게 되면 현재의 소비를 늘리고 미래의 소비를 위한 저축을 줄인다. 이 경우 미래의 자원은 현재의 자원에 대해 이전보다 더 많이 할인되므로 이자율은 올라간다. 반대로 이전보다 미래의 자원을 현재의 자원보다 더 선호하게 되면 소비를 줄이고 저축을 늘리게 된다. 이 경우에는 미래의 자원을 현재의 자원에 비해 덜 할인하므로 이자율은 내려간다. 이로부터 이자율이 무한대라는 말은 저축을 전혀 하지 않는다는 뜻이고, 이자율이 0이라는 말은 소비를 전혀 하지 않는다는 뜻이라는 사실을 알 수 있다. 그러므로 이자율은 0보다 크다. 물론 사람들이 기본적인 삶을 유지하기 위해서는 반드시 일정한 양은 소비해야 하므로 소득이 그 수준 아래로 내려가면 소득의 전부를 소비하고 저축은 0이 된다. 즉 시간선호가 무한대가 된다.

사람들은 오늘 하루를 살고 죽는 것이 아니므로 시간선호에 따라 소득의 일부를 현재에 소비하고 나머지는 미래를 위해 저축한다. 현재와 미래 간에는 시간이 개입되고 사람들은 양의 시간선호를 가지므로, 저축을 한다는 말은 저축을 바탕으로 미래에 얻을 가치보다 현재의 소비에 따른 더 높은 가치가 충족되고 남은 잉여를 가진다는 말이다. 소비하고 남은 잉여가 없으면 저축은 이뤄지지 않는다. 자본재는 바로 이 잉여라는 저축을 바탕으로 획득되는 재화이므로 저축이 이뤄지지 않으면 자본재가 만들어지지 않고, 따라서 자본이 축적되지 않는다. 소득이 아주 낮은 나라의 사람들은 미래의 저축으로부터 얻을 수 있는 가치보다 더 높은 가치를 주는 오늘의 소비가 너무나 절박하므로 소득의 일부를 저축할 여력이 없으며, 따라서 저축이 이뤄지지 않아 자본을 축적할 수 없고, 자본을 축적할 수 없어 자본주의적 생산 양식을 갖출 수 없으므로 가난을 벗어나지 못하고 있는 것이다.

부연하자면, 자본이 부족하다는 말은 더 많은 산출물을 얻기 위한 긴 시간의 생산 과정을 견디면서 준비할 수 있는 저축이 부족하다는 뜻이다. 반면에 저축을 바탕으로 기계를 생산하거나 구입하는 것은 노동과 토지 등의 자연 자원에 시간을 더하여, 시간이 저장된 자본재를 구입하는 것이다. 소비재 생산에 자본재를 사용하면 자본재에 저장된 시간을 절약할 수 있으므로, 짧은 시간에 많은 소비재의 생산이 가능해진다. 결국 자본재를 사용하는 생산과 자본재를 사용하지 않는 생산은 시간의 차이를 낳는다. 그러므로 미제스(Ludwig von Mises)가 지적한 바와 같이 자본이 부족하다는 말은 시간이 부족하다는 말과 같다.

(2) 자본가의 기능

자동차를 생산하기 위해서는 기계를 작동하는 일을 할 수 있는 노동자, 공장을 세울 수 있는 토지, 그리고 철강, 유리, 고무, 가죽 등의 원자재와 중간재, 기계와 공구 등의 여러 가지 장비, 또 이들 생산요소들을 조합하여 생산을 총괄할 수 있는 지휘자도 필요하다. 완제품인 자동차는 이러한 생산요소를 조합하여 일정한 시간이 걸리는 생산 과정을 통해 미래에 완성된다. 여기에서 시간을 중요하게 고려해야 하는 이유는 자동차를 생산하는 데에는 시간이 걸리며, 따라서 완성된 자동차를 시장에서 팔아 원자재나 중간재를 구입하고 노동자와 토지 소유자에게 각각 임금과 지대를 지불하는 것이 아니라, 자동차를 완성하여 팔기 전에 누군가가 먼저 이를 지급할 수 있어야 한다는 사실 때문이다. 그렇다면 자동차라는 완제품을 생산하는 데 들어가는 여러 가지 생산요소를 조달하기 위한 비용을 부담하는 그는 누구인가?

우선 '현재의 자원'과 '미래의 자원'에 대해 다시 설명해보자. 자연적 자원의 소유자인 노동자와 토지 소유자들이 매일매일의 생활을 유지하기 위해서는 당장 소비할 수 있는 식품, 의복, 주택, 여가 활동 등을 위한 자원이 있어야 한다. 이들 자원은 오늘 즉시 소비할 수 있다는 점에서 현재의 자원이라고 부른다. 반면에 근로자나 토지 소유자들은 노동과 토지라는 자원을 소유하고 있는데, 이는 오늘 당장 소비할 수 있는 자원이 아니라 시간이 걸리는 생산에 투입되어 미래에 완성되는 소비재 생산에 기여하는 자원이다. 그래서 우리는 이러한 자원을 미래의 자원이라고 부른다.

이제 자연스럽게 뒤따르는 질문은 누가 노동자나 토지 소유자들이 파는 미래의 자원을 사고, 그 대가로 현재의 자원을 제공하느냐는 것이다. 이런 기능을 하는 사람이 바로 자본가이다. 즉 자본가는 노동자와 토지 소유자에게 각각 임금과 지대 형태로 현재의 자원을 제공하고, 이들 생산요소를 활용하여 시간이 걸리는 생산 과정을 통해 미래에 완성되는 완제품을 팔아 소득을 얻는 사람이다. 중요한 점은 자본가는 자신의 저축과 차입한 저축을 바탕으로 생산요소의 소유자들에게 현재의 자원을 제공하는 기능을 한다는 것이다. 즉 노동자가 받는 임금과 토지 소유자가 받는 지대는 바로 이런 저축에서 나온 것이다. 따라서 현재의 자원을 제공할 자본가가 없다면 경제는 생산성이 높은 자본주의적 생산 양식을 갖출 수 없다.

현재의 자원을 제공하고 미래의 자원을 사는 자본가의 기능을 시간 시장(time market)의 개념을 이용하여 설명할 수 있다. 시간 시장이란 현재의 자원과 미래의 자원이 교환되는 시장이다. 시간 시장에는 두 가지가 있다. 하나는 미래의 일정 금액에 대한 서면 청구권(written claim)이 거래되는 대부시장이다. 즉 채권자가 채무자에게 지금 일정 금액을 빌려주고 미래의 어느 시점에 받을 이자를 포함한 특정 금액에 대한 청구권이 거래되는 시장이다. 이런 거래는 물론 현금 거래가 아니라 신용 거래이다. 우리가 구두를 사고 현금을 지급하면 거래는 종결되지만, 신용 거래에서 채권자는 미래의 어느 시점에 특정 금액을 청구할 수 있는 신용증서만 받으므로 거래는 미래에 종결되도록 예정되어 있다. 이와 같은 대부시장이 시간 거래의 매우 현저한 형태이지만, 그것이 유일하거나 지배적인 것은 아니다. 더 중요하고 큰 비중을 차지하는 형태의 시간 거래는 전 생산 체계에서 일어나는데, 이는 바로 자본가에 의해 이뤄진다. 물론 이런 거래는 보통 시간 거래로 인식되지 않는 경향이 있지만, 그것은 자본가가 현재의 자원을 제공하고 미래의 자원인 생산요소를 구매하여 시간이 걸리는 생산에 투입하여 소비재를 탄생시키는 기능을 한다는 점에서 시간 거래이다. 이와 같이 자본가는 생산 체계에서 자본을 출자하는 기능을 수행하는 과정에서 일종의 자금 중개 기능을 하는 것이다.

특정 개인이 자본가로서의 기능을 하기 위해서는 기업 운영에 요구되는 저축 자금을 가져야 하며, 그렇지 못할 경우 기업을 운영할 수 없다. 영화를 제작하여 상당한 돈을 번 어떤 영화감독이 자본 부족으로 파산한 사례는 이런 사실을 잘 보여주고 있다. 요즈음에는 흔히 여러 사람들로부터 투자금을 받아 영화를 만든다. 흥행이 성공하면 투자금에 비례하여 수익을 나누고 영화 제작을 위해 설립했던 회사는 해산한다. 그러나 이 감독은 회사를 해산하지 않고 계속 유지했지만, 시간이 걸리는 영화 제작에 필요한 임금과 건물 임대료 등, 현재의 자원을 제공할 수 있는 저축을 소유하고 있지 못하여 자본가로서의 기능을 수행할 수 없었고, 결국 파산한 것이다.

요약컨대, 자본가는 자신의 저축과 차입한 저축을 바탕으로 근로자와 토지 소유자에게 각각 임금과 지대 형태로 현재의 자원을 제공하고, 이들이 가진 미래의 자원을 구매하여 시간이 걸리는 생산 과정에 투입, 미래에 완성되는 제품을 팔아 소득을 얻는 사람이다. 이로부터 노동자가 받는 임금과 토지 소유자가 받는 지대는 바로 자본가의 저축에서 나온 것이라는 사실을 알 수 있다. 따라서 현재의 자원을 제공할 수 있는 자본가가 없다면 경제는 생산성이 높은 자본주의적 생산 양식을 갖출 수 없다. 즉 오늘의 절박한 욕구를 충족하고 남는 잉여가 있어야 저축이 이뤄지고, 이를 자본재에 투자하여 자본을 축적할 수 있다.

(3) 자본가의 소득

그렇다면 자본가가 현재의 자원을 제공하고 미래의 자원을 구매하는 대가로 얻는 소득의 성격은 무엇인가? 자본가는 다른 사람들보다 더 풍부한 자신과 타인의 저축을 바탕으로 현재의 자원을 제공하고, 이들이 가진 미래의 자원을 생산 활동에 투입하여 미래에 제품이 완성될 때까지 기다리는 시간에 대한 보상인 이자를 소득으로 얻는다. 한 가지 유의할 점은 생산과 판매가 완결되지 못하는 상황이 발생하지 않아야 시간에 대한 보상인 이자 소득이 실현될 수 있는데, 상황 변화를 의미하는 불확실성에 대한 보상인 이윤은 자본가적 기능이 아닌 기업가적 기능에 대한 보상이라는 것이다.

흔히 이자를 자본에 대한 보상으로 생각하는 경향이 있으나 이자는 시간에 대한 보상이다. 이자는 시간에 대한 보상이므로 미래에 완성되는 제품이 내구재든 소비재든, 무엇이든 상관없이 모든 재화에 적용된다. 또한 시간이 걸리는 생산구조는 보통 여러 단계(stage)로 구성되는데 각 단계는 그 길이가 상이할 수 있다. 그러나 각 생산 단계의 단위 시간(예를 들면 3개월, 6개월 또는 1년)에 대한 이자율은 모든 생산 단계에서 같아지는 경향을 가지며 항등순환경제(ERE: evenly rotating economy)에서는 완전히 같아진다. 만일 생산의 5번째 단계가 1년이고 4번째 단계가 6개월이라면 5번째 단계의 자본가가 단위 자본 투자로 얻는 이자 소득은 4번째 단계의 자본가가 단위 자본 투자로 얻는 이자 소득의 2배가 된다.

한 가지 유의할 사항은 자본재는 노동과 토지에 시간이 더해져 생산된 생산요소(produced productive input)이므로 이런 자본재가 얻는 총소득은 궁극적으로 노동과 토지에 대한 보상인 임금과 지대, 그리고 시간에 대한 보상인 이자로 모두 귀속된다는 사실이다. 즉 아무런 변화 없이 동일하게 반복하는 이른바 항등순환경제에서 자본재 자체에 귀속되는 순소득은 없다.[4]

2. 기업가

기업가를 정의하는 방법에는 보통 두 가지가 있다. 첫째, 기업가를 기업을 설립하는 사람으로 정의하면, 이는 기업가가 하는 일의

4 항등순환경제에서 자본으로 평가(capitalization)할 수 없는 노동은 임금을 소득으로 얻지만, 자본으로 평가가 가능한 토지와 자본재가 얻는 소득은 이자뿐이다.

결과물을 기준으로 한 것인데, 이런 정의에 의하면 기업을 설립한 이후에 기업가가 할 일은 없다. 당연히 기업가의 본질을 잘 나타내는 것이 아니다. 둘째, 기업가를 혁신, 기민성, 판단과 적응 등의 사고방식이나 행동 양식으로 표현하면 기업가를 그가 수행하는 기능을 기준으로 정의한 것이다. 이는 기업의 설립과 라인의 설립과 폐기, 새로운 생산 방법과 산출물의 도입 등, 기업의 설립 전후를 막론하고 기업 활동 전반을 지휘하는 사람으로 정의한 것으로서 기업가의 본질을 잘 드러내는 것이다. 여기에서는 후자의 정의에 입각하여 기업가에 대해 설명한다.

우리가 사는 인간 세상에 확실한 것은 아무것도 없다. 인간이 아무리 지식의 외연을 넓혀 가더라도 미래에 일어날 모든 일을 확실하게 예측할 수는 없다. 모든 것이 확실하다면 인간이 계획할 것도 없고 결정해야 할 것도 없다.

인간 세상사가 불확실하다는 바로 그 사실로부터 기업가가 탄생한다. 즉 불확실한 상황에 당면하여 의사결정을 내리는 주체가 기업가이다. 그런 점에서 불확실한 세상을 살아가는 우리 모두는 기업가이다. 저녁 퇴근길에 어느 주유소에서 휘발유를 넣을 것인가에 대한 의사결정을 하는 모든 운전자의 행위는 투기적이다. 어느 주유소의 가격이 더 낮을지 불확실하기 때문이다. 또한 고등학교 졸업 후 취업하지 않고 대학 교육을 받는 것도 투기적 모험이다. 대학 교육을 받는 목적은 시민으로서의 교양을 함양함은 물론, 특정 분야에서의 지식 축적을 통해 자신의 생산성을 높여 미래의 소득 흐름의 가치를 높이려는 것이지만, 사후적(事後的)으로 그러한 목표가 잘 달성될지는 불확실하기 때문이다. 이와 같이 불확실성 하에서 이뤄지는 모든 의사결정은 기업가적이다.

그래서 기업가란 불확실한 세계에서 미지의 이윤 기회를 찾아 나서거나 만드는 행동인(acting person)을 말한다. 즉 기업가는 불확실성 하에서 이윤 기회의 포착을 통해 부(富)를 창출하는 기능을 하는 사람이다. 여기에서 이윤 기회란 새로운 방법이나 산출물로써 미처 채워지지 않은 소비자를 만족시킬 수 있는 기회를 의미한다.

1) 기업가 정신과 이윤

기업가 정신이란 미래의 불확실성을 떠맡는 정신이며 새로운 기회에 도전하는 투기적 모험심을 말한다. 투기적 모험을 하려면 미래에 무엇이 일어날지에 대한 서로 다른 예상 중에서 선택을 해야 하는데, 선택을 하는 데 있어서는 이미 발견되어 널리 알려진 과학적 지식도 중요하지만, 더 중요한 것은 불확실한 미래에 대한 통찰력이다. 당연히 기업가의 통찰력은 자신의 미래에 대한 주관적인 판단에 의존한다. 그러므로 아무도 가보지 않은 길을 처음 가는 기업가는 모험적이며 투기적이다. 또 기업가는 다른 사람들에 비해 불확실성에 직면하여 성공할 가능성을 실패할 가능성보다 더 크게 본다는 점에서 낙관적이다. 그리고 남보다 더 효율적인 방법을 찾지 않고서는 미처 채워지지 않은 소비자의 욕구를 충족할 수 없다는 점에서 경쟁적이다.

기업가의 제반 행동을 인도하는 것은 심리적·물질적 이윤 동기이다. 이윤은 불확실성을 성공적으로 떠맡은 데 대한 보상이며, 손실은 실패에 따른 시장의 처벌이다. 불확실성을 성공적으로 떠맡았다는 것은 기업가가 미래의 시장 조건들과 소비자들의 욕구를 옳게 예상하여 그들로부터 좋은 평가를 받았다는 뜻이다. 그러므로 이윤이란 미처 채워지지 않은 소비자의 욕구를 충족시킴으로써 얻은 심리적·물질적 보상이다.[5] 이와 같이 이윤과 손실의 궁극적 원천은 불확실성이다. 모든 것이 확실하다면 이윤이나 손실은 없다. 불확실성이 없고 변화가 없는 정태적 균형의 세계에서는 기업가가 할 일이 없고, 따라서 이윤이나 손실도 존재하지 않는다.

이제 기업가가 얻는 이윤의 특성을 더 정확하게 알기 위해서 위험(risk)과 불확실성(uncertainty)의 개념을 구분하여 자세하게 살펴볼 필요가 있다. 위험은 급간 또는 빈도 확률(class probability)과 관련된 것이다. 즉 위험은 어떤 사건이나 현상(A)이 속하는 동질적 특성을 가진 집단(class) 전체에 대해서는 우리가 아는 것이 있으나, A에 대해서는 그것이 그 집단에 속한다는 사실 외에는 알 수 있는 것이 전혀 없는 경우의 확률이다. 자동차를 만드는 회사의 품질보증 담당관은 과거의 축적된 자료를 이용하여 불량률이 평균적으로 이를테면 1%라는 사실을 알 수 있지만, 어떤 자동차가 불량품이 될 것인지에 대해서는 전혀 아는 바가 없는 경우가 이에 해당한다. 이런 경우 경험적 확률과 그에 따른 손해액을 알 수 있는 위험이 발생하며, 이는 비용으로 계산된다. 그래서 위험은 이윤의 원천이 아니다. 보험이 적절한 예다.

보험은 빈도 확률과 관련된 위험을 분산시키는 방법이다. 자동차 손해 보험회사는 가입자 중 누가 언제 어느 정도의 심각한 교통사고

5 이윤에 금전적인 것뿐만 아니라 심리적인 것이 포함되어 있다는 점에서 이윤 역시 주관적이다. 따라서 이윤이 얼마인지는 기업가 자신만이 알 수 있다. 그러나 기업이 생존하기 위해서는 금전적 이윤이 양(陽)이어야 한다.

를 낼지 알 수 없다. 그러나 과거의 축적된 자료를 통해 가입자 집단 전체의 연간 평균 사고율과 평균 손해액을 알 수 있으므로 이를 바탕으로 보험료를 산정할 수 있다. 보험회사는 각 가입자에 대한 보험료를 가급적 정확하게 산정하기 위해 그들의 성, 나이, 직업, 과거의 사고 이력 등을 기준으로 위험의 정도를 분류하고 동질화하여 각각의 보험료를 매긴다.

반면에 이윤의 원천인 불확실성은 사례별 확률(case probability)과 관련되는데, 어떤 사건이나 현상을 집단 내에 동질화할 수 없는 경우이다. 그런 사건이나 현상은 서로 유사한 점도 있지만 각 사건이나 현상별로 고유하므로 동질적인 것이 아니다. 즉 우리가 그런 사건이나 현상에 대해 아는 사항도 있지만 모르는 사항도 많다는 것이다. 기업가가 당면한 세계가 바로 이것이다. 각각의 기업가는 유사한 점도 있지만 고유하게 다른 점도 있어 동질적 특성을 가진 집단에 함께 포함할 수 없다. 따라서 경험적 확률과 평균 피해액을 알 수 없다. 당연히 보험시장이 생기지 않는다.

이런 사실로부터 기업가가 얻는 이윤의 특성을 알 수 있다. 기업가의 기능은 시장에서 저평가(underpriced)된 생산요소를 발견하고 이를 이용하여 상품을 생산한 후 팔아서 이윤을 남기는 것이다. 어떤 생산요소가 저평가되었다는 사실은 시장의 일반적 예상이 그 생산요소가 미래에 얻을 수 있는 보상인 할인된 한계 가치 생산(Discounted Marginal Value Product: DMVP)을 과소평가하는 실수를 저지르고 있다는 것을 의미한다. 이를 다른 동료들보다 더 예리하게 발견하고 활용한 기업가는 성공할 경우 그에 대한 보상으로 이윤을 얻는다. 즉 생산요소의 가격이 잠재적 DMVP보다 더 낮게 평가되었다는 것을 간파하고, 그 요소들이 더 가치 있게 배치될 곳을 예견하여 소비자들에게 더 잘 봉사함으로써 이윤을 얻는다. 물론 더 높은 잠재적 DMVP는 오로지 소비자들의 수요로부터 나온다.

예를 들어 밀가루로 빵을 만들어 팔던 기업가가 동일한 밀가루를 이용하여 빵이 아닌 라면 생산을 통해 더 많은 이윤을 얻었다면, 이는 빵 생산에 투입되던 밀가루의 가치가 시장에서 저평가되어 있다는 사실을 발견하고, 이를 성공적으로 실천했다는 것을 의미한다. 기업가가 미지의 이윤 기회를 발견한다는 것은 바로 이런 것을 의미한다.

문제는 특정 생산요소가 저평가되었다는 기업가의 사전적(事前的) 판단이 옳았는지 아닌지는 생산한 상품을 시장에서 팔아본 후에 사후적(事後的)으로 알 수 있는데, 이를 상업실험(commercial experiment)이라고 한다. 기업가의 투기적 모험 행위가 성공할지 실패할지에 대해 사전에 알 수 있는 사람은, 기업가 자신을 포함하여 아무도 없다. 기업가의 미래에 대한 예측은 불확실하다는 뜻이다. 그리고 상업실험의 성공과 실패는 기업가가 생산한 최종 산출물에 대한 소비자의 평가에 따라 결정된다. 즉 기업가가 새로운 기회를 발견해 미처 채워지지 않은 소비자의 욕구를 충족시키면 성공하고 그렇지 못하면 실패한다. 그런 예측이 옳은 것으로 판명되면 이윤을 얻고 자원배분의 효율성을 높이는 결과를 낳지만 틀린 것으로 판명되면 손해를 보고 자원배분의 효율성을 낮추는 결과를 초래한다.

기업가가 좋은 제품이라고 자신 있게 출시한 제품도 소비자가 사지 않는다면, 이는 곧 이윤 기회의 포착에 실패했음을 의미한다. 예를 들어 기업가가 자신의 미래에 대한 주관적 판단을 바탕으로 새로운 방식에 의해 상품을 생산하여 시장에 내놓으려 한다고 하자. 문제는 상품이 생산되고 출시되기까지 시간이 경과함에 따라 기업가의 예상과는 달리 소비자들의 기호가 변할 수도 있고, 그 동안에 각종 생산요소들의 가격이 자신의 예상과 달리 크게 오를 수도 있다. 즉 시간이 경과함에 따라 기업가의 예측이 틀린 것으로 판명되어 기업가가 상품을 출시했을 때 전혀 팔리지 않을 수도 있으며, 팔린다고 하더라도 그 가격이 비용에 미치지 못하여 손해를 볼 수도 있다. 이런 점에서 자본가와 마찬가지로 기업가의 활동에서 시간은 매우 중요한 요소이다.

그렇다면 자본을 전혀 소유하지 않은 기업가가 존재할 수 있을까? 커즈너(Kirzner, 1973)는 자본을 전혀 소유하지 않은 기업가도 존재할 수 있다고 주장한다. 오렌지 주스를 생산하는 기업가가 꼭 오렌지를 소유하지 않아도 오렌지를 구입할 수 있는 자금을 자본가로부터 차입하여 오렌지 주스 사업을 할 수 있다는 것이다. 사업이 성공하여 돈을 벌면 그 역시 자본을 소유하는 자본가가 될 수 있다. 그러나 현실 세계에서 순수한 자본가나 기업가는 존재하기 어려우며 이 두 가지 기능은 합금처럼 뒤섞여 있는 경우가 대부분이다. 그런 점에서 이 두 기능을 합하여 자본가-기업가(capitalist-entrepreneur)라는 용어를 사용한다. 따라서 이미 설명한 바와 같이 실제 세계에서 자본가와 기업가의 소득인 이자와 이윤(또는 손실)은 거의 항상 뒤엉켜 있다. 이들을 따로 분리하는 것은 개념적으로는 가능하지만 실제로는 매우 어렵거나 불가능하다.

2) 이윤과 손실의 사회적 기능

불확실한 상황 하에서 활동하는 기업가의 이윤 추구 행위는 시장을 움직이는 원동력이자 사회 번영의 원천이며 일반 대중의 욕구를 신속하게 충족시킨다. 그리고 이런 일을 잘 수행하는 기업가들이 더 큰 영향력을 행사함으로써 많은 이윤을 얻고 효율적인 자원배분을 촉진한다.

기업가에 의한 이윤 추구 행위가 자원배분의 효율성을 높이는 원리는 자본주의 시장경제가 '이윤과 손실' 체제라는 사실을 반영한다. 시장에서 미래를 상대적으로 정확하게 예측한 기업가는 이윤이라는 보상을 받음으로써 성공한 기업가가 되는데, 이는 소비자의 욕구를 그만큼 잘 충족시켰다는 사실을 의미한다. 또 소비자를 만족시켰다는 사실은 소비자가 가치를 부여하는 상품이나 서비스에 기업가가 자원을 배분했다는 것이며, 이는 곧 자원이 효율적으로 배분되었음을 뜻한다. 그러므로 성공한 기업가에게 자원 사용이 집중되는 것은 자연스러운 현상이다.

반면에 미래에 대한 예측을 잘못하거나 부정확하게 하여 손해를 본 기업가는 소비자 욕구를 충족시키지 못했다는 점에서 소비자가 원하지 않는 상품이나 서비스에 자원을 배분했다는 것을 의미한다. 손실은 그러한 자원배분은 효율적이지 못하니 다른 효율적인 기업가에게 자원 사용권을 넘기라는 소비자의 명령이다. 그런 점에서 미제스의 지적처럼 '소비자는 언제나 옳으며 비위맞추기 어려운 까다로운 보스'라고 할 수 있다. 한편 기업가의 예측을 빗나가게 하는 요소로서 불운이 있을 수 있다. 그리고 이런 불운을 만난 기업가가 성공할 가능성은 그렇지 않은 경우보다 더 낮아지기 마련이다. 물론 행운에 의한 이윤이 기업가적 이윤이 아닌 것과 같은 이치로 불운에 의한 손실은 기업가적 손실이 아니다.

이제 이윤의 사회적 기능을 좀 더 자세하게 살펴보자. 이윤은 기본적으로 경제의 자원배분에 뭔가 매끄럽지 못한 문제가 있다는 점을 나타내는 지표이다.[6] 즉 이윤은 자원배분이 조화롭게 조정되지 못한 부분인 부조화(maladjustment)가 존재한다는 사실을 나타내는 지표인데, 부조화란 소비자들의 욕구를 가장 효율적으로 만족시킬 수 있는 상태로 자원이 배분되어 있지 않다는 뜻이다. 이러한 부조화는 변화하는 세계에는 언제나 불가피하게 존재하는 것이다. 따라서 이윤 기회가 있다는 것은 자원배분에 부조화가 있다는 사실을 반영하는 것이며, 바로 이윤의 이러한 특성이 기업가로 하여금 시장에서 저평가된 요소를 발견하여 자원배분의 부조화를 해소하고 효율성을 높이는 기능을 하도록 한다. 이것이 이윤의 사회적 기능이다. 그리고 기업가가 이런 상황을 발견하여 이윤을 얻는 과정에서 시장에 부조화가 있다는 사실이 사람들에게 널리 알려짐으로써 궁극적으로 이윤 기회는 사라지게 된다. 시간이 지남에 따라 이윤이 사라지는 경향을 보이는 것은 여러 사람들이 그 사업에 참여함에 따라 저평가된 생산요소에 대한 수요가 증가하여 그 가격이 오르는 반면, 그 생산요소를 이용하여 생산한 제품의 공급이 증가하여 제품 가격이 낮아지기 때문이다.

따라서 이윤과 손실은 기업가가 소비자들의 수요에 대응하여 어떻게 생산을 조정하느냐에 달린 것이지 필연적인 법칙에 의존하는

6 Rothbard(2001), 제7장 468-469쪽 참조.

것이 아니다. 그러므로 굳이 비난을 받아야 한다면, 저평가/고평가 상황을 제대로 예측하지 못해 손해를 보는 기업가이지 이윤을 내는 기업가가 아니다. 이윤을 내는 기업가는 저평가된 자원을 소비자들이 원하는 방향으로 바로잡아 효율적인 자원배분의 결과를 낳지만, 손해를 보는 기업가는 고평가된 자원을 저평가된 것으로 오판함으로써 자원배분의 효율성을 낮추기 때문이다. 물론 반복적으로 손해를 보는 기업가는 기업가로서의 기능을 상실하고 임금 소득자로 돌아간다. 그러나 손해를 보는 기업가들을 비난할 일은 아니다. 그들은 시장에서 손해를 보는 것으로 벌을 받는 것이다. 그런 기업가들에 대해 불만이 있는 사람들은 스스로 기업가로 나서면 될 것이다.

시장에서 자원배분의 부조화를 잘 발견하는 기능을 수행하는 기업가일수록 자원배분의 효율성을 높이므로 생산 과정에서 더 큰 역할을 하게 되고, 그 결과 이윤을 많이 얻는다. 그러나 시장에서는 어제 잘 하던 기업가가 오늘은 불행한 실수를 하여 손해를 볼 수도 있고, 어제는 잘못했던 기업가가 오늘은 날카로운 통찰력으로 예측하여 이윤을 많이 얻을 수도 있다. 즉 시장은 어제의 영광을 존중하지도 않으며 어제의 실패를 비난하지도 않는다. 또한 투자액의 다과에 따라 크고 작은 이윤이나 손실이 정해지는 것도 아니다. 즉 자본은 자동적으로 이윤을 낳는 그런 것이 아니다. 따라서 어떤 사업에 투하된 자본에 대한 '이윤율', '정상 이윤율', '평균 이윤율' 등에 대한 논의는 의미가 없다. 이윤은 기본적으로 일시적이며 궁극적으로 사라지는 경향을 보인다.

3. 경영자

자본가-기업가는 생산의 첫 단계로부터 완제품이 생산되어 판매되기까지의 모든 업무를 총괄하므로 보통은, 특히 대규모 사업의 경우에는, 그를 보조할 인력을 필요로 하는데 그가 바로 경영자다. 경영자의 주된 임무는 자본가-기업가들이 사업 경영을 위한 세부적인 일까지 들여다보지 않아도 되게끔 자본가-기업가가 할애하는 업무를 처리하는 것이다. 경영자 또한 자신의 일을 도와줄 보조 인력을 필요로 하는데, 이러한 보조 인력은 경영자가 지시하고 위임한 일을 수행한다. 경영자의 업무는 자본가-기업가가 위임한 것이고, 경영자의 보조 인력의 업무는 경영자가 위임한 것이다. 물론 경영자든 그 보조 인력이든 각자는 위임받은 범위 안에서 기업가적 기능을 다하도록 요구된다. 이리하여 전체 사업을 추진할 수 있는 경영 체제가 구축된다.

자본가-기업가는 자신이 임명한 경영자가 소기의 업무를 잘 수행하는지를 감독하고 주기적으로 평가한다. 그런데 오늘날에는 복식부기 등 회계 기법의 발달로 경영자와 그가 맡은 부서의 성과를 어렵지 않게 측정할 수 있다. 만일 경영자의 담당 부서가 회사 전체의 이윤에 공헌하지 못하거나 손실을 초래한다면 자본가-기업가는 그를 다른 경영자로 대체하거나 그 부서를 폐쇄할 수도 있다. 따라서 경영자는 자신의 이익을 위해서라도 기업의 이윤 증가에 공헌하기 위해 최선을 다할 유인을 가진다.

경영자는 자본가-기업가로부터 위임받은 업무의 범위 내에서 기업가적 기능을 하도록 요구받는데, 그렇다면 경영자는 자본가-기업가가 얻는 이윤을 공유할 자격이 있는 것일까? 중요한 사항은 경영자는 자본가-기업가의 업무를 도와주는 기능을 하지만 자본가나 기업가로서의 기능을 대체하지는 못한다는 점이다. 물론 경영자와 그 부서의 성과에 비례해 그들에 대한 보상을 늘릴 수는 있다. 그러나 손실을 초래했을 때 경영자는 해고되는 것 외에는 다른 금전적인 책임을 지지 않는다. 손실을 떠안는 것은 자본가-기업가의 몫이며 경영자에게 전가되지 않는다.

자본가-기업가가 할애하는 세부 업무의 관리인으로서의 경영자가 미래의 수요와 공급 상황에 대한 종합적인 판단을 바탕으로 사업의 방향을 바꾸거나 새로운 사업 분야에 뛰어드는 것은 상상할 수 없다. 총체적인 판단은 자본가-기업가의 몫이다. 물론 경영자가 자신이 맡은 일의 범주 내에서 기업가적 역량을 발휘하여 큰 보상을 받음으로써 이후에 자본가가 될 수도 있다. 그러나 이러한 사실이 경영자가 자본가-기업가적 기능을 대체할 수 있다는 것을 의미하는 것은 아니다.

만일 경영자에게 많은 재량권이 허용되면 경영자는 사업을 자본가-기업가와는 다른 각도에서 전망하고 손실을 감수하고서라도 위험한 일에 매달릴 수 있다. 자본가-기업가가 얻는 이윤의 일부를 그의 몫으로 받을 수는 있으나 손실에 대해서는 금전적 책임을 지지 않기 때문이다. 이로부터 경영자는 이윤에 대한 청구권을 주장할 수 없는 존재라는 점이 명백해진다. 노동자나 토지 소유자들도 마찬가지다.

한편 흔히 주식회사는 소유와 경영이 분리된 체제라고 생각하는 경향이 있으나 이는 방해받지 않은 시장에서 진화한 결과로서 출현한 것이 아니다. 이는 주식회사 내의 자원배분을 명령하고 통제하고 관장하는 사실상의 주인인 자본가-기업가의 영향력을 의도적으로 줄이고자 하는 간섭주의의 산물이다. 로우(Mark Roe)와 베흐트-들롱(Becht-DeLong, 2005)은 주식회사가 분산 소유 구조로 전환하는 데 영향을 주었던 가장 중요한 요인으로서 대중주의적인 정치적 영향력을 들고 있다. 미국의 대중들은 20세기 초부터 경제력이 소수에 집중되는 것을 꺼려하였고, 이를 뒷받침하는 정책인 1890년의 연방 셔먼 반트러스트법(Federal Sherman Antitrust Act), 1914년의 클레이튼법(Clayton Act), 그리고 1933년의 글래스-스티걸법(Glass-Steagall Act) 등의 반트러스트법(antitrust law)에 의해 소유자 중심의 집중 소유 구조가 해체되면서 기업 지배는 전문 경영자들의 손에 넘어가게 되었다. 또한 금융기관에 대한 규제의 결과로 미국에서는 기관 투자가가 형성될 수 없었다. 즉 최초에 기업을 설립한 자본가-기업가들은 자신이 소유한 기업들에 대한 통제권을 잃지 않으며 다각화로부터 얻을 수 있는 이익을 내부화할 수 있을 것이라고 믿었지만, 그 이후 발효된 상법 등으로 이들의 믿음은 실현될 수 없었다. 따라서 로우의 지적처럼 소유와 경영의 분리는 경제적 진화의 산물이 아니라 정치적 이유로 만들어진 것이다.

4. 경영판단 존중의 원칙

회사를 경영하는 과정에서는 수요나 공급의 급변과 예상 밖의 비용 상승, 정부 정책의 변화 등, 미리 예상하지 못했던 사건들이 발생할 수 있다. 이런 경우 회사의 흥망을 책임지고 있는 자본가-기업가는 회사의 생존을 위해 여러 가지 조치를 취할 수 있다. 또 사업 확장이나 해외 진출을 하고자 할 때도 일상의 경영 활동에서 벗어난 다른 조치들을 취할 수 있다. 물론 이런 조치들은 회사의 생존과 번영을 위한 것들이다. 그러나 이러한 사전적 조치는 불확실한 미래에 대한 예측을 바탕으로 이뤄지므로 상업실험을 통해 사후적으로만 그 성공 여부를 알 수 있다.

경영판단 존중의 원칙(business judgment rule)이란 자본가-기업가가 주주의 이익에 반하여 회사의 재산을 횡령하는 등의 명백한 범죄행위가 아닌 한, 실패한 경영판단이라도 민·형사상의 책임을 묻지 않는다는 원칙을 말한다. 경영판단을 존중하는 이유는 기업가 정신을 보호하기 위한 것이다. 위에서 설명한 바와 같이 기업가 정신이란 불확실성을 떠맡는 정신이며, 불확실한 미래에 직면하여 행동하는 자본가-기업가는 모험적이며 도전적인 특성을 가진다. 모든 자본가-기업가가 성공을 목표로 하지만 실패하는 경우도 있다. 실패한 경영에 대해 책임을 묻는다면 아무도 불확실성 하에서 도전하는 일을 하지 않으려 할 것이다. 즉 실패한 경영에 대해 책임을 묻는다면 시장경제를 주도하는 창의적인 기업가 정신을 심각하게 훼손하게 된다. 미국을 비롯한 대부분의 선진국 법원이 경영판단을 존중하는 이유는 바로 기업가 정신을 보호하기 위한 것이다.

5. 경제 성장과 자본 축적

경제 성장이라고 하면 흔히 머릿속에 산출의 증가를 떠올리는데, 사실은 부(富)의 증가를 의미한다. 그런데 부는 가치의 집적이며 가치는 주관적인 것이다. 부가 가치라는 사실은 교환 행위에서 잘 드러난다. 교환은 나에게는 가치가 덜하지만 상대방에게는 높은 가치를 주는 물건을 상대방에게 주고 상대방에게는 가치가 덜하지만 나에게는 높은 가치를 주는 물건을 받는 행위이다. 즉 낮은 가치의 물건을 투입물로 해서 높은 가치의 물건을 산출물로 얻는 행위이다. 그 결과 교환 전보다 가치가 더 높은 물건을 소지하게 되는데, 우리는 이를 교환으로 부가 증가한다고 말한다. 즉 교환으로 물건의 양의 증가한 것이 아님에도 불구하고 이제는 더 높은 가치의 물건을 가지게 되므로 자발적인 교환으로 부가 증가한다고 말하는 것이다.

경제 성장이 단순한 산출 증가가 아니라 부의 증가를 의미한다면, 즉 사람들이 가치를 부여하는 유·무형의 산출 증가를 통한 부의 증가를 의미한다면, 사람들의 가치 체계를 잘 알 수 없는 정부가 성장을 주도할 수는 없고, 이윤과 손실이라는 유인 체계를 통해 사람들의 가치를 좇아가는 자본가-기업가들이 경제 성장의 견인차라는 사실을 알 수 있다. 이들은 사람들이 가치를 부여하는 재화와 서비스를 생산하여 공급하지 않으면 생존할 수 없기 때문이다. 생존을 결정하는 것만큼 사람들에게 효과적인 방법을 동원하도록 명령하는 것은 없다.

한국경제를 압축 성장의 역사라고 표현하는 것은, 각종 소비재의 생산에 있어 시간을 절약할 수 있는 자본을 빠르게 축적한 역사라는 뜻이다. 즉 자본 축적으로 짧은 시간에 많은 소비재를 생산하여 풍요한 생활을 뒷받침할 수 있는 생산구조를 갖추었다는 사실을 뜻한다.

경제 성장과 발전을 위한 필수 요소인 자본을 축적하는 주체는 자본가-기업가들이다. 그리고 이들의 창의적, 모험적, 경쟁적 활동은 자유가 폭넓게 보장될 때 가장 왕성하게 이뤄진다. 이는 곧 정부의 경제 개입은 최소에 그쳐야 한다는 것을 의미한다.

참고문헌

김영용, 『기업, 그 본질을 바로 알자』, 프리이코노미스쿨, 2014.

Becht, Marco and J. Bradford DeLong, "Why Has There Been So Little Block Holding in America?" in Morck Randall K. eds., 『A History of Corporate Governance around the World』, University of Chicago Press, 2005. pp.613-660.

Foss Nicolai J. and Peter G. Klein, 『Organizing Entrepreneurial Judgment: A New Approach to the Firm』, Cambridge University Press, 2012.

Kirzner, Israel M., 『Competition and Entrepreneurship』, University of Chicago Press, 1973.

Mises, Ludwig von, 『Human Action: A Treatise on Economics』, Ludwig von Mises Institute, 1998[1949], 민경국·박종운 옮김, 『인간행동』, 지식을 만드는 지식, 2011.

__________________, "Economic Calculation in the Socialist Commonwealth,"Ludwig von Mises Institute, 1990[1920].

Piketty, Thomas, 『Capital in the Twenty-First Century』, translated by Arthur Goldhammer, The Belknap Press of Harvard University Press, 2014.

Rothbard, Murray N., 『Man, Economy, and State: A Treatise on Economic Principles』, Ludwig von Mises Institute, 2001[1962], 전용덕·김이석 옮김, 『인간, 경제, 국가』, 자유기업원, 자유주의 시리즈 63, 2006.

9

주식회사와 기업지배구조

주식회사는 오랜 시간 동안 복잡한 과정을 거쳐 진화해 온 회사 형태이다. 따라서 많은 나라에서 이러한 생산구조가 태동하여 발전해 온 구체적인 이유를 규명하는 일은 주식회사에 대한 이해를 높이는 데 매우 중요하다.

주식회사는 상업 활동으로부터의 이익을 얻기 위해 만들어지는데, 회사 내의 자본 양에 따른 규모의 경제, 주주들 간의 조정과 외부성 문제, 재산권 수정(modification of ownership) 등이 상호 작용하며 진화한 산물이다. 즉 주식회사는 조직 내의 의사결정 권한을 통제주주(controlling minority shareholder)를 중심으로 한 소수의 경영자 집단에 집중함으로써 기대 의사결정비용을 줄이고, 이들의 의사결정이 주주에게 미칠 수 있는 기대 외부비용은 유한책임 원리와 자유로운 주식 거래를 통해 줄이거나 회피할 수 있도록 진화했다. 기대 의사결정비용이란 각 주주가 주식회사의 특정 사안에 대한 조정 과정에 참여함으로써 치를 것으로 예상되는 제반 비용을 뜻하며, 기대 외부비용이란 의사결정 권한을 가진 경영자 집단의 의사결정이 각 주주에게 미치리라고 예상되는 비용을 말한다.[1]

또한 대규모 기업집단은 통제주주가 없는 경우에는 M-형으로 발전하며, 통제주주가 있는 경우에는 M-형이나 계열기업형으로 발전할 수 있으나 대부분의 나라에서는 계열기업형으로 발전했다. 주식회사를 둘러싼 기업지배구조 개선 운동가들은 소액주주들의 의사결정 권한을 강화해야 한다고 주장하지만, 이는 주식회사와 대규모 기업집단의 운행 원리를 간과한 것이다. 이 장에서는 주식회사의 운행 원리와 주식회사 및 이들로 구성된 기업집단의 지배구조에 대한 것 등을 살펴본다.

1. 주식회사의 기원과 변천

근대적 형태의 최초의 주식회사는 1600년에 설립된 영국의 동인도 회사인데, 역사상 최초로 출자자에게 유한 책임을 허용한 회사였다. 동인도 회사는 영국의 엘리자베스 1세로부터 15년간 희망봉 동쪽의 무역에 관한 독점권을 얻었고 1609년에 이르러 3년 연속 적자를 기록하지 않는 한, 무한정 연장됐다. 그러나 동인도 회사의 주식거래는 처음에는 그다지 활발하게 이뤄지지 않았다. 1657년에 이르기까지 무역 선단을 조직할 때마다 주식을 모집했고 끝나면 이익을 배분했기 때문이다. 따라서 회사가 안정적으로 운영되기 어려웠다. 그러다가 1657년부터 이익을 배분하지 않고 이용함에 따라 주식거래가 활발하게 이뤄지기 시작했다.

주식의 시장거래를 허용한 것은 영국의 동인도 회사보다 2년 늦게 설립된 네덜란드의 동인도 회사가 먼저였다. 투자 수익금을 배분

---

1 이하 외부편익은 기대 외부편익, 외부비용은 기대 외부비용, 의사결정비용은 기대 의사결정비용을 의미한다.

하지 않고 주식을 통한 주주의 변경을 가능하게 했고, 따라서 주식 거래가 활발하게 이뤄졌다. 또한 1607년에는 회사 주식을 기초 자산으로 하는 선물이나 옵션과 같은 파생상품이 등장했다. 이후 주식회사는 산업화 과정에서 중요한 자금 조달 창구 기능을 하게 되었다.

주식회사의 출현을 뒷받침한 유한 책임 제도는 아주 옛적 로마시대에도 존재했던 것으로서 상업 활동의 효율성과 확장을 위한 필요에 의한 것이 법적으로 뒷받침되면서 오늘날 정착된 것이며, 많은 나라에서 보편화되었다.

이제 주식회사의 등장과 변천 과정을 살펴보자. 회사 형태의 변천은, 위에서 기술한 바와 같이, 자본 투입에 있어서의 규모의 경제, 회사 내의 의사결정에 있어서의 조정비용, 외부비용, 재산권의 수정 등이 서로 작용하여 생긴 산물로 이해할 수 있다. 규모의 경제란 자본 투입량의 증가 비율보다 수익 증가 비율이 더 크다는 것이다. 따라서 자본가-기업가는 많은 주주들로부터 자본을 조달하여 joint stock company, 이를테면 주식회사를 설립하고자 한다. 조정비용과 외부비용이란 각각 위에서 기술한 의사결정비용과 외부비용을 말한다. 또한 재산권의 수정이란 이러한 문제를 해결하기 위한 회사의 설립 및 운영과 관련된 제도와 규정의 변화를 뜻한다.

주식회사는 많은 사람들로부터 자본을 조달하고, 회사에 투자한 사람들은 모두 주주가 된다. 그런데 모든 주주가 자신의 이익을 반영하기 위해 경영에 참여한다면 조정 비용은 엄청나게 증가할 것이다. 즉 많은 주주들로부터 출자 받은 자본에 따른 규모의 경제가 증가하는 조정 비용에 의해 곧 압도될 것이다. 이를 해결하기 위해 주식회사에 대한 제1차 재산권 수정이 이뤄진다.[2] 대부분의 의사결정이 소수의 대표단(이사회)에 위임되는데, 이는 곧 소수의 대표단이 경영상의 사실상 주인(managerial de facto(effective) owner)이 된다는 것을 뜻하며, 그 중심에는 보통 통제주주가 있다. 이들은 매일매일 주식회사의 자원을 배분, 관리, 운영하는데, 이는 주식회사의 경영권이 곧 회사의 재산권이라는 사실을 의미한다. 이로부터 도출되는 중요한 사실은 주식회사의 자원의 획득, 배분, 처분을 의미하는 재산권이 외견상 수많은 주주들의 공동 소유에서 다시 개인 소유로 바뀐다는 것이다. 즉 재산권은 다시 개인적 사항(individual affairs)으로 귀결된다.

그런데 사실상의 주인의 경영 잘못으로 회사가 망했을 때 합명회사에서처럼 주주의 책임 한계가 무한이라면 주주들에게 미치는 외부불경제가 막대하여 여러 주주들로부터 출자받기가 매우 어려울 것이다.[3] 따라서 이러한 외부불경제를 줄이기 위해 주식회사에 대한

2 주식회사에 대한 재산권 수정에 대해서는 Demsetz(1967) 참조.

3 초창기의 회사 형태는 합명회사(合名會社)로서 회사에 출자한 사람은 무한책임을 졌다. 즉 경영진이 회사 운영을 잘못하여 회사가 망했을 경우 출자자들은 출자액과 상관없이 자신의 재산을 처분하여 회사의 부채를 갚아야 했다. 따라서 경영진의 잘못이 출자자에게 미치는 외부불경제가 매우 컸고, 자본가-기업가가 자본을 조달하는 데도 커다란 어려움을 겪었다. 이러한 외부불경제를 줄이기 위해 다음으로 나타난 회사 형태가 무한책임 출자자와 유한책임 출자자가 함께 참여하는 합자회사(合資會社)이다. 무한책임 출자자의 책임은 합명회사의 경우와 같지만 유한책임 출자자는 회사가 망했을 경우 출자액만큼만 손해를 본다. 경영자가 출자자에게 미치는 외부효과가 한결 줄어든다고 할 수 있다. 그러나 이 경우에도 외부효과가 상당히 크고 기업가는 자본을 조달하는 데 애로가 있었다.

제2차 재산권 수정이 이뤄진다. 주주의 유한책임 원리가 도입되는 것이다. 이와 같이 주식회사에서는 경영상의 사실상 주인과 유한책임 원리가 회사 운영에 따른 비용을 최소화하는 장치가 된다. 즉 회사의 대표를 비롯한 소수가 주식회사를 경영 통제하며, 여타 주주들은 보유하는 주식의 주인이 된다.

여기에 외부성을 줄이기 위한 장치가 하나 더 더해진다. 주식회사에 대한 제3차 재산권 수정이 이뤄지는 것이다. 합명회사의 경우에 특정 출자자가 지분을 양도하기 위해서는 나머지 출자자들의 만장일치 동의가 있어야 한다. 따라서 합명회사의 운영이 자신의 생각과 맞지 않다고 생각하는 출자자가 지분을 처분하기 어려움에 따른 외부불경제가 클 수 있는데, 이 역시 자본을 모으는 데 불리한 여건이 될 것이다. 반면에 주식회사 제도에서는 지분 양도 시 어느 누구의 동의나 승인을 받아야 할 필요가 없다. 즉 경영진의 의사결정에 불만인 주주는 주식시장에서 주식을 팔고 떠날 수 있다. 주식회사가 발달한 나라에는 주식시장이 잘 발달되어 있기 때문이다. 이로써 주식시장은 주주들의 경영진에 대한 견제 장치와 탈출구(escape hatch)를 제공하고, 경영진은 기업의 소유구조에 따른 외부성을 줄이려는 유인을 가지게 된다.

2. 유한책임 원리

위에서 본 바와 같이 주식회사의 기원은 상업 행위를 하는 사람들의 책임의 한계와 밀접한 관련을 가지고 있다. 그런데 주식회사에 출자한 사람들이 지는 유한책임에 대한 연구는 서로 다른 결과를 보이고 있다. 브래튼-맥커리(Bratton-McCahery, 1997)는 당시의 경제학은 유한책임의 원리에 대해 이렇다 할 이론을 제공하지 못했다는 결론을 내리고, 법적으로 널리 받아들여진 유한책임 원리가 상업 활동을 조직화하는 데 효율적인가를 연구하였다. 그들은 유한책임에 대한 법적 조치는 효율성 이론으로 설명할 수 있는 것이 아니라 이해관계 집단에 반응한 것이라고 결론지었다. 그러나 힐만(Hillman, 1997)은 유한책임에 대한 요구와 이를 획득하기 위한 상업과 투자의 방식은 고대로부터 발전해 온 것이라는 점을 보이고 있다. 힐만의 주요 내용을 살펴보자.

로마법에서 계약 의무의 핵심은 제3자가 계약 당사자의 한 쪽을 통제하더라도 제3자는 계약의 의무에 묶이지 않는다는 점에서 '개인적'인 것이었다. 따라서 대리인(agent)을 시켜 하는 상업 활동에서 책임의 문제가 대두되었고 이후 법은 대리인이 한 행동에 대해 주인(principal)에게 책임을 물을 수 있도록 하였다.

이에 따라 처음 로마에서 발전된 방법이 피쿨리움(peculium)이었다. 피쿨리움이란 가장(家長)이 자기의 노예나 자식에게 준 재산을 의미한다. 노예나 자식은 이를 이용하여 상업 활동을 할 수 있는데 사업에 실패했을 경우에 주인은 자신이 준 피쿨리움 외에 더 이상의 재산상 책임을 지지 않았다. 이는 곧 책임의 한계가 유한이었다는 사실을 보여준다. 이와 같이 유한책임의 원형은 오래 전 로마시대에도 존재했다.

중세의 비잔틴 제국에서는 금융상품인 크레오코이노니아(chreo-koinonia)로 자본을 공동 출자하여 위험을 분산하는 방법으로 해운업의 위험에 대처, 해운업 발전에 기여하였다. 이는 나중에 이태리에서 발전한 코멘다(commenda)와 유사한 것이었다. 사업이 성공했을 경우에는 투자한 자본에 따라 비례적으로 이윤을 나누는 반면에, 실패했을 때는 투자 금액에 한하여 손실을 보는 유한책임을 지도록 하였다.

이런 관행은 이슬람 국가에도 있었다. 이슬람 국가의 복음서인 코란에는 "이윤은 책임과 함께 가는 것이다."라고 명시되어 있는데, 이는 손실의 위험을 짊어질 의사가 있는 사람만이 이윤을 주장할 권리가 있다는 뜻이다. 이런 점에 비춰보면 이슬람 국가에서 유한책임 제도가 발달한 것은 복음서와는 맞지 않아 보인다. 그러나 이슬람 사람들은 상업의 귀재로서 유한책임 제도를 발전시켰다. 첫째, 주인이 사업 개시를 선언하고 인가된(licensed) 노예에게 이를 주도할 권한을 위임하면 노예는 자신의 재량대로 사업을 하며, 그에 대한 책임은 오로지 노예가 졌다. 만일 사업상 발생하는 책임을 노예가 지지 못하는 경우에는, 노예는 다른 사람에게 팔리고 그 돈으로 책임을 지는 식이었다. 주인은 책임을 지지 않았으며 사업에 투자했던 자원을 청구할 수도 있었다. 둘째, 더 중요한 방식은 이윤을 나누는 방법으로부터 나온 퀴라드(qirãd)였는데, 경영자(상인)가 여러 투자자로부터 자금을 받아 사업을 하다 실패할 경우 그는 책임을 지지 않았다. 투자자는 경영자가 책임을 진다는 구절을 명기할 수 없었으나 광범위한 감독 권한을 가졌다. 이 점에서 퀴라드는 현대의 유한회사와는 약간 다른 측면을 보여준다. 이윤은 보통 절반씩 나눴으며 계약에 따라 분배율을 달리 할 수도 있었다. 적자가 났을 때 이윤으로 보전하지 못하는 경우에는 투자금으로 충당하였다.

이어서 퀴라드와 밀접한 형태인 코멘다가 11세기 이태리에서 발전하였다. 동서 교역과 함께 이태리 상인들이 퀴라드를 모방한 것인지, 아니면 이태리에서 독자적으로 발전한 것인지는 명확하지 않지만 역사적으로 현대적 형태의 유한책임 제도로서는 코멘다를 들 수 있는데, 이 역시 그 이전의 법과 상업 문화의 영향을 담고 있다. 코멘다는 해운업을 중심으로 발전했는데, 해상 무역을 위해 자본가로부터 자본을 직접 받아 해상 무역을 하는 경영자는 꼭 자본을 투자하지는 않았지만 배의 항해 등 해상 무역과 관련된 경영상 위험의 책임을 졌다. 자본가는 여러 코멘다에 자본을 투자함으로써 위험을 분산할 수 있었다. 코멘다의 가장 큰 이점은 자본가가 유한책임을 졌다는 것인데, 자본가의 자본을 바탕으로 해상 무역을 하는 경영자의 상대방은 그러한 자본가가 존재하는지조차 몰랐다는 것이다. 무역이 끝나고 미리 정해진 대로 이윤을 나누면 코멘다는 해체되었다. 이윤은 보통 자본가 3/4과 경영자 1/4의 비율로 나눴는데, 이는 12-13세기에 사람의 목숨 값은 낮고 자본은 희소했다는 사실을 반영한다.

이와는 달리 육지에서 이뤄지는 사업은 콤파니아(compagnia)에 의거했는데, 자본가의 책임을 유한으로 국한하지 않았다. 이는 육지에서의 사업은 주로 가족이나 친척 등, 특수 관계인들에 의해 이뤄졌는데, 이는 다른 사람들이 들어오고 이들이 유한책임을 질 경우에 사업을 망치는 것을 방지하고자 한 것이었다. 오늘날의 합명회사와 같은 것이라고 생각할 수 있다. 사업상 위험의 축소는 보험을 이용하여 해결한 것으로 보인다. 실제로 보험 가입을 의무화한 콤파니아도 있었다. 물론 이러한 방법이 코멘다와 같은 정도로 위험을 낮췄는지에 대해서는 의문이다. 코멘다는 당시로서는 예외적인 것이었다.

코멘다가 유한책임을 바탕으로 해상 무역이 발전하는 데 기여했지만 무역이 일단 끝나면 청산되므로 회사가 존속할 수 없었다. 따라서 매번 사업을 시작할 때 회사를 만들고 끝나면 청산하는 단속성의 문제를 해결하기 위해 당사자들은 다른 방안을 검토했다. 그 결과 이윤의 일부는 배당하고 나머지는 회사 내에 유보하여 이를 지분으로 발행, 양도 가능하게 하여 회사의 영속성을 유지할 수 있었다. 즉 주식을 보유하고 회사를 떠날 때는 이를 다른 출자자에게 양도하는 방안이 자연스럽게 등장한 것이다. 근대적 의미의 주식회사와 주식시장이 출현한 것이다.

3. 주식회사 내의 의사결정과 운영 원리

이제 우리는 주식회사의 통제주주인 자본가-기업가가 사실상의 주인이 되는 원리를 주식회사 내의 의사결정비용 및 외부비용과 관련하여 좀 더 자세히 살펴볼 수 있다. 이 원리는 이미 설립된 주식회사의 운영은 물론, 새롭게 주식회사를 설립하는 경우에도 동일하게 적용된다. 여기에서는 주식회사의 설립과 관련하여 살펴본다.

주식회사는 원하는 사람들이 자본을 공동으로 모아 운영하는 회사로서 자발적인 결사체이다. 그런데 주식회사는 통제주주를 비롯한 사실상의 주인과 여타 많은 주주들로 구성된다. 많은 주주가 자본을 투자하면 규모의 경제에 의해 회사의 수익이 증가하는 반면에, 이로 인한 문제가 발생하는데 그것이 바로 주식회사 내의 자원배분에 관한 의사결정과 그에 따른 이해의 상충 문제이다. 이는 곧 주식회사 제도의 작동 원리와 직결되는데, 주식회사에서는 이 문제를 어떻게 해결하고 있는지 살펴보자.

어떤 자본가-기업가가 특정 사업을 위해 자기 자본 외에 $N-1$명의 투자자로부터 필요한 자본을 충당하여 주식회사를 설립한다고 하자. 투자자들은 자본을 투자하고 주식을 보유한다. 자본가-기업가라고 표현하는 이유는 기업을 설립하는 기업가가 되기 위해서는 최소한의 자본을 보유해야 한다는 점을 강조하기 위해서이다.

어느 조직이든지 조직 내의 의사결정비용을 최소화하는 것이 조직의 효율성을 높이는 길이다. 주식회사는 자발적인 결사체이므로 모든 주주는 의사결정에 참여할 자격이 있다. 그러나 모든 주주들이 의사결정에 참여하여 만장일치로 의사결정을 한다면 주주들 간의 의견 조정에 소요되는 비용이 매우 높아진다. 따라서 주식회사에서는 모든 주주들이 의사결정에 참여할 수는 없고, 소수의 경영진에 의사결정 권한을 집중하여 의사결정비용을 줄이는 방법을 택하게 된다. 이는 앞에서 논의한 제1차 재산권 수정을 뒷받침하는 논리이다.

한편 소수의 경영진에 의해 의사결정이 이뤄지므로 의사결정에 참여하지 않는 다른 주주들의 이해에 어긋나는 경우에는 이들 주주들에게 외부비용을 유발할 수 있다. 따라서 의사결정비용과 외부비용의 합인 총비용을 최소화할 수 있는 의사결정 방법을 찾아야 한다. 이는 제2차 재산권 수정 배경에 대한 설명이 된다.

이제 이 문제를 그림을 이용하여 뷰캐넌-털록(James M. Buchanan-Gordon Tullock)의 집단적 의사결정 모형을 살펴보자.[4] 의사결정비

4 김영용·박경석(2006), Buchanan-Tullock(1999) 참조.

용은 참여자가 많을수록 조정비용 등의 증가로 증가하는 반면에, 외부비용은 감소한다. 외부비용이 감소하는 이유는 특정 주주가 자신이 동의하는 의사결정 집단에 속할 가능성이 커지기 때문이다. 이를 나타낸 것이 <그림 9-1>이다. <그림 9-1>에서 D_i는 특정 주주가 일련의 의사결정에 참여함으로써 지불해야 하는 의사결정비용의 현재 가치이며, E_i는 그에 상응하는 외부비용의 현재 가치이다. T_i는 D_i와 E_i를 합한 총비용 곡선이다.

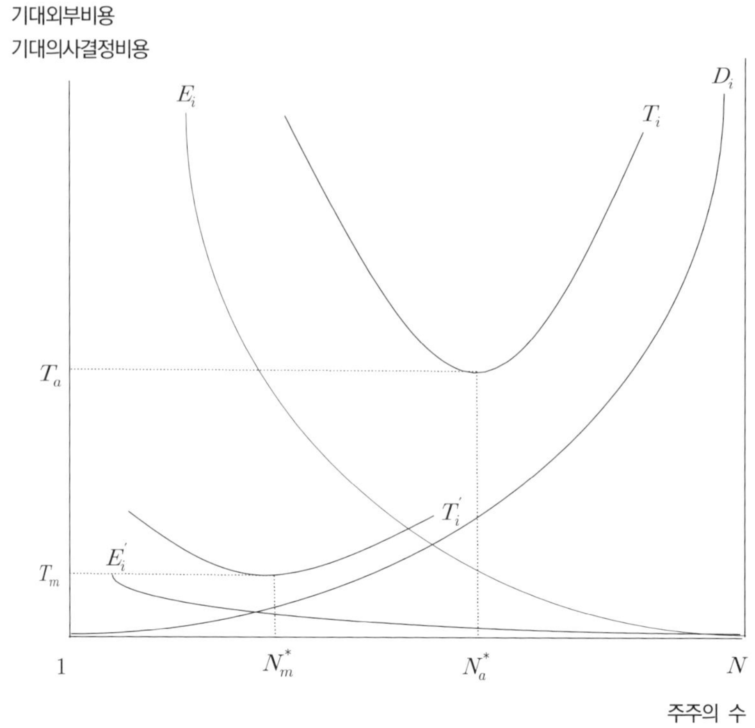

그림 9-1. 주식회사의 의사결정

이제 의사결정비용과 외부비용의 합인 총비용을 최소화하는 방식으로 의사결정 규칙을 정한다. 즉 사적 부문에 집단적 의사결정 방식을 도입하는 것이다. 그러나 이 경우에도 참여 주주의 수가 충분히 많다고 하면 총비용이 최소화되는 N_a^*가 크게 되어, 기업가-자본가 자신이 승자연합(winning coalition)에 속한다고 하더라도 여전히 매우 큰 조정비용이 들어갈 것이다. 더구나 기업가-자본가에게 더욱 심각한 문제는 그가 항상 승자연합에 포함된다는 보장이 없다는 것이다.

그러므로 자본가-기업가는 이와 같은 의사결정 방식도 택할 수 없고, 의사결정 권한이 자신이나 자신의 영향력 하에 있는 소수의 사람들에게 집중되어야만 주식회사를 조직할 수 있는 유인을 가진다. 이와 같이 주식회사의 원초적 형태는 통제주주로서의 자본가-기업가에게 소유와 의사결정 권한이 집중되는 형태이다. 그러므로 현재 존재하는 분산 소유형 주식회사는 처음부터 그렇게 설립되거나, 집중 소유형으로 설립된 것이 경제적 효율에 따라 시장에서 진화한 것이 아니라, 집중 소유형이 정치·사회적 이유로 변형된 것이다. 물론 분산 소유형의 경우에도 의사결정 구조는 동일하지만, 분산 소유형이 주식회사의 원초적 형태가 아니라는 점은 강조되어야 한다.

이제 통제주주 이외의 여타 주주들이 주식회사에 참여하고 의사결정 권한을 자본가-기업가에게 위임할 수 있는 조건에 관해 살펴보자. 여타 주주들은 배당을 받고 주식가격 상승에 따른 이득을 얻는다는 점에서 대규모 자금 충당으로 가능해진 상업 활동으로부터의 편익을 나눠 가진다. 그러나 통제주주와는 달리 의사결정 과정에 참여하지 않으므로 통제주주를 비롯한 소수의 경영자 집단의 의사결정에 따른 외부비용을 감수해야 한다. 물론 외부비용이 주식 보유에 따른 편익보다 크다면 아예 주식회사에 투자하지 않을 것이다. 따라서 이들 주주들이 주식회사에 투자하고 자본가-기업가에게 의사결정 권한을 위임하기 위해서는 외부비용이 낮거나 이를 낮은 비용으로 용이하게 회피하거나 줄일 수 있어야 한다.

우선 상장된 주식회사 대부분의 소액주주 지분은 각각 통제주주 또는 최대주주의 지분에 비해 한결 적으므로 집단적 의사결정에 따르는 외부비용도 통제주주의 외부비용에 훨씬 못 미치는 것이 일반적이다. <그림 9-1>에서 E_i가 통제주주의 외부비용 곡선이라면, E_i'는 소액주주의 외부비용 곡선으로서 통제주주의 외부비용 곡선에 비해 훨씬 아래쪽에 위치한다. 물론 의사결정비용은 집단적 의사결정에 참여하는 주주의 수에 의해 결정되므로 소액주주의 의사결정비용 곡선은 통제주주의 의사결정비용 곡선과 동일하다. 그러므로 소액주주의 총비용을 최소화하는 참여 주주의 수는 N_m^*으로 통제주주의 총비용을 최소화하는 참여 주주의 수인 N_a^*에 비해 훨씬 적으며, 소액주주의 지분이 적을수록 N_m^* 및 총비용 T_m은 더욱 작아질 것이다.

다음으로 앞에서 설명한 바와 같이 주식회사의 주주들은 다른 주주들의 동의 없이 자신이 보유한 주식을 주식시장에서 임의로 처분할 수 있으므로 의사결정 과정에서 배제된 데에 따른 외부비용을 줄일 수 있다. 제3차 재산권 수정의 배경이다. 이는 물론 거래소에 상장된 주식회사의 경우에 해당된다. 또한 통제주주는 시장에서 자신에 대한 좋은 평판을 얻기 위해 기업의 주식 가치를 높이려는 노력을 경주하게 되며, 이런 점이 통제주주가 주주들을 착취하려는 유인을 없애거나 감소시키는 역할을 함으로써 주식회사 제도의 원활한 운행에 기여하게 된다.

따라서 매일매일 주식회사 내의 자원배분을 명령하고 조정하고 통제하는 경영상의 사실상 주인은 통제주주를 비롯한 소수의 대표단이 된다. 대부분의 경우, 자본을 조달한 자본가, 기업을 일으킨 기업가, 그리고 현재 경영을 담당하고 있는 경영자가 대부분 같은 사람이며, 이들이 대표이사로서 사실상의 주인이 된다.

그렇다면 소수의 대표단인 이사들을 제외한 나머지 주주들은 어떤 존재들인가? 이들은 회사의 주식을 소유하고 있기 때문에 넓은 의미에서 회사의 주인이다. 그러나 이들은 이사회에 경영을 위임한 사람들로서 엄밀한 의미에서 자신들이 보유한 주식의 주인이지 회사의 주인은 아니다. 많은 주주들로 구성된 주식회사에서 모든 주주가 회사의 주인이라고 말하는 것은 의미가 없다.

어떤 소액주주가 통제주주가 경영을 잘못하고 있어 회사의 가치가 낮아지고, 그로 인해 주식 가격이 하락하여 손해를 볼 것 같다고 판단하면, 그는 어느 누구의 동의를 얻을 필요도 없이 자신의 판단하에 주식시장에서 주식을 팔고 떠남으로써 사실상의 주인이 경영을 잘못하고 있다는 사실을 주식시장에서 알리는 기능을 한다. 자본을 비롯한 생산요소들이 다른 회사보다 덜 효율적으로 사용되고 있다는 사실을 전달하는 신호 역할을 하는 것이다. 따라서 주식시장에서 주주들이 주식을 사고파는 행위는 그 회사에 대한 시장 평가를 전달하는 것으로서 경영진의 경영을 견제함과 동시에 주주들에게 미칠 수 있는 외부효과를 더욱 더 감소시켜 주는 기능을 한다.

소액주주들은 주주 총회에 참석하여 회사의 경영 잘못을 지적하고 수정을 요구할 수도 있으며, 즉 목소리(voice)를 낼 수도 있으며, 이러한 행동이 그들에게 이익을 줄 수도 있다. 그러나 주주총회에 참석하기 위해서는 원자재 구입 현황은 적절한지, 인력 관리는 적합한지, 주식에 대한 배당은 적합한지, 채권에 대한 이자 지급은 적합한지 등, 각종 경영 상태를 살펴봐야 한다. 이를 위해서는 만만찮은 시간과 노력이 들어간다. 물론 대부분의 소액 주주들은 이러한 내용을 잘 모르기도 하거니와 전문가라고 해도 많은 시간과 노력을 들여야만 가능한 일이다. 목소리를 내기 위해 투입해야 하는 비용이 크다는 말이다. 따라서 회사 경영에 불만이 있거나 자신이 손해를 볼 것으로 예상되는 경우, 이들이 낮은 비용을 치르고 할 수 있는 합리적인 행동은 주식을 팔고 떠나는(exit) 것이다.

4. 주식시장의 기능

이제 위에서 기술한 회사 형태의 진화에 따른 주식시장의 기능을 살펴볼 수 있다. 주식시장은 발행시장(primary market)과 유통시장(secondary market)으로 구분된다. 거래소에 상장된 기업은 발행시장에서 새로운 주식을 발행하여 투자자금을 조달하며, 이렇게 발행된 주식은 유통시장에서 주식시장 참여자들에 의해 매매된다. 흔히 주식의 유통시장을 발행시장에 비해 그 중요성을 낮게 평가하는 경향이 있지만, 유통시장이 원활하게 돌아가지 않으면 발행시장에서 발행된 주식의 매매를 용이하게 할 수 없다. 유통시장에서 주식을 매매하기가 쉽지 않아 환금성이 낮으면 사람들이 발행시장에서 주식을 사지 않을 것이기 때문이다. 따라서 기업의 투자자금 조달이 어려워진다. 그리고 발행시장에서 새롭게 발행된 주식 가격도 유통시장에서의 거래를 바탕으로 책정될 수 있다. 더욱 중요한 유통시장의 기능은 자본의 기회비용을 창출함으로써 투자 자금이 효율적으로 배분되도록 하여 자본주의 시장경제가 운행되는 기본 바탕을 제공한다는 것이다.

1) 자본의 기회비용 정보 창출

유통시장에서 주식을 매매하는 거래자들의 목적은 자본이득(capital gain)과 배당소득(dividend)을 얻기 위한 것이다. 자본이득이란 주식을 낮은 가격에 사서 높은 가격에 팔아 얻는 이득을 말한다. 그런데 이들의 주식매매 행위는 의도하지 않게 중요한 시장 정보를 생산한다. 즉 어떤 기업의 주식가격이 올라간다는 사실은 그 기업의 자본이 소비자들의 욕구를 충족시키는 방향으로 효율적으로 사용되고 있다는 시장 정보를 창출하는 행위다. 반대로 어떤 기업의 주식가격이 내려간다는 사실은 그 기업의 자본이 소비자들의 욕구를 충족시키지 못하는 방향으로 쓰이고 있다는 시장 정보를 창출하는 것이다. 창출된 시장 정보란 특정 기업이나 산업에서 사용하고 있는 자본의 기회비용에 관한 것으로서, 기업가가 자본을 얼마나 효율적으로 사용하고 있는지에 대한 신호 기능을 한다.

시장에서 창출되는 생산요소의 기회비용에 대한 정보 없이는 기업가는 자신의 기업이 얼마나 이익을 내고 있는지 또는 얼마나 손해를 보고 있는지 정확하게 계산할 수 없다. 주식시장에서 창출된 정보는 기업가로 하여금 기업의 손익을 가늠할 수 있게 하고 소비자의 요구에 부응할 수 있는 생산구조를 갖추도록 한다. 즉 주주들은 유통시장에서 주식을 매매함으로써 어떤 산업의 어떤 기업이 어떤 생산재나 소비재를 생산하기 위해 얼마만큼의 자본을 사용할 것인가를 알려주는 가이드라인을 제공하여 투자 자금의 효율적 배분을 촉진하는 기능을 한다. 따라서 주식시장, 더 광범위하게 채권시장을 포함한 자산시장이 없거나 제대로 작동하지 않는다면 기업가가 이러한 정보를 얻어낼 길이 없고 자신의 추정에 의존할 수밖에 없으므로 결국 자본의 효율적 배분을 기대할 수 없게 되는 것이다. 사회주의 국가가 몰락한 것은 경제 주체들의 유인체계에도 문제가 있었지만, 더 근본적인 이유는 생산수단의 국유화로 자산시장이 존재할 수 없어 시장 정보가 창출될 수 없었고, 따라서 경제계산이 불가능했기 때문이다.

따라서 유통시장에서 이뤄지는 수많은 주식 거래는 거래자들이 의도하는 바는 아니지만 자본주의 경제 체제에서 가장 중요한 생산요소인 자본에 대한 시장 정보를 끊임없이 창출하여 기업가에게 전달함으로써 소비자들의 요구에 적합한 생산구조를 갖추도록 하는 데 매우 중요한 기능을 수행한다. 유통시장에서 거래되는 주식매매로 기업이 새로운 투자 자금을 조달하는 것은 아니지만, 유통시장은 소비자의 요구를 만족시켜 줄 수 있는 생산구조 형성에 긴요한 시장 정보를 창출하는 기능을 하는 것이다.

2) 궁극적인 자원 배분의 주체는 주주

기업가 정신은 불확실성 하에서 미지의 이윤 기회를 찾아 나서거나 만드는 정신으로 정의된다. 따라서 이러한 정신을 가진 모든 사람들을 기업가라고 부른다. 예를 들어 불확실성에 직면한 근로자가 어떤 직장에서 어떤 일에 종사할 것인가를 결정하는 것은 기업가적 행위이다. 그러나 이들이 그러한 불확실성을 성공적으로 떠맡지 못한 데 따른 손실은 반대의 경우에 얻을 수 있는 자신의 노동력에 대한 대가가 전부이기 때문에 자본가가 불확실성을 성공적으로 떠맡지 못한 경우에 비해 훨씬 더 작다. 그러므로 자본주의 경제 유지에 가장 중요한 존재는 자본을 잘못 사용했을 경우 커다란 손실이 자신에게 귀착되는 자본가-기업가이다. 그리고 이러한 불확실성을 성공적으로 떠맡은 행위에 대한 대가가 곧 이윤이다.

매일매일 주식회사의 자원배분은 현재 경영을 맡고 있는 경영진에 의해 이뤄지지만 이들이 주식회사의 자원배분을 궁극적으로 결정하는 주체는 아니다. 주식회사의 각 주주는 경영자의 행위를 감시·감독하는 데 많은 비용이 들기 때문에 그럴 유인을 크게 가지지 못한다. 따라서 경영자가 기업 가치를 훼손하면서 자신의 재량으로 의사결정을 할 가능성이 있고, 실제로 경영자가 재량적 행위를 하는 것은 사실이다. 그러나 기업지배 쟁탈 시장(market for corporate control)이 활발하게 작동할 경우 경영자의 재량은 제한된다. 즉 경영자가 자신의 이익을 위한 재량권을 많이 행사할 경우 기업 가치가 떨어져 흡수·합병이나 경영자를 교체하는 결과를 낳기 때문에 주식시장이 경영자의 이러한 재량적 행위를 제한하는 기능을 한다. 경영자가 기업의 이익과 무관하게 재량적 활동을 많이 할수록 기업 가치가 떨어지므로 이는 곧 흡수·합병을 유도하고 결국 경영자를 대체하는 결과를 가져온다.

각 주주가 기업경영을 감시·감독하는 데 소요되는 비용이 크기 때문에 이를 시행할 유인이 없는 반면, 이들은 주식시장에서 주식을 사고팖으로써 경영자들의 재량적 행위를 효과적으로 제한한다. 결국 주주들은 유통시장에서 주식을 사고팖으로써 주식회사 내의 자원배분을 궁극적으로 명령한다. 따라서 주식회사의 궁극적인 자원 배분은 주주들에 의해 이뤄진다. 물론 주주들의 이러한 행동을 배후에서 최종적으로 명령하고 통제하는 주체는 소비자들이다. 기업 운영과 관련된 어느 누구도 소비자들의 선호에 따른 선택을 외면할 수 없다. 시장을 주도하고 최종적으로 자원 배분을 명령하고 통제하는 주체는 소비자들이다.

5. 기업지배구조

주식회사 내의 의사결정 구조를 바탕으로 기업지배구조를 논의할 수 있다. 기업지배구조의 본래적 의미는 주주가 자신의 자본을 운영·관리하는 경영자의 경영에 간섭하는 수준 또는 이를 규율하기 위한 메커니즘을 말한다. 즉 경영자가 자본을 출자한 주주의 이익에 충실하도록 규율하는 메커니즘을 말한다. 기업지배구조 문제가 대두되는 이유는 회사가 한 개인에 의해 100% 소유되고 소유자가 직접 경영을 하지 않는 한, 회사의 형태가 어떠하든 출자자와 경영자가 달라질 수 있기 때문이다. 즉 회사를 설립하고 운영하는 데 필요한 자본을 제공하는 사람인 출자자와, 자본을 실제로 운영하는 사람인 경영자가 다를 수 있기 때문이다. 이런 경우 출자자의 목적은 자본을 공급한 데 따른 자신의 이익을 크게 하는 것이지만, 경영자의 목적은 경영자 자신의 이익을 크게 하는 것이 될 수 있다. 출자자는 경영자가 출자자 자신의 이익을 최우선의 가치로 삼는 경영 활동을 하기를 원하므로 기업지배구조 문제가 대두한다.

세계 각국의 기업지배구조를 살펴보면, 분산 소유 구조보다는 통제주주가 존재하는 집중 소유 구조가 일반적이며 국가별로 독특한 기업지배구조를 가지고 있다. 그러나 지금까지의 기업지배구조 관련 연구들은 대부분 분산 소유 구조와 집중 소유 구조의 기업 성과 비교에 집중되어 있으며, 국가별로 왜 서로 다른 기업지배구조 형태를 지니게 되었는지에 대한 연구는 별로 없다.

기업 집단을 분산 소유 구조와 집중 소유 구조로 나누고 성과의 우열을 논의하는 것은 세계 각국에 존재하는 다양한 기업지배구조를 단순화하여 이분법적으로 양분하는 것이다. 그러므로 각국의 고유한 역사적·사회적 상황을 고려하지 않은 채, 성과를 측정하는 일반적인 변수들을 가지고 분석하는 방법론은 심각한 오류에 빠질 가능성이 있다.

로우(Roe, 1994)는 미국의 경우 대기업들의 소유구조가 집중 소유형이 아니라 분산 소유형이 된 것은 경제적인 이유에서가 아니라 소수가 차지하는 부의 집중을 막으려는 의도의 정치적 이유에서 찾고 있다. 이런 경향은 미국과 영국에서 두드러지게 나타나는데, 이는 이들 두 나라에서는 20세기 초 반(反)기업 정서를 반영한 반(反)트러스트법 등으로 집중 소유형 기업집단을 해체하였기 때문이다. 또한 로우(2003)는 사회주의적 성향이 강한 유럽국가에서 집중 소유형을 보이는 것은 기업가들이 소유 집중(block share holding)을 통해 재산권을 보호하기 위한 것이라고 설명하고 있다.

1) 의사결정 구조와 기업지배구조

재벌로 통칭되는 한국의 대규모 기업집단은 다수의 계열기업으로 구성되어 있으며 기업집단 전체에 대한 소유권 및 의사결정 권한이 총수에 집중되어 있는 생산조직이다. 기업집단을 구성하고 있는 다수의 계열기업들은 생산기술적인 면이나(관련 분야 다각화의 경우), 아니면 최소한 자금조달 면에서(비관련 분야 다각화의 경우) 상호의존 관계를 형성하고 있다. 따라서 한 계열기업에 의해 이뤄진 의사결정은 여타 계열기업들에 외부효과를 유발할 수 있다. 이 외부효과를 기업집단 전체의 관점에서 어떻게 효율적으로 내부화할 것인가가 다각화된 생산조직에 고유하게 부과되는 문제인데, 한국의 대규모 기업집단은 이를 의사결정 권한을 집중하여 해결하였다. 따라서 총수에게 의사결정 권한이 집중되는 것은 비효율의 원인이 아니라 효율 추구의 자연스러운 결과라고 할 수 있다. 이는 곧 위의 주식회사 내의 의사결정 구조에서 설명한 바와 같다.

외부효과를 내부화하는 데 의사결정 권한의 집중화가 효율적인가를 보기 위해 의사결정 권한이 분산된 상태와 비교해보자. X재를 생산하는 기업의 소유주가 Y재 산업에 진출하여 계열기업을 설립했다고 하자. X재와 Y재가 기술적 관련이 없다고 하더라도 자금운영 면에서 상호 의존관계를 형성한다. 대표적인 것이 두 기업의 내부 유보 이윤의 운용 문제다. 만일 두 업종의 투자에 대한 미래의 기대수익에 차이가 있다고 가정하면, 두 업종의 한계 투자수익이 같아지도록 내부 유보 이윤을 분산하여 투자하는 것이 효율적이다. 그러나 의사결정 권한이 분산되어 있으면 이러한 효율적인 투자가 이뤄진다는 보장이 없다. 기대 투자수익이 높으나 내부 유보 이윤이 충분하지 않은 계열기업의 입장에서 다른 계열기업의 독자적 행동은 해당기업 뿐만 아니라 다각화 기업집단 전체에 손해를 초래한다. 따라서 효율적인 투자로 얻어지는 이윤의 분배에 대한 합의가 필요한데,

그에 따른 조정비용이 초래될 것이다. 이럴 경우 의사결정 권한이 기업집단 총수에 집중되어 있다면 추가적인 조정비용 없이 효율적인 투자가 가능하다. 따라서 의사결정 권한이 집중되어 있는 경우에는 분산되어 있는 경우에 비해 두 계열기업이 부담하는 조정비용을 절약할 수 있을 뿐만 아니라 신속한 의사결정을 내릴 수 있다. 또한 이런 조정비용의 절약은 일회적인 것이 아니라 동일한 상황이 반복될 때마다 누적되며, 다각화가 확대될수록 조정비용의 절약에 따른 이득은 늘어날 것이다.

계열기업의 수가 많아질수록 이용 가능한 총 내부 유보 이윤은 커질 것이다. 그러나 계열기업 수가 많아질수록 모두를 만족시킬 수 있는 합의를 보기는 점차 어려워지며, 조정비용은 점증할 것이다. 따라서 의사결정 권한이 집중화되어 있다면, 점증하는 조정비용을 지불하지 않고 내부 유보 이윤을 효율적으로 이용하는 것이 가능하다. 여기에서 중요한 점은 협상비용은 사회적인 관점에서도 낭비적이므로 의사결정 권한의 집중은 사회적인 관점에서도 바람직하다는 것이다.

물론 의사결정 권한의 집중화를 통해 외부효과를 효율적으로 내부화한다고 해서 다각화의 범위에 제한이 없는 것은 아니다. 다각화가 진행될수록 외부효과를 내부화하는 이득이 커지는 한편, 관리비용은 증가한다. 따라서 최적 다각화의 범위는 다각화로 인한 한계 내부화 효괴의 크기와 한계 관리비용의 크기가 같아지는 수준에서 결정될 것이다. 그런데 관리비용은 다각화되는 생산부문 수의 함수이기도 하지만 최고 의사결정자의 관리능력의 함수이기도 하므로 최고 의사결정자의 관리능력이 뛰어날수록 다각화의 한계가 커질 것이다.

2) M-형과 계열기업형

대규모 기업집단에는 다사업부서형(Multi-divisional form: M-형)과 계열기업형(affiliates)이 있다. M-형은 여러 가지 사업 부서를 하나의 기업 안에 내부화하는 형태이며, 계열기업형은 각각의 독립 법인을 설립하여 모기업이 통제하는 형태이다. 한국의 다각화된 기업집단을 둘러싸고 제기되는 한 가지 의문은 왜 미국의 GE, 3M 등과 같이 M-형으로 다각화되지 않고 계열기업형으로 다각화되었느냐는 것이다. M-형이나 계열기업형 모두 의사결정 권한이 한 곳에 집중되어 있다면, 외부효과의 지속적인 내부화를 추가적인 조정비용 없이 할 수 있기 때문이다.

먼저 계열기업을 설립하는 경우에는 설립비용 등, 제반 비용이 M-형의 사업부서로 편입되는 경우에 비해 더 높다고 할 수 있다. 또 계열기업마다 별도로 이사회를 구성해야 하고 노사관계 등 독자적인 기업문화가 형성될 가능성이 크기 때문에 다각화된 기업집단의 관점에서 볼 때 M-형에 비해 관리비용이 높아진다. 이렇게 본다면 M-형이 일반적으로 더 바람직해 보인다.

그러나 계열기업을 설립하는 경우에는 M-형에 비해 다음과 같은 장점이 있다. 우선 어느 한 계열기업이 경영실패로 자산 가치 이상의 손실을 입은 경우 다른 계열기업들에 추가적인 부담을 지우지 않고 파산 절차를 통한 해결이 가능하다. 반면에 M-형의 경우에는 어느 한 사업부서가 자신의 자산 가치 이상으로 손실을 낼 경우 나머지 사업부서들이 이 부담을 떠안아야 한다. 즉 계열기업을 설립하는 경우에는 M-형과는 달리 파산 시에 기업집단 전체에 외부불경제를 유발하지 않는다. 그러므로 계열기업을 설립하는 경우는 사업 환경이 불안정하여 파산의 위험이 높을 때 선호된다고 할 수 있다. 예를 들어 공업화 초기 단계에서는 새로운 사업들이 계속 시도되는데, 성공하면 시장을 선점하여 고수익을 보장받을 수 있지만 소비자들의 선호 및 다른 기업들에 대한 정보가 불충분하기 때문에 실패할 위험 또한 높다. 그래서 계열기업형이 선호될 수 있다.

계열기업을 설립하여 얻을 수 있는 또 하나의 이점은 외부에서 자금을 차입할 때 계열사 간 상호지급 보증이 가능하다는 것이다. 금융시장이 발달되어 있지 않은 상황에서 외부 차입은 피할 수 없는데, 계열사 간 상호 지급보증을 통해 이 문제를 상대적으로 수월하게 해결할 수 있다. 자금을 공급하는 금융회사의 입장에서도 M-형 전체의 재무 상황이나 영업 상황을 파악하는 것보다 독립적인 계열기업과 일부 관련 계열기업의 상황을 파악하는 것이 훨씬 더 용이하다. 이런 논리는 외국 기업을 비롯한 타 기업과의 기술제휴 건에도 동일하게 적용될 수 있다.

계열기업형 거대집단은 한국, 일본, 인도 등 후발 공업국가 뿐만 아니라 유럽대륙 국가의 공업화 초기 단계에서도 찾아볼 수 있다. 그러나 유독 미국의 다각화된 기업집단은 계열기업형이 아니라 M-형이 일반적인데, 그 이유는 위에서 설명한 바와 같이 반트러스트법 등으로 통제주주로부터 계열기업들을 박탈하고 해체해버렸기 때문이다.

주식회사 형태의 독립적 계열기업을 실질적으로 지배하기 위해서는 누군가가 의사결정을 실질적으로 지배할 수 있을 만큼의 지분을 보유해야 한다. 그러나 위에서 기술한 바와 같이 미국에서는 특정 기업의 지배주주가 없어 어떤 특정인이 해당 기업의 의사결정을 지배할 수 없다. 이렇게 지배주주가 없는 상태에서 계열기업을 설립하면 그 계열기업에 대한 통제권을 상실하고 계열기업과의 관계가 계층적(hierarchical) 관계가 아니라 계약적(contractual) 관계가 됨에 따라 의사결정비용이 높아진다. 이런 상황에서 다각화를 추진하는 기업집단이 추가적인 의사결정비용을 부담하지 않고 이득을 도모하는 유일한 방법은 여러 사업 부서를 하나의 조직 내에 통합하는 것이다.

3) 통제주주에 의한 대리인 문제와 소액주주 문제

한국의 대규모 기업집단처럼 계열기업형으로 다각화를 이루고 주식이 거래소에 상장되어 있는 경우, 다각화 기업집단에 고유한 대리인 문제가 발생하기 때문에 이를 시정해야 한다는 주장이 있다. 이런 주장의 타당성을 살펴보기 위해 위에서 기술한 주식회사 제도의 운행 원리를 상기해 보자. 주식회사 제도는 기본적으로 대규모의 자금 조달을 위해 만들어진 제도이며, 그 운행 원리는 의사결정비용과 외부비용의 관점에서 살펴볼 수 있다. 대규모 자금을 필요로 하는 사업을 추진하는 데 특정 개인의 자금만으로 불가능할 경우 차입에 따른 이자비용을 부담하지 않고 자금을 조달하는 방법이 주식을 공모하는 것이다. 이때 주식을 공모하는 자본가-기업가의 입장에서는 자신의 의사결정 권한이 주식공모로 늘어난 주식으로 제한받는다면 의사결정 권한 분산에 따른 외부비용과 외부비용을 제거하기 위한 의사결정비용이 추가되고 그 크기가 예측하기 힘들다는 점 때문에 공모의 유인이 사라진다. 반면에 주식공모에 참여하는 개인 입장에서는 의사결정에 참여하지 못하게 되면 높은 외부비용을 부담해야 한다. 그런데 이 외부비용이 배당이익과 주식가치 상승에 따른 자본이득의 합보다 크다면 문제가 된다. 따라서 주식 공모자의 의사결정 권한을 침해받지 않으면서 주식 공모에 참여하는 사람들의 외부비용을 동시에 낮출 수 있는 방법이 모색되어야 한다.

이를 해결하는 방법이 주식 공모자인 지배주주에게 의사결정권을 위임하고, 주식 공모 참여자인 소액주주에게는 자신이 보유한 주식을 자유롭게 팔 수 있도록 허용하는 것이다. 소액주주들은 자신의 이해관계에 어긋나는 지배주주의 의사결정으로 인해 기대 이익을 초과하는 외부비용의 발생이 예상될 때 주식을 매도해서 외부비용 부담을 회피할 수 있다. 그런데 지배주주가 특정 의사결정과 관련된 가장 큰 이해관계를 가지므로 자신의 이해관계에 반하는 의사결정을 의도적으로 내릴 수는 없다. 따라서 소액주주에게 사후적으로 피해가 간다고 하더라도 지배주주가 이를 고의적으로 했다고 생각하기는 어렵다. 물론 기업청산 시와 같이 아주 예외적인 경우에는 청산에 대한 정보가 공개되기 전에 지배주주가 자신의 주식을 처분함으로써 소액주주에게 피해를 전가시키는 행위가 가능하다. 그러나 이런 예외적인 경우를 방지하고자 이사회의 모든 결정을 사전에 공개하도록 하거나 지배주주의 특정한 의사결정에 따른 피해를 모두 보상하도록 한다면 주식회사 제도 자체의 운영이 불가능할 것이다. 즉 이러한 예외적인 경우는 주식회사 제도라는 효율적인 자금충당 제도를 운영하는 데 불가피하게 수반되는 비용으로 보아야 하며, 그런 일이 발생하는 경우에는 사후적으로 처리하는 것이 바람직하다.

참고문헌

김영용·박경석, 『재산권, 주식회사, 대규모 기업집단』, 한국경제연구원, 2006.

Berle, Jr, A. A. and Gardiner C. Means, 『The Modern Corporation and Private Property』, The Macmillan Company, New York, 1932.

Bratton William W. and Joseph A. McCahery, "An Inquiry in the Efficiency of the Limited Liability Company: Of Theory of the Firm and Regulatory Competition," *Washington and Lee Law Review* 54, 1997.

Buchanan James M. and Gordon Tullock, 『The Calculus of Consent』, Liberty fund, 1999.

Chandler, Jr., Alfred D., 『The Visible hand: The Managerial Revolution in American Business』, The Belknap Press of Harvard University Press, 1977.

Demsetz, Harold, "Toward a Theory of Property Rights," *American Economic Review*, May 1967, pp.347-59.

Hillman, Robert W., "Limited Liability in Historical Perspective," *Washington and Lee Law Review* 54(2), 1997, pp.613-27.

Jeon, Yoong-Deok and Young-Yong Kim, "Conglomerates and Economic Calculation," *Quarterly Journal of Austrian Economics*, Spring 2004, pp.53-64.

Kirzner, Israel M., 『Competition and Entrepreneurship』, University of Chicago Press, 1973.

Morck Randall K. eds., 『A History of Corporate Governance around the World』, University of Chicago Press, 2005.

Roe, Mark J., 『Strong Managers, Weak Owners: The Political Roots of American Corporate Finance』, Princeton University Press, 1994.

__________, 『Political Determinants of Corporate Governance』, Oxford University Press, 2003.

Stigler, George J. and Claire Friedland, "The Literature of Economics: The Case of Berle and Means," *Journal of Law and Economics*, June 1983, pp.237-68.

10 복지

17세기 로크(John Locke)와 18세기 흄(David Hume) 및 스미스(Adam Smith) 등에 의해 형성된 고전적 자유주의(classical liberalism)는 절대 군주의 지배에서 벗어나 개인의 생명, 자유, 그리고 재산을 보호하는 시민사회 형성에 크게 기여하였다. 고전적 자유주의는 18세기 중반 밀(John S. Mill) 등에 의해 더욱 발전되었고, 개인의 자유 신장은 물론 국가의 역할을 축소시키는 데 공헌하였으며, 그 결과 영국 사회의 번영을 가져왔다. 그러나 19세기 후반 영국에서 빈곤과 실업이 증가함에 따라 고전적 자유주의에 대한 회의가 싹트면서 정부 개입의 필요성이 대두되었다. 이를 대변하는 new liberalism이라고 지칭되는 사조(思潮)는, 기본적으로 자본주의와 사유 재산 제도를 옹호하면서도 시장 경쟁의 불공정을 시정하고 실질적인 자유를 위한 평등을 강조한 것으로서 그린(Thomas Hill Green), 홉슨(John Hobson), 그리고 케인즈(John Maynard Keynes) 등에 의해 주도되었다. 경제학 분야에서 케인즈 혁명이라고 불리는 이 사조는, 자본주의 시장경제는 기본적으로 불안정하기 때문에 정부가 개입하여 이러한 불안정성을 교정해야 한다고 주장한다. 이후 세계 각국 정부의 경제 개입과 복지정책은 이러한 사조에 근거한 것이다.

복지정책은 흔히 조세권과 자원배분의 강제력을 가진 정부의 독점적 영역에 속하게 된다. 복지정책의 수단으로서는, 첫째, 시장에서 소득이 나눠지는 과정은 그대로 두고 소득이 정해진 후, 정부가 여러 가지 정책을 통하여 이를 수정 및 보완하는 것이다. 이러한 정책으로서는 의료보험과 국민연금 등의 사회보험, 무상 교육, 무료 의료 서비스 등의 공공서비스 등을 들 수 있다.[1] 둘째, 정부가 복지정책의 대상자라고 판단하는 사람들의 소득결정 과정에 직접 개입하여 원하는 소득구조를 이루고자 하는 정책이다. 즉 특정 경제 주체의 생산이나 소비활동과 관련된 가격을 규제하는 것으로서, 최저임금제, 가격지지정책, 공공임대주택정책 등이 여기에 속한다.

본 장에서는 구체적인 복지정책이 아니라 큰 틀로서의 복지정책이 지향하는 바에 따라 그 결과가 매우 다르게 나타난다는 사실을 강조하고 지속가능한 복지정책을 위한 대책에 대해 논의한다.

1. 박애주의적 복지

복지는 기본적으로 온정주의(paternalism)에 바탕을 두고 있다. pater는 아버지를 이르는 말인 바, 온정주의는 가부장인 아버지가 자식을 돌보고 간섭하듯 국가가 국민을 보호하고 간섭하는 것을 말한다. 그런데 로크의 설명처럼 부모가 자식을 양육하며 가지는 명령권은 자식이 자신의 일을 스스로 판단하고 처리할 수 있는 능력이 생기기 전인 미성년 기간에 한하며, 자식이 성년이 된 이후에는 부

1 정확한 의미에서 무상 교육이나 무료 의료 서비스는 존재하지 않는다. 수혜 대상자가 지불하는 비용이 없다는 점에서는 무상이나 무료이지만, 사회 구성원들 중 누군가 이 비용을 지불한다는 점에서 무상이나 무료는 없다.

모의 울타리에서 벗어나 자유인이 된다. 부모가 성년이 된 자식을 돌본다면, 그것은 자애와 사랑에 의한 것일 뿐, 자식을 부모의 의지에 종속시킬 수 있는 권한을 의미하는 것은 아니다. 자식은 부모의 사랑과 양육에 대한 보답으로 평생 부모를 공경하고 부양할 의무를 진다. 이와 같은 부모와 자식 간의 자애, 사랑, 공경은 자연스러운 것이지 법적 구속에 의한 것이 아니다.

국가에 의한 박애주의적 복지정책은 부모가 미성년인 자녀를 돌보듯이 소득이 일정 수준에 미치지 못하는 이른바 '가난'한 사람들, 즉 스스로의 삶을 영위할 수 있는 능력이 없거나 부족한 사람들을 돌봄으로써 그들의 물질적 생활 향상을 꾀하고자 하는 것이다. 특정 개인이 속하는 계층이나 집단에 상관없이 '가난'한 사람들을 돌보는 것은 국가가 떠맡을 수 있는 일 중의 하나이다. 대부분의 사람들도 그런 복지 지출에 대해서는 별다른 이의를 제기하지 않는다. 그래서 박애적 복지정책은, 부모가 미성년의 자식을 돌보듯, 스스로 자기 삶을 영위할 수 있는 능력이 없거나 부족한, 가난한 사람들에게 국한돼야 한다. 그러나 오늘날에는 '복지국가'라는 이름 아래 복지 수혜자와 수혜 규모가 박애의 수준을 넘으면서 여러 가지 문제를 야기하고 있다.

2. 적극적 복지

소득 수준이 낮은 상태에서는 복지정책의 필요성이 강하게 대두되지만 이를 뒷받침할 수 있는 자원이 없거나 부족하기 때문에 실행되기 어렵다. 이제 사람들의 소득이 증가하고 평등 의식이 높아짐에 따라 박애의 범위를 넘어선 복지 수요가 증가하고 선거에서 표를 얻어야 하는 정치인들은 이를 수용하는 경향을 보인다.

그런데 세계 각국의 경험에서 알 수 있듯이, 박애의 수준을 넘어서는 복지정책은 흔히 의도하는 좋은 성과보다는 의도하지 않은 나쁜 결과를 낳는다. 특히 복지의 정부독점은 그 결과가 확연히 드러나기 전에는 성과를 알 수 없다는 점, 사람들의 일할 유인(誘因)이 떨어져 경제의 총 생산을 떨어뜨리거나 증가에 장애가 된다는 점, 한번 도입된 복지정책은 철회하기 어려우며 그 규모가 지속적으로 커진다는 점, 사회 구성원들의 정신 건강을 훼손한다는 점 등, 여러 가지 문제를 야기할 수 있다. 복지 지출이 경제의 감당 능력을 초과할 경우, 이른바 '복지병'이라는 늪에 빠져 경제 전체를 후퇴시키거나 파탄에 이르게 할 수도 있다. 따라서 박애주의적 복지 수준을 넘어서는 복지정책이 낳는 물적·정신적 결과를 간과해서는 안 된다.

박애를 넘어서는 복지정책의 결과에 대해 알아보기 위해서는 먼저 시장이 어떻게 움직여 생산이 이뤄지고 또 소득이 어떻게 얻어지는지를 살펴봐야 한다. 시장에서 수요와 공급에 의해 결정된 가격은 정보전달 기능, 유인제공 기능, 그리고 소득분배 기능을 수행함으로써 자원을 효율적으로 배분하며 각종 생산요소의 소유자들에게 소득을 발생시킨다. 정보전달 기능이란 시장에서 수요나 공급의 변화 상황을 가격이 각 경제 주체에게 멀리멀리 전파하는 기능을 말하며, 유인제공 기능이란 각 경제 주체들이 가격 변화에 따른 시장 상황의 변화를 인지하고 그에 대처하도록 하는 기능을 말한다. 또한 소득분배 기능은 각 개인이 가진 생산요소와 그 가격에 따라 소득을 얻게 하는 기능을 말한다.[2]

복지정책과 관련된 소득분배 기능에 대해 자세히 살펴보자.[3] 시장경제에서 시장을 통해 얻는 각 경제 주체의 소득은, 재화나 서비스를 판매하여 얻는 수익에서 이를 생산하고 판매하는 데 들어가는 비용을 차감한 것이다. 수익은 주로 우리가 소유하고 있는 생산요소에 대한 직접적인 지급인 노동, 토지, 건물, 그리고 기타 자본재에 대한 수입으로 구성된다. 따라서 각 경제 주체가 시장을 통해 얻게 되는 소득은 비용 요소를 제외하면 생산요소의 소유량과 그 시장 가격에 의해 결정된다.

시장경제에서 가격의 기능 중 사람들이 가장 불만스럽게 여기는 기능이 소득분배 기능이다. 불만은 주로 특정 개인이 소유하는 생산요소의 종류와 그 양에 관한 것이다. 사람들은 이런 것들이 개인의 능력이나 선택과는 상관없이 다른 사람들이 그 개인에게 만들어 준 기회와 행한 선택 등, (다소 추상적인) 사회적 요인에 의해 결정되는 것이라고 인식하는 경향을 보인다. 물론 그런 측면이 없는 것은 아니다. 그러나 어떤 사람이 특정 종류의 생산요소를 보유하는 정도는 부분적으로는 기회의 문제임과 동시에 다른 사람이나 자기 자신이 행한 선택의 결과이다. 한 개인이 어떤 지적 능력과 신체적 건강을 타고 나느냐는 그의 선택이 아닌 부모의 선택에 의해 결정되고, 주어진 유전자에 의해 그 개인은 물론 부모의 의지와는 상관없이 결정된다. 이후 그렇게 타고난 능력을 어떻게 발전시켜 나가느냐 하는

2 Friedman(1979), 제1장 참조.

3 자유 시장경제에서 소득은 개인이 소유하는 생산요소와 그에 대한 수요와 공급에 의해 결정되는 가격에 의존한다. 따라서 소득을 분배하는 주체는 없다. 그런 점에서 소득분배 기능이라는 용어는 잘못된 것이지만 여기에서는 통상적 사용을 따른다.

것은 그 개인과 남의 선택과 기회, 그리고 운(運) 등에 의해 결정된다.

그런데 그 과정에서 개인의 주체적인 선택이 매우 중요한 역할을 한다. 어떤 직업에 종사할 것인가, 자신이 가진 자원을 어떻게 조합하여 사용할 것인가, 어떤 모험을 할 것인가, 오늘을 즐기기 위해 내일을 희생할 것인가 아니면 내일을 위해 오늘을 얼마나 희생할 것인가 등은 모두 개인의 선택에 달려 있다. 개인의 선택에 따라 자원을 낭비할 수도 있고, 효율적으로 사용하여 미래의 소득을 높일 수도 있다. 즉 개인의 소득은 자신이 아닌 다른 사람들의 선택에 의해서만 결정되는 것이 아니라, 자신의 선택과 당면하는 기회, 주변 환경을 다루는 방법, 상업 세계에서의 위험에 대처하는 태도와 방법, 미래에 대한 통찰력의 차이, 운 등, 매우 복잡한 요소들이 뒤엉켜 결정된다. 이 때 생산요소의 현재 가격 및 미래에 예상되는 가격은 개인이 어떤 생산요소를 형성할 것인가에 커다란 영향을 미친다.

이런 점을 바탕으로 복지에 대한 수요와 공급에 대해 좀 더 구체적으로 논의할 수 있다. 시장경제에서 대중들의 불만을 자아내는 가격의 기능은 소득분배 기능이다. 어느 경제 체제에서나 부자와 가난한 사람들은 있기 마련인데, 시장경제에서는 이러한 빈부의 차이에 대한 책임이 개인이 아닌 시장으로 돌려진다. 사람들은 때로는 기회가 균등하지 못해서, 때로는 힘 있는 사람들이 시장을 왜곡해서, 때로는 불공정한 경쟁 때문에 등등, 개인의 능력이나 선택과는 상관없이 왜곡된 사회 구조 때문에 소득이 불평등하다고 불평한다. 물론 이런 불평이 논리적 근거를 가지는 경우도 있으나 부(富)에 대한 부러움과 질시 감정 등에서 연유하는 경우가 많다. 이는 복지정책이 특정 한계를 넘으려는 힘이 어느 사회에나 내재해 있고, 한계를 넘는 경우에는 사회 전체의 도덕성에 치명적 영향을 미칠 수 있음을 시사한다.

그런데 이런 점을 인정하고 받아들이더라도, 스스로의 삶을 유지할 수 없는 사람들의 처지를 도외시할 수는 없다. 자신의 생활은 자신이 책임지는 것이 당연하며 소망스럽지만, 인간 세상에는 그렇지 못한 사람들이 존재하는 것 또한 사실이다. 자식에게 의지할 수도 있지만 가족의 단위가 점점 작아지고 널리 흩어져 사는 현대 생활에서 이에 기대는 것도 현실성이 없다. 이런 점을 고려하면 국가가 세금으로 가난한 사람들을 돌봐야 한다는 생각이 자연스럽게 떠오를 수 있는데, 이는 타당하다고 할 수 있다. 따라서 가난한 사람들을 도와야 한다는 박애주의와 빈부격차에 대한 불만을 해소해야 한다는 사회적 요구로부터 복지정책에 대한 수요가 나오고, 이를 수용하는 정치적 결정에서 복지정책이 공급된다.

이제 제 스스로 자신의 물질적 삶을 영위할 능력이 없거나 부족한, '가난'한 사람들에 대한 박애 수준의 복지를 넘어 국가가 사람들의 삶을 책임지겠다는 수준으로까지 확대되는 복지정책에 대해 살펴보자.

첫째, 복지정책은 흔히 가격의 소득분배 기능을 정보전달 및 유인제공 기능과 분리한다는 점에 그 특징이 있다. 즉 정보전달과 유인제공 기능은 시장에서 가격이 담당하도록 하고 소득분배 기능은 정부가 맡아 생산을 극대화하면서 공평한 소득분배를 이룩한다는 것이다. 그러나 그렇게 하는 것이 바람직하다고 하더라도, 시장은 그렇게 움직여 주지 않는다는 데 복지정책의 딜레마가 있다. 사람들이 얼마나 열심히, 또 얼마나 위험한 일을 할 것인가는 생산 활동의 결과물인 소득이 누구에게 귀속되느냐에 달려있다. 사람들은 자신이 일하여 얻은 결과물은 자신의 소유가 될 것을 기대하며 생산과 교환에 참여한다. 즉 사유 재산권이 보호될 것이라고 기대한다. 그런데 어려운 일에 매달려 열심히 일한 결과의 전부 또는 일부가 자신에게 돌아오지 않는다면 사람들의 일할 유인은 크게 줄어들 것이다. 즉 가격의 소득분배 기능을 정부가 맡아 소득재분배를 하면, 가격의 정보전달 기능과 유인제공 기능도 함께 작동하지 않는다는 것이다. 따라서 정부가 소득재분배를 하더라도 생산이 그대로 유지되거나 증가할 수 있다고 믿는 것은 치명적 오류이며, 여기에 바로 복지정책의 딜레마가 있다. 다시 말하면 복지지출이 늘면 일할 유인이 떨어지고, 일할 유인이 떨어지면 생산이 줄고, 생산이 줄면 소득이 줄어들고, 소득이 줄어들면 정부가 거둬들이는 세금이 줄어든다. 세금은 줄어드는데 복지 지출은 늘어나므로 정부 재정은 적자를 벗어날 수 없고 파탄에 이르게 된다. 적극적 복지정책을 펴야 한다는 주장은 "분배 방식이 생산을 결정한다."는 사실을 간과하는 것이다.

둘째, 복지정책은 일단 도입되고 나면 수혜자의 수와 수혜 규모를 줄이거나 아예 정책 자체를 폐기하기가 매우 어렵다. 민주정(民主政)에서는 복지정책의 수혜자들도 투표권을 가지므로 이들의 요구를 외면하고 정권을 획득하기는 어렵기 때문이다. 타락하는 민주정에서 특히 그러한데, 아르헨티나와 베네수엘라 등이 대표적이다. 민주정이 타락할수록 정치인들의 유일한 목적은 정권을 획득하는 것이며, 이를 위해서는 단기적으로 표를 얻을 수 있는 일이라면 아무 것도 두려워하지 않는다. 그래서 일단 제도화된 복지정책은 꾸준히 확대되는 경향성을 지닌다. 합법적 절차를 거쳐 획득한 정권이 다시 합법적 절차를 통해 인기 영합적 복지정책을 확대하는 것을 막을 수 있는 방법은 용이하지 않다. 사회 구성원들의 건강성을 회복하기 위해 복지 지출을 줄이겠다는 정당은 정권 획득에 실패할 가능성이 높다는 점에서 타락하는 민주정을 바로잡을 길이 막연하다는 말이다.

셋째, 복지정책이 긴급하고 위험한 사람들을 구제하는 범위를 넘어서면 시간이 지남에 따라 사람들은 의당 그래야 하는 것으로 생각하고 복지 수혜를 당연한 권리로 여기게 된다. 복지 수혜자들이 처음에 느끼는 고마운 생각은 퇴색하고 권리 의식이 자라난다. 이에 따라 복지 지출을 위한 세금을 자발적으로 내고 싶지 않은 사람들은 불만을 가지게 되고, 권리로 생각하는 수혜자들은 고마움을 느끼지도 않으면서 더욱 많은 혜택을 원한다. 즉 부자들은 원하지 않지만 법적 강제에 의해 자신들이 내는 세금으로 살아가는 가난한 사람들을 약탈자로 규정하고, 가난한 사람들은 사회 정의라는 이름 아래 권리가 된 복지 수혜를 부자들의 자선이 아닌 의무로 규정하게 된다.

정부에 의해 복지 수혜자로 선정된다는 것은, 비록 그 이름이 공개적으로 드러나지는 않는다고 하더라도, 자신이 스스로의 삶을 책임지지 못한다는 무능함과 열등함을 스스로 인정하는 것이다. 거의 대부분의 사람들은 이런 자기 인식에 자괴감이나 모욕감을 느낄 것이다. 그러나 정부가 복지정책을 광범위하게 실시하면 사람들은 익명의 다수 속에 숨을 수 있고, 많은 사람들이 동시에 함께 수혜를 받으므로 수치심을 감출 수 있어 도리어 편안함을 느낄 수 있다. 급기야는 복지 수혜자들은 그러한 수혜를 합리화하기 위해 세금을 통한 합법적 약탈에 정당성을 부여하기에 이른다. 사람들이 도덕성과 정의감을 상실하고 건강성을 잃으며 파렴치하게 되는 것은 자명한 이치다.

이와 같이 법에 의해 강제로 시행되는 복지는 개인의 도덕성은 물론 사회 전체의 도덕 감정을 후퇴시키고 사회적 갈등을 증폭시킨다. 복지 제공자와 수혜자가 대면하는 자발적 자선의 경우에는 제공자와 수혜자 간에 도덕적 유대감도 생기고 복지 혜택을 벗어나기 위한 자력갱생의 의지도 생길 수 있으나, 정부에 의한 복지는 익명으로 이뤄지기 때문에 납세자와 수혜자 간에 도덕적 유대감도 생기지 않고 복지 수혜자들이 스스로의 삶을 꾸리겠다는 의지도 퇴화시킨다. 토크빌(Alexis de Tocqueville)의 지적처럼 복지정책의 이런 귀결은 가난보다는 사람들의 도덕성에 훨씬 더 나쁜 결과를 낳게 된다.[4]

도덕 규칙은 평화로운 사회 질서의 유지를 위해 사람들이 지켜야 할 비공식적 제약으로서, 사람들이 해서는 안 될 행위를 규율하는 것이다. 그리고 도덕 규칙은, 이를 지키는 행위에 대해서는 유쾌한 감정을 부여하고, 위반하는 행위에 대해서는 불쾌의 감정을 부여하는 정의감에 의해 지탱된다. 따라서 정의의 확립은 개인의 생명과 자유, 그리고 재산을 타인이 침해하거나 약탈하지 못하도록 하는 것이다.

4 Tocqueville 지음, 김영란·김정겸 옮김(2014) 참조.

그런데 도덕에 뿌리를 둔 법이 정의의 범위를 넘어 대폭 확대된 복지정책으로 구체화되면 남의 재산을 약탈하는 행위를 합법화함은 물론, 이에 저항하는 행위를 범죄시하고 처벌함으로써 사회는 쇠퇴의 길로 들어선다. 민주정 하에서 복지국가를 향한 열망이 고조되면 수많은 이해 집단이 법을 이용하여 합법적으로 이익을 얻으려는 추세가 보편화된다. 다수가 소수를 착취하는 구조가 고착된다. 특히 시장경제가 개인 간, 계층 간 부의 불평등 원인이라는 오인(誤認) 아래 이런 움직임이 거세진다. 실정법에 따라 합법적으로 약탈당한 집단도 이를 다시 합법적으로 복구하려는 과정에서 갈등과 분쟁이 증폭되고 국가 사회는 건잡을 수 없는 몰락의 길로 들어선다. 법을 통한 합법적 약탈이 일상화되어 국가의 존립 자체를 위협하는 것이다.

넷째, 복지국가는 사회주의의 붕괴 이후 나타난 사회주의의 다른 얼굴이다. 20세기 사회주의의 실패를 실험의 실패라고 하지만, 사회주의의 몰락은 실험의 잘못이 아닌 논리적 귀결이었다. 이후 사회주의 건설에 실패한 사회주의자들이 우회적 방법으로 복지국가 건설을 들고 나와 사람들을 현혹하고 있는 것이다. 사회주의는 생산요소에 대한 사적 소유를 허용하지 않아 경제계산을 불가능하게 하고 사람들의 유인을 왜곡하여 총체적 생산을 격감시키는 방법으로 경제파탄을 초래한다.[5] 반면에 복지국가는 경제 활동의 결과물을 생산에 공헌한 바에 따라 분배하는 것이 아니라 정부가 인위적 방식으로 분배함으로써 총체적 생산을 감소시켜 경제를 파탄에 이르게 한다. 양자 모두 양적 평등을 위해 자유를 희생한 대가이다. 경제를 파탄에

5 사회주의 경제계산 불가능성에 대해서는 제1장을 참조.

이르게 하는 과정에는 다소 차이가 있지만, 사유 재산 박탈과 침해라는 원인과 그에 따른 결과가 같다는 점에서 복지국가는 사회주의의 환생인 것이다.

요컨대, 복지가 박애의 수준을 넘어 수혜자들의 권리로 둔갑하면, 정의감은 실종되고 도덕과 법이 타락한다. 법적으로 강제된 자선(慈善)은 공공의 번영보다 사람들의 도덕성을 해치는 치명적 결과를 낳고, 그것이 가난보다 훨씬 더 심각한 사회적 재앙을 낳는다. 복지 수혜자들의 권리라는 것도 그들의 정신을 고양시키는 것이 아니라 황폐화시킨다. 정신적 타락과 뒤이은 경제의 후퇴로 온정적 복지마저 지속될 수 없다. 그래서 복지정책의 확대는 가난을 근본적으로 해결할 수 있는 방법이 아니라, 최소한의 복지마저도 지속될 수 없도록 하는 것이다. 경제가 그런 지경에 이르면 사람들은 분발하여 가난을 벗어나려고 노력하는 것이 아니라, 정부에 더욱 강한 특단의 대책을 요구하며 더 많은 복지 지출을 요구함으로써 경제는 회복 불능 상태로 추락한다.

이와 같이 언뜻 보아 매우 인간적이라고 생각되는 복지정책이 박애 수준을 넘어서면 비인간적 결과를 낳는다. 확대된 적극적 복지정책은 소기의 목적을 달성하지 못할 뿐만 아니라 사람들을 부도덕하고 정의롭지 못한 행위를 하도록 유도하기 때문이다. 그런 복지정책은 인간의 이기심을 바람직하지 못한 방향으로 유도하여 사람들의 유인 구조를 바꾸고 사회를 타락시킨다.

3. 지속가능한 복지

선의(善意)에서 출발한 복지정책이 정치인들의 정권 획득 수단으로 변질되는 것을 막고 지속 가능하기 위해서는, 그가 누구이든 노동 능력이 없거나 부족하여 스스로의 삶을 유지할 수 없는 '가난'한 사람들을 국가가 돌보는 박애 수준을 넘어서는 안 된다. 시장경제 체제는 이에 소요되는 복지 재원을 마련할 수 있으므로 정치인들이 정권을 잡겠다는 욕심으로 이들에게 아첨하는 인기 영합적 정책만 남발하지 않는다면, 경제에 미치는 부정적 영향을 최소화하면서 복지정책을 지속시킬 수 있다. 따라서 국가의 복지정책은 가난한 사람이 최소한의 인간다운 생활을 유지하도록 하는 수준에 머물러야 한다. 물론 여기에도 문제가 전혀 없는 것은 아니다. 최소한의 인간다운 삶의 기준을 정하기가 쉽지 않을 뿐만 아니라 실제로 효과적인 구빈(救貧) 효과를 얻을 수 있을지도 확신할 수 없으며, 복지정책이 그 정도의 박애 수준에 머무를지도 의문이기 때문이다. 그래서 복지는 긴급하고 위험한 상황에 처한 사람들을 구하기 위한 것이지만, 어디로 튈지 모르는 뜨거운 감자가 아닐 수 없다.

주어진 자원 하에서 개인의 생활수준을 향상시킬 수 있는 방법은 두 가지이다. 그 하나는 개인의 생산성을 높이는 것이고, 다른 하나는 다른 사람으로부터 소득을 이전받는 것이다. 첫째 방법은 성장과 효율을 강조하는 것으로서 개인의 생활수준은 빨리 향상되지만 경쟁에서 뒤처지는 자들의 불만이 사회적 불안요소가 될 수 있다. 그러나 가급적 많은 사람들이 가난을 벗어나 풍요로운 삶을 영위할 수 있기 위해서는, 일차적으로 인간 세상이 당면한 제약 하에서 상호 경쟁과 분업을 통해 자원 활용을 극대화하고 나눌 수 있는 몫을 늘려야 한다. 성장과 몫의 증가는 동시적으로 이뤄지는 것이므로 성장은 모든 사람들의 몫의 증가 가능성을 높인다. 둘째 방법은 소득의 이전을 통해 모든 사람의 생활수준을 어느 정도 균등하게 만들 수는 있지만 효율이 떨어져 모두를 가난하게 만든다. 사회주의 사회가 아닌 자본주의 사회에서는 첫째 방법이 주가 되고 둘째 방법은 최소한에 그쳐야 한다. 자유 시장경제에서 거의 모든 정책은 첫째 방법 위주로 전개돼야 하고 둘째 방법은 개인의 생산성을 크게 해치지 않는 범위 내에서 신중하게 시행돼야 한다. 복지국가는 결국 경제적 파탄과 예종에의 길에 이르게 되므로 복지는 궁극적으로 자유 시장경제에서 성장을 통한 해법을 찾아야 한다.

마지막으로 언급할 사항은 정부 독점적 복지정책을 줄일 수 있는 가장 좋은 방법은 민간에 의한 복지라는 것이다. 즉 최소한의 국가복지에 더하여 사람들의 자발적 기부가 이뤄진다면 가난한 사람들에 대한 도움이 배가될 수 있을 것이다. 인간이 이기적이기는 하지만, 비록 소규모라고 하더라도, 남의 고통을 덜어줌으로써 자신의 인격성과 도덕성을 구현한다는 일말의 자부심을 가진 존재이기 때문이다. 독지가에 의한 복지 재단이 설립되어 출연금이나 기부금에 의해 복지가 시행될 경우에도 위에서 열거한 정부 독점적 복지정책의 폐해를 막을 수 있다. 물론 민간에 의한 복지정책은 물질적으로나 문화적으로 좀 더 성숙한 사회에서나 기대할 수 있는 일이기는 하다. 그러나 각종 언론 매체에서 주관하는 기부 프로그램에서 볼 수 있는 바와 같이 한국에서도 민간에 의한 복지가 그다지 비관적인 것은 아니다. 남을 도움으로써 얻는 만족이 이기심의 발로라면 이기심과 이타심은 서로 배타적인 것이 아니다.

참고문헌

Friedman, Milton, 『Capitalism and Freedom』, University of Chicago Press, 1962, 심준보·변동렬 옮김, 『자본주의와 자유』, 청어람미디어, 2007.

_______________, 『Bright Promises, Dismal Performance: An Economist's Protest』, Thomas Horton and Daughters, 1983.

Friedman, Milton & Rose, 『Free to Choose』, Avon Books, 1979, 민병균·서재명·한홍순 옮김, 『선택할 자유』, 자유기업원, 2003.

Tocqueville, Alexis de, 『Mémoire sur le paupérisme』, translated by Seymour Drescher, 『Memoir on Papuerism: Does public charity produce an idle and dependent class of society?』, 김영란·김정겸 옮김, 『빈곤에 대하여』, 에코리브르, 2014년.

11

경기순환론

1. 서론

대부분의 경제학 교과서는 경기순환(business cycle)과 경기변동(business fluctuation)을 구분하지 않고 있다. 마치 두 현상이 동일하다는 의미로 사용하고 있는 교과서도 많이 있다. 그러나 경기순환과 경기변동은 그 현상이 판이한 것이다. 경기순환이란 경제 전체의 붐(boom)과 버스트(bust)에 관한 것으로서, 화폐 수요와 공급 간의 변화가 초래하는 인위적이며 규칙적인 반복 현상을 의미한다. 즉 경기순환은 특정 목적을 위한 통화 공급의 변화를 통해 인간이 만들어내는 현상이다. 반면에 경기변동은 소비자 선호 변화, 가뭄이나 홍수, 지진 등의 자연 변화, 노동의 질적 및 양적 변화, 원자재의 고갈 및 새로운 발견 등에 따른 경제 데이터의 변화를 의미한다. 그런 변화들은 규칙적으로 반복되는 현상이 아니며, 그런 것들이 경제에 미칠 영향을 충분히 설명할 수는 있지만, 변화 자체를 없앨 수는 없다.

많은 경제학 교과서가 경기순환과 경기변동을 같은 현상으로 취급하는 이유는 케인즈 경제학에는 이자율 이론과 자본 이론이 없기 때문이다. 본 장에서는 오스트리아 학파의 경기순환론을 설명하고, 이를 바탕으로 몇 가지 정책을 분석한다.

2008년 미국에서 발생한 글로벌 금융위기의 원인에 대해 케인즈 학파는 금융규제 완화와 정부의 조정 실패가 원인이며, 이를 극복하기 위해 금융규제 강화와 이른바 양적완화라는 비전통적 방법으로 통화 공급을 늘리고 재정을 확대 투입하는 정책을 제안한다. 반면에 오스트리아 학파는 금융위기를 2000년 이후 금융기관의 신용 증가에 따른 상당 기간의 저금리 정책으로 인한 경기순환론으로 설명한다. 기업가들이 통화 공급 증가로 야기된 신용 증가를, 사람들의 시간선호가 이전보다 더 미래 지향적이 되어 저축이 증가한 것이라는 집단적인 착각을 일으켜 과오투자(malinvestment)를 한 결과라는 것이다. 따라서 그 처방은 신용 창조를 멈추고 시장 조정에 의해 과오투자가 정리되도록 정부가 개입하지 않아야 한다는 점을 강조한다.

통화 공급 증가에 따른 경기순환의 사례로서는 일본과 위에서 언급한 미국을 들 수 있다. 일본은 1985년의 플라자 합의 이후 엔고로 수출 기업들이 어려움에 처하자 내수 증대를 위해 신용 증가를 동반한 저금리 정책으로 한동안 붐을 이뤘으나, 금리를 올리자 1991년에 주로 오피스 빌딩에 생겼던 거품이 터지면서 불황 국면에 접어들었다. 불황이란 신용 증가로 붐을 이뤘던 경제의 잘못된 공급구조가 소비자 선호를 반영하는 소비구조에 다시 맞춰지도록 시장에 의한 구조 조정이 일어나는 기간임에도 불구하고, 이후 다시 저금리 정책을 시행함으로써 시장 조정을 방해하고 불황 국면에서 벗어나지 못했던 것이다.

미국은 6%대를 유지하던 연방기금 금리를 2000년 말부터 빠른 속도로 끌어내려 2004년 중반까지 1%대를 유지하다가 이후 다시 5%대로 올리면서 2008년에 거품이 터지고 불황이 시작됐다. 거품이 터진 이후 다시 통화 공급을 늘리고 저금리 기조를 유지하여 경제를 회복시키려 했지만, 의도와는 달리 시장의 구조 조정을 방해함으로써 불황의 골을 깊게 하고 그 기간을 늘리는 결과를 초래했던 현상은 일본과 동일하다. 즉 미국도 상당한 기간 동안 저금리를 유지하면서 경제가 붐을 이뤘는데, 금리를 올리자 거품이 터지면서 불황으로 진입했으며, 이후 시장 조정을 통해 불황에서 빠져나와야 했지만, 다시 저금리 정책을 시행하면서 불황이 깊어진 과정과 결과는 그 시간표만 다를 뿐, 패턴은 일본과 동일하다.

그런 점에서 미국의 양적완화 정책은 경제 회복을 위한 경제 원리에 입각한 것이라기보다는 미국 국채시장의 붕괴를 막고 달러의 기축 통화로서의 지위를 유지하기 위한 감춰진 의도라는 '미제스 연구소'의 지적이 설득력을 가진다.

본 장에서는 사람들이 이전보다 더 미래 지향적이 되어, 저축이 증가하고 이자율이 낮아질 때 생산구조의 변화와 그에 따라 경제가 돌아가는 모습을 하이에크 삼각형을 바탕으로 먼저 검토한다. 다음으로 시간선호에는 변화가 없는데 금융기관들이 신용을 창출하여 자본가-기업가들에게 공급할 때 생산구조의 변화와 그에 따른 경제의 변화하는 모습을 검토한다. 또한 증가한 신용이 소비자에게 직접 제공되는 경우의 경제의 변화하는 모습과, 케인지언들이 불황 타개를 위해 제안하는 '마이너스 금리 정책'과 '현금 인출을 허용하는 않는 정책'을 분석한다. 이런 정책들은 사람들의 시간선호가 변하지 않은 상태에서 인위적으로 취해지는 것들이라는 점에서 생산구조를 왜곡하여 소비구조와 뒤틀리게 함으로써 경제를 불황에 빠뜨린다. 또한 불황을 타개하기 위해서는 통화 공급의 증가를 멈추고 경제의 잘못된 구조를 시장 조정을 통해 바로 잡아야 하지만, 불황을 극복한다는 명분 아래 다시 통화 공급을 늘려 시장 조정을 방해함으로써 불황의 골을 깊게 하고 그 기간을 길게 한다.

사람들의 시간선호가 낮아져 이자율이 낮아지고 저축이 증가하면 자본가-기업가들은 이전에는 실천할 수 없었던 새로운 투자를 할 수 있는데, 이는 증가한 저축으로 뒷받침된다. 저축이 증가하면 자본 축적이 이뤄져 생산 단계가 길어지면서 생산은 이전보다 더 자본주의적 방식으로 바뀌어 짧은 시간에 더 많은 소비재를 생산할 수 있으므로 사람들의 삶의 수준은 높아진다. 중요한 사실은 사람들이 현재의 소비를 줄이고 저축을 증가시킴으로써 이전보다 더 많은 자원이 소비에서 투자로 자연스럽게 옮겨가 경제의 소비구조와 생산구조가 어긋나지 않고 맞물려 잘 돌아간다는 것이다. 그러나 사람들의 시간선호가 변하지 않았는데 통화 당국이 상당 기간 저금리 정책으로 통화 공급을 늘리면, 자본가-기업가들은 사람들의 시간선호가 이전에 비해 미래 지향적이 되어 저축이 증가한 것으로 오인하여 과오투자를 하게 된다. 통화 공급 증가로 투자 자금이 증가한 것은 사실이지만, 이는 저축에 의해 뒷받침되는 것이 아니기 때문이다. 또 통화 공급 증가로 인한 신용이 소비자에게 제공되는 경우에는 생산 단계가 짧아져 생산이 이전보다 덜 자본주의 방식으로 바뀜에 따라 사람들의 삶의 수준은 떨어진다.

또한 마이너스 금리 정책을 시행하면 경제 전체의 자본 스톡은 감소하고 경제는 퇴보한다. 마이너스 금리나 아주 낮은 금리 수준에서 자신의 시간선호에 의거한 이자를 얻을 수 있는 기회를 박탈당한 자본가들은 투자하지 않을 것이기 때문이다. 오히려 기존의 자본 스톡도 소비할 것이다.

한편 현금 보유를 금지하는 것은 금융기관으로부터의 현금 인출을 막아 마이너스 금리 정책이 의도하는 소비와 투자를 촉진하기 위한 것이다. 문제는 본래의 이자를 얻을 수 없는 자본가나 소비자들은 마지못해 금융기관 상품이나 다른 대안적 수단에 맡겨둘 뿐, 투자나 소비는 증가하지 않을 것이다.

서론에 이어 제2절에서는 이자 현상을 바탕으로 오스트리아 학파의 경기순환론과 시간선호 변화에 의해 저축과 투자가 증가했을 때의 소비구조와 생산구조의 변화를 설명한다. 제3절에서는 시간선호에 변화가 없을 때 금융기관의 신용 창조에 의한 생산구조의 왜곡 현상을 설명한다. 즉 증가한 신용을 자본가-기업가가 사용하는 경우와 소비자가 사용하는 경우의 생산구조 왜곡 현상을 설명한다. 제4절에서는 금융위기의 2차적 현상인 불황에 대해 논의한다. 제5절에서는 마이너스 금리 정책의 결과와 현금 인출을 허용하지 않을 경우의 결과를 분석하고, 마지막으로 제6절에서는 논의를 정리하고 경제 회복 방안을 제시한다.

2. 시간선호율이 낮아져 소비/저축 비율이 낮아지는 경우 : 순 투자 증가

경제의 산출 변화를 설명하고자 하는 하이에크 삼각형은 사람들의 노력 증진, 유휴 자원의 고용 증대, 기술진보 등에 의존하는 이론이 아니라, 자원이 완전고용 상태에 있는 균형에서 출발하여 생산 방법을 달리하는 데서 찾는다. 즉 현재 자원이 완전 고용된 상태의 생산구조에서 소비재와 자본재 간의 자원 배분 비율을 달리 함으로써 생산구조가 변하는 데 따른 산출 변화를 설명하는 것이다. 완전 고용된 자원을 더 자본주의적 생산 양식으로 전환하는 데 따른 산출 변화를 설명하는 것이다.

중앙은행의 통화 공급과 금융기관의 신용이 별다른 변화 없이 일정 수준을 유지할 때, 생산구조를 더 자본주의적 방식으로 전환하는 것은 사람들의 시간선호가 더 미래지향적이 되어 소비가 감소하고 저축과 투자가 증가하는 경우이다. 이제 시간선호율이 낮아져 소비가 이전보다 감소하고 저축이 증가하여 투자가 증가하는 경우에 생산구조와 경제 전체가 변하는 모습을 살펴보자. 예를 들어 사람들의 시간선호가 변하기 전에는 최종 소비재에 대한 소비 지출이 100이었는데 이제 80을 소비로 지출하고 20을 추가적으로 저축하면 투자가 20만큼 증가한다. 이를 설명하기 위해 <그림 11-1>의 하이에크 삼각형을 살펴보자.[1]

<그림 11-1>에서 생산은 6단계로 구성되어 있다. 각 단계의 자

1 그림 11-1은 Rothbard(2001[1962]), 314쪽의 것을 이용한 것임.

본가들은 한 단계 더 높은 자본가가 생산한 자본재를 구입하여 여기에 자연적(nature-given) 자원인 노동과 토지(원자재 포함) 서비스를 더한 자본재를 생산한 후 하나 더 낮은 단계의 자본가에게 판매한다. 그림의 각 생산 단계에서 빗금 친 부분은 하나 더 높은 단계에서 생산된 자본재를 구입하기 위한 지출액이며 ↑로 표시된 수치는 당해 생산 단계에서 투입된 노동과 토지 서비스에 대한 지출이다. 그리고 ←로 표시된 수치는 당해 생산 단계의 자본가에게 지급되는 이자이다.[2]

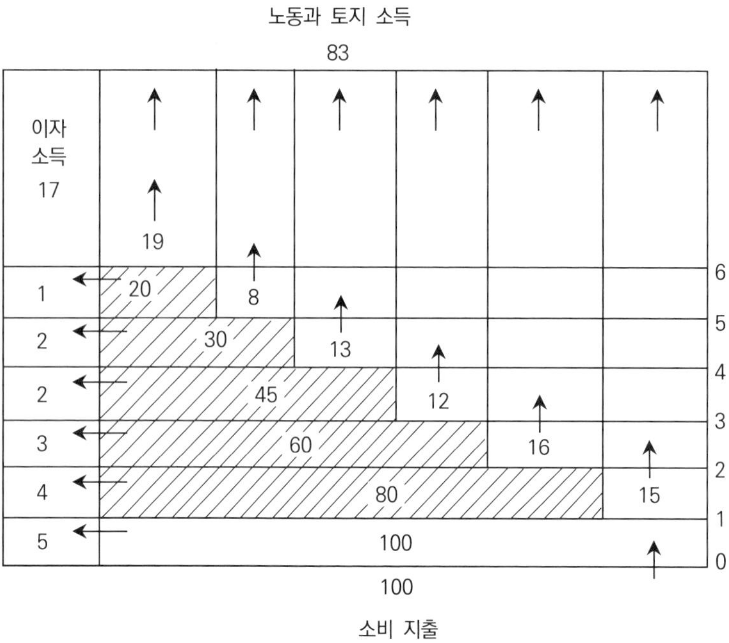

그림 11-1. 하이에크 삼각형

2 제8장에서 설명한 바와 같이 자본가의 소득은 시간의 비용인 이자이다.

예를 들어 가장 저차재(lower order good)인 소비재를 생산하는 1단계 자본가는 2단계 자본가가 생산한 자본재를 80에 구입하여 노동과 토지 서비스 15를 더한 95에 소비재를 생산하여 소비자에게 100에 판매함으로써 5만큼의 이자 소득을 얻는다.[3] 다음으로 2단계 자본가는 3단계 자본가가 생산한 자본재를 60에 구입하여 노동과 토지 서비스 16을 더한 자본재를 생산하여 1단계 자본가에게 80을 받고 판매함으로써 4만큼의 이자 소득을 얻는다. 이하 더 높은 단계에서 생산하는 자본가의 경우에도 마찬가지다. 그리하여 소비자가 소비재에 지출하는 100은 자연적 생산요소인 노동과 토지에 83(=15+16+12+13+8+19)만큼 요소 소득으로 지불되고 나머지 17(=5+4+3+2+2+1)은 각 단계의 자본가들에게 이자로 지불된다. 이 그림은 항등순환경제를 나타내므로 각 생산 단계에서의 이자율은 모두 동일하다.[4] 본 예에서는 대략 5/95 = 4/76 = 3/57 = 2/43 = 2/28 = 1/19 ≒ 5.2% 정도이다.[5] 그리고 총 소득은 100이며 총 투자는 318(=95+76+57+43+28+19)이다.

이제 사람들의 시간선호율이 낮아져 저축이 증가하고 투자가 증

---

3 여러 생산 단계가 있을 때, 최종 소비재에서 멀리 떨어진 단계에서 사용되는 자본재를 고차재(higher order good)라고 하고 최종 소비재와 가까운 단계에서 사용되는 자본재를 저차재(lower order good)라고 한다.

4 항등순환경제란, 개인의 가치 척도, 기술적 아이디어, 이용 가능한 자원 등의 수단은 매일매일 변하며 하나의 변화에 이어 또 다른 변화가 계속 이어지는데, 만일 이런 것들이 변하지 않는다면 가격, 소비, 생산 등, 경제가 최종적으로 이르게 되는 상태를 말한다. 그 상태에서는 동일한 행위들이 동일한 패턴으로 반복된다. 물론 항등순환경제는 경제의 변화와 변화가 끝나는 최종 상태를 탐구하기 위한 지적 구조물로서, 언제나 변화하는 경제에서 우리가 도달할 수는 없는 상태이다.

5 수치적 오차를 감안한 비율이다.

가하는 경우를 살펴보자. 이전보다 시간 선호율이 낮아졌다는 말은 사람들이 이전에 비해 더 미래 지향적이 되어 이자율이 낮아지고 동시에 저축이 증가하며 오늘의 소비가 감소한다는 뜻이다. 우선 이전보다 저축이 20만큼 증가하여 소비재에 대한 지출이 80으로 감소하므로 이제는 이전과는 달리 80이 생산구조를 뒷받침해야 하는데, 이것이 어떻게 가능한지를 먼저 살펴봐야 한다. 이는 곧 생산구조의 변화를 살펴보는 것이다.

<그림 11-2>는 이를 설명하기 위해 <그림 11-1>을 약간 변형하여 재구성한 것이다.[6] <그림 11-2>에서 각 생산 단계의 막대의 길이는 이전 단계의 자본재 구입에 지출한 것과 당해 생산 단계에서 투입한 노동과 토지 서비스 구입에 지출한 것을 더한 것이다. 따라서 생산 단계의 막대의 길이 간 차이는 각 단계의 자본가에게 지불되는 이자를 표시한다. <그림 11-2>도 항등순환경제 상태를 표시하므로 각 단계에서의 이자율은 동일하다.

<그림 11-2>에서 굵은 선으로 표시된 AA는 시간선호가 변하기 전의 생산구조이며 빗금 친 부분을 둘러싸고 있는 BB는 시간선호 변화에 따라 저축과 투자가 20만큼 증가하여 총 투자가 338, 총 소비가 80인 경우의 생산구조를 나타내고 있다. 즉 맨 아래 막대의 길이는 소비재에 대한 지출을 나타내는데, 횡축의 OA와 OB는 각각 100과 80이다. 이제 줄어든 총 소비 지출이 투자가 늘어난 생산구조를 지탱할 수 방법을 규명해야 한다. 이는 곧 시간선호가 변한 후의 생산구조를 밝히는 일이다.

6 그림 11-2는 Rothbard(2001[1962]), 472쪽의 것을 이용한 것임.

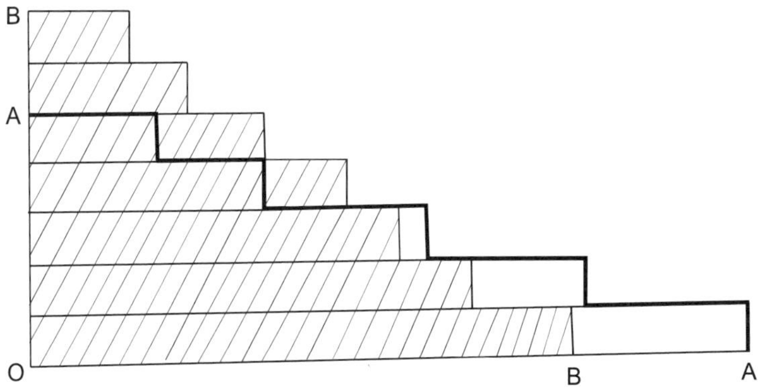

그림 11-2. 순 저축 증가 효과

시간선호가 변하기 전에 소비재에 대한 지출이 100이었는데, 이제 80으로 줄었으므로 가장 저차 단계(소비재)의 자본가가 얻는 총수입은 80이며 더 높은 단계의 자본가들도 이전보다 더 적은 수입을 얻게 된다. 따라서 늘어난 투자를 수용하기 위해서는 생산구조가 길어지고 좁아지는 수밖에 없다. 생산구조가 길어진다는 것은 새로운 생산 단계가 추가된다는 뜻이며 좁아진다는 것은 시간선호 변화에 따라 이자율이 낮아져 생산 단계의 막대의 길이 간 차이가 작아진다는 뜻이다.

여기에서 한 가지 주의 깊게 살펴볼 점은 소비재와 낮은 생산 단계의 자본재 가격은 이전보다 더 낮아지고 높은 생산 단계의 자본재 가격은 이전보다 더 높아진다는 사실이다. 이를 <그림 11-3>을 통해 살펴보자.

<그림 11-3>에서 횡축은 생산 단계로서 오른쪽으로 갈수록 생산 단계가 낮아져 소비재에 가까워진다. 또한 종축은 각 생산 단계에서

생산된 자본재의 누적 가격이다. 누적 가격이란 자본재가 고차 단계에서 저차 단계로 판매되어 이동하면서 각 단계에서 생산된 자본재에 노동과 토지 서비스에 대한 지출을 더한 것이 단계별로 누적된 것이라는 뜻이다. 따라서 이 그림에서 인접한 두 단계의 누적 가격 간의 차이는 바로 아래쪽 단계의 자본가가 얻는 이자이다.

<그림 11-3>의 AA 곡선은 <그림 11-2>의 AA 생산구조에 상응하는 것으로서, 시간선호가 변하기 전의 생산 단계에 따른 누적 가격을 나타낸다. 맨 오른쪽 위의 A점은 가장 저차재인 소비재의 가격을 나타내며, 이 점의 바로 왼쪽 아래의 점은, 이를테면 소비재 생산 단계와 인접한 바로 위쪽 단계의 자본재 가격이다. 따라서 그 누적 가격의 차이는 소비재를 생산하는 단계의 자본가가 얻는 이자가 될 것이다. 이와 같이 AA 곡선 상의 두 점 간의 수직 거리는 당해 생산 단계의 자본가들이 얻는 이자이다. 물론 이 상태는 시간선호가 변하기 전의 항등순환경제이므로 AA 곡선의 기울기는 그 시간선호에 따른 이자율로서 거의(approximately) 일정하다.

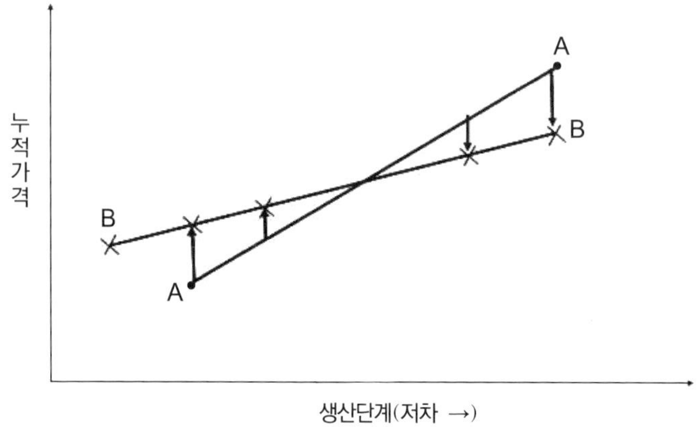

그림 11-3. 이자율의 하락 변화

BB 곡선은 사람들의 시간선호율이 이전보다 낮아져 이자율이 낮아지고 저축이 증가하여 투자가 증가했을 때의 각 생산 단계의 누적 가격 곡선이다. BB 곡선의 기울기가 AA 곡선의 기울기보다 완만한 이유는 이전보다 낮아진 이자율을 반영한다. BB 곡선의 맨 오른쪽 끝 점인 B점은 가장 저차재인 소비재의 가격을 나타내는데, A점에 비하여 낮은 점에 위치한다. 이는 소비재에 대한 총 지출이 100에서 80으로 감소한 사실을 반영한다. 이 B점의 바로 왼쪽 아래의 점은 소비재 생산 단계의 바로 위 단계의 자본재 가격과 당해 단계에서 투입된 노동과 토지 서비스 가격을 더한 것인데, 이 역시 상응하는 AA 곡선 상의 점의 아래에 위치한다. 여기에서 BB 곡선 상의 두 점 간 수직 거리가 이에 상응하는 AA 곡선 상의 두 점 간 수직 거리보다 작은 이유 역시 이전에 비해 이자율이 떨어졌다는 사실을 나타낸다. 이는 곧 <그림 11-2>에서 이자율이 떨어졌을 때, 생산 단계의 막대의 길이 간 차이가 작아진 것을 의미한다.

새로운 생산구조를 나타내는 BB 곡선의 기울기가 이전의 생산구조를 나타내는 AA 곡선의 기울기보다 더 완만하므로 두 곡선은 서로 교차한다. 이로부터 알 수 있는 중요한 사실은 교차점의 오른쪽에서는 AA 곡선이 BB 곡선보다 더 위에 위치하므로 저차재 생산 단계에서는 새로운 생산구조가 이전 것에 비해 더 좁아지고, 교차점의 왼쪽에서는 BB 곡선이 AA 곡선보다 더 위에 위치하므로 고차재 생산 단계에서는 새로운 생산구조가 이전 것에 비해 더 넓어진다는 것이다. 이는 고차 생산 단계에서의 자본재 가격은 이전에 비해 더 높아지고 저차 단계에서의 자본재 가격은 더 낮아진다는 사실을 의미한다.[7] 또한 각 단계에서의 자본재 가격의 변화로부터 생산요소의 서비스는 이들 요소의 가격을 결정하는 것이지 이자를 결정하는 것이 아니라는 사실을 알 수 있다.

이제 순 투자가 증가했을 때 경제에 미치는 효과에 대해 알아볼 수 있다. 우선 소비가 줄고 투자가 증가하므로 자원은 소비재와 소비재에 가까운 저차 생산 단계에서 고차 생산 단계로 이동한다. 이에 따라 소비재 가격과 소비재에 가까운 저차 생산 단계에서 고용되는 요소 가격은 하락하고, 반면에 고차 생산 단계에서 고용되는 요소에 대한 수요가 증가하여 이들의 가격이 상승하고, 고차재의 가격도 상승한다. 따라서 투자 증가가 있기 전에 비해 소비재를 포함한 각 생산 단계의 자본재 가격 간의 차이가 줄어든다. 이는 곧 시간선호에 따른 이자율이 낮아진 사실의 결과이다.

그렇다면 순 투자의 증가가 요소 소득에 미치는 총체적 영향은 무엇인가? 투자가 20만큼 증가했으므로 소비는 80으로 감소한다. 소비가 80으로 감소하므로 자연 자원인 노동과 토지 서비스에 대한 지출인 요소 소유자들의 총 순소득(total net income)과 자본가의 이자 수입의 합 역시 100에서 80으로 감소한다. 즉 요소 소득과 이자의 합이 20만큼 감소한다. 이제 질문은 저축이 증가하고 투자가 증

7 이에 대한 설명은 Hayek의 『Prices and Production and Other Works』, 262쪽을 참조할 수 있다. 생산 단계별 생산요소의 한계 물적 생산 곡선을 그리면 고차 단계에서의 한계 물적 생산은 크게 할인되므로 더 낮은 단계의 한계 물적 곡선보다 원점에 더 가깝게, 그리고 낮고 완만하게 그려진다. 따라서 단계별 한계 물적 생산이 같은 균형에서는 고차 단계에서 저차 단계로 가면서 점점 더 많은 요소가 사용된다. 물론 여기에서 생산요소는 비특화된 생산요소이다. 이제 시간선호에 따른 이자율이 낮아지면 고차 생산 단계로 갈수록 한계 물적 생산 곡선의 우측으로의 이동 폭이 커지고 가장 저차재인 소비재 생산 단계의 한계 물적 생산 곡선은 이동하지 않는다. 따라서 고차 단계에서는 이 생산요소의 고용량이 늘고 저차 단계에서는 줄어든다.

가했는데 자연적 요소 소유자들의 소득이 줄어든다면 투자 증가로 이들이 얻는 이득은 무엇이며, 이들은 과연 경제적으로 더 윤택해질 수 있는 것인가라는 점이다.

우선 요소 소유자들의 소득이 증가할 수 있는 경우는 자본량은 이전에 비해 증가했지만 이자율이 낮아져 이자 소득이 충분히 낮아짐으로써 자연적 요소 소유자의 소득이 증가하는 경우다. 그러나 이는 그럴 수는 있지만 실제로 일어날 가능성은 매우 낮다. 따라서 우리가 확실하게 말할 수 있는 조건, 즉 "자연적 생산요소의 가격과 이자율이 일반적으로 떨어진다."라는 조건 하에서 자연적 요소 소유자들이 이득을 볼 수 있는지를 살펴보는 것이다. 만일 그러한 조건 하에서 이득을 볼 수 없다면 저축을 늘릴 유인이 없어 경제는 투자 부진으로 점차 후퇴할 것이다. 물론 이는 발전하는 경제의 모습이 아니고 우리가 일반적으로 관찰할 수 있는 경제의 모습도 아니다.

따라서 우리의 관심은 화폐 소득과 화폐 가격, 실질 소득과 실질 가격 간의 관계를 추론하여 저축과 투자 증가로 경제가 발전한다는 사실을 밝히는 것이다. 우선 노동자의 경우에는 화폐 임금이 떨어져 화폐 임금 소득이 떨어지더라도 소비재 공급이 크게 증가하여 그 가격이 충분히 떨어진다면 근로자의 실질 소득은 증가할 수 있다. 즉 실질 임금이 증가할 수 있다. 토지 소유자의 경우에도 마찬가지다. 그런데 바로 이런 현상이 진보하는 경제에서 나타나므로 투자 증가에 힘입어 요소 소득자들이 생활이 개선되는 것이다.

요약하면 저축이 증가하면 소비재에 대한 지출이 줄어들어 자연적 생산요소의 가격이 떨어져 이들 요소 소유자들의 화폐 소득은 떨어진다. 반면에 생산구조가 더 자본주의적이 되므로 최종 소비재의 공급이 증가하여 그 가격이 떨어지는데, 생산요소 가격보다 더 떨어진다. 저축 증가로 소비재에 대한 수요가 이전보다 줄고 생산구조가 더 자본주의적이 되어 공급이 증가하기 때문이다. 따라서 생산요소 소유자들의 실질소득이 증가하여 후생이 증가한다. 이는 다음의 수식으로도 보일 수 있다.

자연적 자원인 노동과 토지 서비스에 대한 지급은 그들의 할인된 한계가치생산(Discounted Marginal Value Product : $DMVP$)과 같은데, 이는 한계가치생산(Marginal Value Product : $MPP \times P$)을 이자율과 직접적으로 관계가 있는 할인율(d)로 나눈 것이다. 즉

$$\text{요소 서비스의 실질 가격} = \frac{MPP \times P}{d \times P} = \frac{MPP}{d}$$

그런데 발전하는 경제의 특징은 생산구조가 길어짐에 따라 생산성이 향상되고 시간선호율의 하락에 따라 이자율이 하락한다는 것이다. 이 점을 고려하면 저축이 증가하여 투자가 증가하면 자연적 생산 요소의 실질 가격과 실질 소득이 증가함으로써 이들 요소 소유자들의 생활수준이 개선된다. 그리고 사람들의 시간선호가 자발적으로 바뀐 것이므로 소비/저축 비율도 항구적으로 바뀌어 생산구조의 변화가 완결된다. 즉 시간선호가 바뀌지 않은 상태에서 금융기관의 신용이 증가하는 경우와는 달리 이전의 소비/저축 비율로 복귀할 이유가 없다.

3. 시간선호 불변과 신용 증가

1) 증가한 신용이 자본가-기업가에게 대출되는 경우 : 금융위기

사람들의 시간선호가 변하지 않아 소비/저축 비율이 변하지 않은 상황에서 증가한 신용이 자본가-기업가에게 대출되는 경우에도 위와 마찬가지로 처음에는 저축이 증가한 경우와 유사하게 생산구조의 변화가 생긴다. 그런데 중요한 차이는 생산구조의 변화가 사람들의 소비/저축 비율의 자발적 변화가 아니라 은행권의 신용 창조에 의한 것이라는 점이다.

증가된 신용이 자본가-기업가의 손에 들어가면 자발적 저축이 증가한 경우와 마찬가지로 생산구조가 길고 좁아짐에 따라 고차 단계에서 자본재에 투하되는 화폐량이 늘어나고, 즉 자본재의 명목(화폐) 가치는 늘어나고, 따라서 생산요소에 대한 수요가 늘어난다. 그러나 소비재는 물론 이들 자본재에 투하될 수 있는 자연적 생산요소의 실제 양은 신용 공급이 늘어나기 전과 똑같다. 또한 사람들의 시간선호도 변하지 않았으므로 소비/저축 비율도 변하지 않았으며, 저축 양도 변하지 않았다. 따라서 고차 단계에서의 자연적 생산요소에 대한 수요 증가는 소비재 생산 단계를 비롯한 저차 단계에 고용되어 있는 생산요소가 이동함으로써 충족될 수밖에 없다. 즉 고차 단계에서의 생산요소에 대한 수요가 증가함에 따라 당해 단계에서의 요소 가격이 올라가고 저차 단계에서 고용되어 있던 요소가 이동한다. 물론 이와 같이 이동이 용이한 요소는 특정 생산 단계에 특화된 것들이 아니라 비특화된 것들이다.

저차 단계에서 고차 단계로 요소가 이동함에 따라 소비재의 생산이 줄어 소비자들은 이전보다 더 적은 양의 소비재를 소비할 수밖에 없다. 물론 길고 좁게 생산구조가 바뀌어도 소비재를 비롯한 저차 단계에 이미 특화된 요소들 덕분에 처음 얼마 동안은 소비재 공급은 이전과 같이 이뤄질 것이다. 그러나 이런 일이 지속될 수는 없다. 시간이 지남에 따라 저차 단계에 고용되었던 자본재와 자연적 요소들이 고차 단계로 이동함에 따라 소비재 생산은 줄어들고 그 가격은 올라가기 때문이다. 중요한 사항은 소비 감소는 자발적인 것이 아니라 증가된 신용으로 인해 생산구조가 바뀜에 따라 소비자들로 하여금 소비를 줄이도록 강제된 것이다. 그러므로 강제적 요인이 해소되면 소비자들은 언제라도 이전의 소비/저축 비율로 복귀한다.

이제 금융위기의 본질인 붐-버스트 현상을 논의할 수 있다. 우선 자발적 소비 감소와 저축 증가의 경우에는 소비 감소로 증가한 소비재 재고가 두 생산구조의 변화 기간 동안 소비재 생산의 감소를 완화해줄 수 있는 완충 역할을 하므로 소비재 가격에도 별다른 변화가 없고 아무런 문제없이 생산구조를 더 자본주의적 방식으로 전환할 수 있다.

그러나 사람들의 시간선호가 변하지 않은 상황에서 신용이 증가하는 경우에는 자본가-기업가들이 신용 창조로 얻은 자금으로 길고 좁은 생산구조를 구축함에 따라 소비재 공급이 감소하므로 소비재 가격이 오른다. 또 사람들의 소비/저축 비율은 변하지 않았으므로 소비자들은 지금보다 더 많은 화폐 소득을 얻으면 다시 소비를 늘려 이전의 소비/저축 비율로 복귀하려고 한다. 그리고 이는 증가한 신용을 손에 쥐게 된 자본가-기업가들의 투자 자금이 고차 단계에 고용된 자연적 요소 소유자들의 소득으로 전환됨에 따라 가능해진다.

즉 고차 단계에서의 생산요소에 대한 수요가 증가하여 그 가격이 오르고, 따라서 요소 소유자들의 화폐 소득이 증가한다. 이에 따라 사람들은 이전의 소비/저축 비율로 증가한 소득을 처분하므로 소비재에 대한 수요가 증가하여 소비재 가격은 더욱 오르고 경제는 붐 국면에 이른다.

시간이 지나면서 소비재에 대한 수요가 증가함에 따라 새롭게 추가된 생산 단계를 비롯한 고차 단계로 빠져 나갔던 생산요소들이 다시 소비재 생산과 그와 인접한 저차 단계로 이동한다. 조정이 이뤄지는 과정에서는 신용 증가에 의해 형성되거나 형성 중에 있는 길고 좁은 생산구조와 이전의 소비/저축 비율에 기초한 생산구조 간에 자원 쟁탈전(duel)이 벌어진다. 그러나 신용 공급이 계속 증가하여 고차 단계가 저차 단계보다 생산요소를 한 걸음 더 빨리 지속적으로 끌어가지 않는 한, 이 생산구조는 완성되거나 완성되었다고 하더라도 유지될 수 없고 해체된다. 즉 신용 공급 증가의 중단과 함께 자원 쟁탈전은 끝이 나고 완료 및 미완료된 길고 좁은 생산구조는 청산된다. 새롭게 추가된 단계의 자본가-기업가들과 고차 단계의 자본가-기업가들은 길고 좁은 생산구조의 완성에 필요한 자원이 부족하여 더 이상 진행할 수 없다는 사실, 다시 말하면 이전의 투자가 잘못되었다는 사실을 깨닫게 된다. 그리고 경제는 버스트 국면에 이른다. 경제의 소비구조와 생산구조가 어긋남으로써 필연적으로 나타나는 결과다. 붐 기간에 쌓인 과오투자는 청산되거나 저차 단계에서 이용가능한 것은 저차 단계로 이동한다. 이후 더 이상의 신용 창조가 없다면 불황 기간 동안에 생산구조는 이전의 소비/저축 비율에 맞춰져 다시 짧아지고 넓어진다. 물론 금융기관들이 새로운 신용 창조를 하지 않는다는 전제하에서 그렇다.

이제 다시 짧아지고 넓어진 생산구조의 각 단계는 신용 증가 이전의 생산구조에 비해 증가한 신용 비율만큼 화폐 가치가 증가한 상태로 나타난다. 물론 이전과 완전히 똑같은 형태의 생산구조로 복귀한다는 것은 우연일 것이다. 붐 기간과 조정 과정에서 실물 부문이 파괴되고 변화가 있을 수밖에 없기 때문이다.

붐이 쉽게 끝나지 않고 오래 가는 이유는 고차재를 생산하는 자본가-기업가들이 자원 부족을 깨닫고 다시 은행에 자금 대출을 요구하면, 은행이 이를 수용하여 신용을 창조해 주기 때문이다. 즉 소비자들이 이전의 소비/저축 비율로 복귀하기 전에 고차 단계의 자본가-기업가들이 한 발 더 앞서 생산요소를 끌어다 쓰기 때문이다. 따라서 신용 대출이 계속되면 잘못된 투자에 대한 소비자의 보복으로부터 채무를 진 자본가-기업가들을 한 걸음 앞서 보호하게 되므로 구조 조정이 이뤄지지 않는다. 그러나 신용 창조는 항구적으로 지속될 수 없으며, 그 결과 결국 버스트를 피할 길은 없다. 따라서 과오투자가 쌓이는 붐을 빨리 청산하고 경제를 바로 잡는 길은 은행이 신용 창조를 중단하는 것이다. 신용 창조가 많고 그 기간이 길수록 붐 기간은 길어지고 과오투자의 양은 늘어나며 시장에 의한 치유 기간도 길어진다.

한편, 케인지안들이 주장하는 바와 같이 흔히 제기되는 논란은 경제위기나 불황은 소비재에 대한 과소소비(underconsumption)에서 초래한다는 것이다. 그러나 우리가 실제로 관찰하는 현상은 자본재 산업(원자재, 건설, 다른 산업에서 사용하는 장비 제조업 등)이 소비재 산업보다 더 광범위하고 심한 어려움에 처한다는 것이다. 즉 자본재 산업이 붐 시기에 더 많이 확장되고 불황 시기에는 더 심하게 위축

된다는 것이다. 이는 자본가-기업가들이 금리 인하에 따른 착각에서 시작했던 길고 좁은 생산구조가 자원 부족으로 결국 완성되지 못하고 붕괴된다는 점에서 수요는 자본재, 특히 고차재에 대한 수요 부족에서 야기된다는 사실을 의미한다. 그 결과 경제위기와 이후의 불황은 자본재 산업에서 시작된다는 점과 소비자들의 소비/저축 비율은 변하지 않았다는 점에서 소비재에 대한 과소소비가 그 원인이라는 진단은 틀렸다.[8]

2) 신용 증가 시 생산구조가 길어지는 이유

이제 신용 창조 시 생산구조가 길어지는 과정을 좀 더 자세히 살펴보자. 이를 위해서는 우선 경제의 저축이 증가하지 않았는데도 자본가-기업가들이 저축이 증가한 것으로 오인하게 되는 이유와 그에 따라 생산구조를 변화시키는 행동을 하는 이유를 살펴볼 필요가 있다.

자본가-기업가는 미래의 소비자 선호와 수요 및 생산자 수요 등을 판단하고 예측하는 일을 하는 행동인이다. 이를 정확하게 예측하면 이윤을 얻고 그렇지 못하면 손실을 본다. 그래서 시장은 효율적이고 예측력이 뛰어난 자본가-기업가를 보상하고 성장하도록 하는 한편, 비효율적인 자본가-기업가는 도태시키는 훈련장이다. 그런데

8 Rothbard가 나중에 첨언한 것이지만, 만일 불황 기간에 사람들의 시간선호가 저축 증가와 소비 감소 방향으로 변하면 조정 과정은 더 짧아질 수 있다. 따라서 불황 탈출에 도움이 되는 것은 저축 증가와 소비 감소이지 소비 증가와 저축 감소가 아니다. 그러나 이는 저축이 증가하면 과오투자로 인한 고차재 투자를 일부 뒷받침해줄 수 있다는 뜻인데, 소비구조와 맞지 않고 이미 뒤틀린 생산구조를 뒷받침하도록 시간선호가 바뀔 가능성은 희박하다.

보통의 경우에는 일부 자본가-기업가들이 손실을 보고 시장에서 퇴출되기도 하지만 대부분의 자본가-기업가들은 이윤을 얻으면서 사업을 한다. 문제는 이런 자본가-기업가들이 왜 대부분 한꺼번에 갑자기 손실을 보게 되는가라는 점이다. 즉 미래를 예측하는 데 있어 왜 한꺼번에 오류(cluster of error)를 범하게 되는가라는 것이다.

방해받지 않은 자유시장에서 자본가-기업가들이 동시에 집단적으로 오류를 범하는 일은 발생하지 않는다. 경제에 공급된 화폐 중 일부는 소비에 쓰이고 나머지는 저축되어 투자에 쓰인다. 또한 소비/저축 비율은 사람들의 시간선호에 의해 결정되는 이자율과 동시에 결정된다. 이제 은행 신용이 확대되면 대부 이자율이 낮아지고 투자할 수 있는 저축 자금의 공급이 증가한 것처럼 보인다. 물론 투자할 수 있는 대부자금이 증가한 것은 분명한 사실이다. 문제는 이 투자자금은 저축으로 뒷받침되지 않는다는 것이다. 즉 경제에서 실제로 투자할 수 있는 자금은 저축액으로 한정되는데 자본가-기업가들은 은행 신용 증가를 저축 자금의 공급이 증가한 것으로 오도된다. 물론 자본가-기업가들이 오도되기 위해서는 신용 증가와 그에 따른 낮은 대부 이자율이 이들을 오도할 만큼 상당한 기간 동안 유지되어야 한다.

신용 창조로 대부 이자율이 낮아지고 대부 자금이 자본가-기업가들의 손에 들어가면 기존에 자원을 사용하던 자본가-기업가들 간 및 이들과 새롭게 진입하는 자본가-기업가들 간에 자원 쟁탈전이 벌어진다. 물론 언뜻 보아 기존의 자본가-기업가들은 이자율이 높을 때도 자원을 효율적으로 사용하여 이윤을 얻고 있었으므로, 이제는 낮은 이자율에서 사업이 가능하게 된 새로운 자본가-기업가들이 이들의 경쟁 상대가 될 수 없을 것이라고 생각할 수 있다. 그러나 이자율이 낮아지면 기존의 생산구조에서 사용되던 생산요소들의 상대적 이윤 가능성이 달라진다는 점을 고려하면, 자본을 더 많이 사용하는 구조가 더 유리하게 될 것이라는 사실은 쉽게 인정할 수 있다. 따라서 일부 자연적 생산요소는 저차 단계에서 고차 단계로 이동한다. 고차 단계의 요소 가격이 높아지는 것도 요소 이동을 촉진한다. 자본가-기업가들은 지금까지 저차 단계에서 사용되던 자연적 생산요소를 자본재 생산에 투입함으로써 이익을 얻을 수 있다. 즉 기업가들이 새롭게 구축하려는 생산구조는 이전보다 더 자본주의적 양식이다. 그러나 이러한 변화는 기존에 존재했던 자원의 양에 전혀 변화가 없이, 즉 소비 감소와 저축 증가가 이뤄지지 않은 상태에서 통화 공급 증가에 의한 착각으로 이뤄지는 것이므로 결국 성공할 수 없다. 증가한 신용을 바탕으로 자본가-기업가들이 이룩하고자 했던 생산구조는 완성되지 못하고 청산되는 것이다.

3) 소비자 신용 증가의 경우

지금까지는 은행이 자본가-기업가에게 신용을 창조해주는 경우를 살펴보았다. 이제는 소비자에게 신용을 창조해주는 경우를 살펴보자. 소비자 신용이 증가하면 우선 소비재에 대한 수요가 증가하여 가격이 오른다. 이에 따라 각 생산 단계에 특화되지 않은 자본재, 그리고 노동과 토지 등의 자연적 생산요소는 수익률이 높아진 저차 단계로 이동하고, 고차 단계에서 사용되던 특화 자본재의 가격은 크게 떨어져 이전의 긴 생산구조로는 이윤을 얻을 수 없다. 결국 일부 고차 단계의 생산은 유지될 수 없으므로 생산단계는 축소된다. 경제의 생산구조가 짧아져 이전보다 덜 자본주의적 양식으로 바뀌는 것이다.

한편 최종 소비재에 대한 화폐 지출이 늘었으므로 그 양이 일정하게 주어진 자연적 생산요소의 가격이 오르고, 따라서 요소 소유자들의 화폐 소득은 늘어난다. 물론 고차 단계에서 해고된 요소들이 새로운 생산구조에서 모두 재고용될지는 불확실하다. 반면에 생산구조가 덜 자본주의적으로 바뀜에 따라 최종 소비재의 산출량이 감소하므로 그 가격이 오른다. 그런데 최종 소비재의 가격은 신용 증가에 따른 수요 증가와 생산구조가 덜 자본주의적 생산 방식으로 바뀌는 데 따른 공급 감소로 자연적 생산요소의 가격보다 더 오른다. 따라서 요소 소유자들의 실질 소득이 감소하여 이들의 후생은 감소한다. 결국 소비는 현재의 생산구조로 지탱할 수 있는 범주를 넘어서는 안 되며, 생산을 교란하지 않고 소비를 늘리려면 그 전에 저축이 이뤄져야 한다는 사실을 알 수 있다.

4. 경제 위기의 이차적 현상: 불황

사람들의 시간선호는 변하지 않았으나 금융기관의 신용 증가로 인한 버스트 이후 경제는 불황으로 접어든다. 그런데 불황은 붐 기간에 쌓였던 과오투자가 청산되고 시장 조정에 의해 소비구조와 생산구조가 다시 맞춰지는 기간이다.

신용 증가의 중단과 함께 접어든 불황 기간에는 채무자들의 재무적 어려움과 기업들의 부도가 빈발하고 채권자인 금융기관들은 예금 인출을 우려하여 자신들의 재무적 건전성을 강화하고자 하므로 신용은 자연스럽게 축소된다. 소비자들 역시 고차 단계에서 얻었던 소득의 감소로 하락한 소비자 물가가 더 하락할 것으로 기대하며 소비를 줄이고 화폐 수요를 증가시킨다. 채무자는 빚을 갚기 위해 자산을 처분하고 화폐 수요를 증가시킨다. 빈번한 기업 부도로 말미암아 자본가-기업가들도 투자에 신중을 기한다. 이러한 요인들이 불황의 한 현상으로서의 물가 하락을 초래하는데, 이는 불황의 어두운 면이 아니라 불황 탈출에 유익한 현상이다. 전반적인 물가 하락 과정에서 자본재 가격이 소비재 가격에 비해 더 많이 하락한다. 이후 변화된 화폐 관계에서 연유하는 일반물가와 과오투자의 조정에서 연유하는 고차재 가격의 하락은 자원을 재배치하고 더 이상 하락하리라는 기대를 불식함으로써 화폐 수요는 원래 수준으로 복귀한다. 그 과정에서 이뤄지는 물가 하락이 물론 기업에 불리한 것만은 아니다. 기업에 중요한 이윤은 가격과 비용에 의존하기 때문이다.

요컨대 불황은 경제가 붐 기간의 낭비와 오류를 조정하는 과정이자 소비자 욕구를 효율적으로 충족시킬 수 있는 생산구조를 재정립하는 과정이다. 조정 과정은 낭비적 투자를 일소하는 것이며, 이런 투자의 일부는 폐기되고 일부는 다른 용도로 전환된다. 따라서 불황은 경제의 회복 과정이다.

그렇다면 불황이 경제를 회복시키는 과정의 특징은 무엇인가? 신용 공급이 중단되면 붐 기간에 이뤄졌던 낭비적 투자는 폐기되거나 최적 용도로 전환된다. 즉 인위적 붐에 의해 부풀려진 기업은 청산되고, 부채는 청산되거나 채권자에 귀속된다. 자본재, 특히 고차재의 가격이 떨어지고 이자율은 오른다.

또한 생산요소들이 고차재에서 저차재로 이동함으로써 마찰적 실업이 생긴다. 그러나 이 실업이 대규모 생산요소 이동 시보다 더 클 이유는 없다. 부도 기업도 생기고 거대한 오류가 표출됨에 따라 실업 문제가 심각해지는 것은 사실이지만 이는 일시적인 것이다. 시장 과정에 의한 조정이 신속하게 이뤄질수록 실업은 빨리 해소된다. 임금이 자유시장의 임금보다 더 높고 떨어지지 않을 경우 마찰적 실업 단계를 넘어 심각한 실업이 오래 지속된다.

5. 마이너스 금리와 현금 인출 금지 정책

1) 마이너스 금리 정책

마이너스 금리 정책은 은행권이 중앙은행에 맡기는 초과지불준비금 등에 대해 중앙은행이 이자를 주는 것이 아니라 오히려 수수료를 받는 것이다. 이는 은행들로 하여금 시중에 통화 공급을 증가시켜 소비와 투자를 촉진함으로써 경제를 회복시키겠다는 의도에서 행해지는 것이다. 이에 따른 투자와 소비 변화에 이은 생산구조의 변화를 살펴보자.

본래의 이자율은 사람들이 현재의 자원을 동종동량의 미래의 자원에 비해 선호한다는 주관적인 양(陽)의 시간선호에 의해 결정된다. 또 사람들은 이 시간선호에 따라 소득과 부를 소비와 저축으로 배분한다. 자본가 역시 자신의 시간선호에 따라 소득과 부를 소비와 저축으로 배분하며, 저축을 바탕으로 자본을 축적하여 시간의 비용인 이자 수입을 얻는다. 즉 자본가는 노동자들과 토지(원자재 포함) 소유자들에게 그들이 오늘 필요로 하는 식품, 의복, 주거 서비스 등의 '현재의 자원'을 제공하고, 그들이 소유하는 노동과 토지 서비스 등의 '미래의 자원'을 사서 시간이 걸리는 생산과정에 투입하여 미래에 완성되는 재화를 팔아 이자 수입을 얻는다. 그리고 화폐 관계, 즉 화폐 수요와 공급 간의 관계에 변화가 없거나 그 관계가 안정적으로 유지되면 대부 이자율은 본래의 이자율에 수렴하는 경향을 보이고, 자본가는 이 이자율에 의한 이자 수입을 얻는다.

이제 중앙은행이 마이너스 금리 정책으로 시중 금리를 아주 낮게 유지하고자 한다면 통화 공급을 늘릴 것이다. 이 경우에 투자는 어떻게 될까? 이 상황에서도 양의 시간선호에 따른 본래의 이자는 사라지지 않는다. 항등순환경제에서도 사라지지 않는다. 물론 화폐 관계의 변화에 의해 변할 수는 있지만, 사람들이 현재의 자원을 미래의 자원보다 선호하는 양(陽)의 시간선호를 보이는 한, 음(陰)이 될 수는 없다.

시장이자율은 본래의 이자율에 기업가적 구성 요소와 물가 변동에 따른 화폐의 구매력 변화 요소를 더한 것인데, 중요한 것은 본래 이자율이다. 금리가 시간선호에 따른 이자율보다 낮으면 자본가들은 그에 해당하는 자본 투자로 본래의 이자를 얻을 수 없으므로 자본가는 자본을 공여하지 않을 것이다. 즉 자본가들은 자신들의 주관적 판단에 따른 이자를 얻을 수 없는 부문에 더 이상 투자하지 않을 것이다. 또한 본래의 이자를 얻을 수 있는 다른 대안을 모색할 것이나 다른 대안 또한 가용하지 않을 것이므로 자본 축적에 사용할 수 있는 자원을 방치하는 결과를 초래할 것이다.

자본 수요자 역시 이제는 통화 공급 증가에 따른 가용 투자 자금이 실제로 사람들의 저축에 의해 뒷받침되는 것이 아니라는 사실과 낮은 금리가 항구적으로 지속되지는 않고 오르리라는 사실을 경험적으로 체득하고, 그런 투자는 결국 과오투자로 밝혀질 것이라는 점을 알기 때문에 자본을 수요하지 않을 것이다.

중요한 사항은 경제 전반적으로 생산을 위한 자본을 축적하지 않을 것이며 오히려 자본이 잠식될 것이므로 마이너스 금리 정책이 얻고자 하는 효과인 투자 증대는 이뤄지지 않을 것이다.[9] 즉 자본재에 대한 순 투자가 음이 되어 지금까지의 생산구조가 유지되지 못하고 소비구조와 생산구조가 괴리될 것이다. 기업들이 현금성 자산을 많이 보유하고 있다는 사실은 불확실한 미래에 대비하거나 새로운 투자처를 찾지 못하는 사정도 있겠지만, 낮은 금리 탓에 자본을 공여할 유인과 수요할 유인이 없기 때문이다.

요약하자면, 아주 낮은 금리 수준에서 자신의 시간선호에 의거한 이자를 얻을 수 있는 기회를 박탈당한 자본가들은 투자하지 않을 것이다. 오히려 기존의 자본을 소비할 수도 있다. 따라서 경제 전체의 자본 스톡은 감소하고 경제는 퇴보할 것이다.

다음으로 일반 소비자들도 자신의 시간선호에 미치지 못하는 금리를 제공하는 금융기관에 예금하기보다는 시간선호에 따른 이자 수익을 얻을 수 있는 다른 대안을 모색할 것이다. 즉 소비자들은 현재의 낮은 금리에서 금융기관이 아닌 다른 형태의 저축을 늘리려는 경향을 가질 것이다. 물론 그런 대안이 가용하지 않다고 해서 소비를 늘리지는 않을 것이다. 소비자들의 소비/저축 비율은 시장 금리가 아니라 자신들의 주관적인 시간선호에 의존하기 때문이다. 자산시장에 자금이 쏠리는 현상은 그런 사정을 반영한 것이다. 그것도 가능하지 않아 은행에 돈을 맡긴다면 이는 일상 거래상의 편리함 때문일 것이다.

---

9 기업가들이 새로운 이윤 기회를 발견할 수 있다면 그러한 동기에 의한 투자는 이뤄질 수 있다.

결국 중앙은행이 마이너스 금리 정책으로 얻으려고 하는 소비와 투자 증가 목적은 달성할 수 없고, 오히려 생산구조를 망가뜨리는 결과를 초래할 뿐이다.

2) 현금 인출 금지 정책

마이너스 금리 정책과 함께 현금 보유를 금지하는 것은 금융기관으로부터의 현금 인출을 막고 마이너스 금리 정책이 의도하는 소비와 투자를 촉진하기 위한 것이다. 문제는 그런 상황에서 경제 주체들이 자신들의 시간선호에 따라 소비하고 저축하는 자유로운 경제활동이 가능할 것인가이다. 본래의 이자를 얻을 수 없는 자본가나 소비자들은 마지못해 금융기관이나 다른 대안적 수단에 맡겨둘 뿐, 투자나 소비는 증가하지 않을 것이며, 생산구조를 망가뜨려 경제의 소비구조와 생산구조를 어긋나게 할 뿐이다.

6. 결어

위에서 살펴본 바와 같이 2008년 미국에서 발생한 글로벌 금융위기는 금융기관들의 신용 창조와 이를 뒷받침한 연준의 통화 공급 증가에 따른 저금리 정책의 결과이다. 자본가-기업가들이 증가한 신용을 사람들의 시간선호가 낮아져 저축이 증가한 것으로 오인하여 이전보다 더 길고 좁은 생산구조에 잘못 투자함에 따라 공급구조와 소비구조가 어긋났기 때문이다. 이를 바로잡기 위해서는 신용 증가로 붐 기간 동안에 이뤄졌던 과오투자가 시장 조정에 의해 일소되도록 신용 창조를 중단해야 하는 것이지만, 미 연준과 세계 주요국들의 중앙은행들이 이른바 양적완화라는 저금리 정책을 고수함으로써 불황의 기간을 길어지게 한 것이다.

자본재 산업에서 시작되는 불황의 극복 방안은 정부가 시장의 조정 과정에 개입하지 않아야 한다는 것이다. 손실에 허덕이는 기업에 대한 대출로 이들의 퇴출이나 청산을 지연하는 행위, 통화 공급을 늘려 물가 하락을 억제하고 시장 이자율이 시간선호율에 맞춰지는 것을 방해하는 행위, 높은 임금 수준을 유지하는 행위, 소비 증가와 저축 감소를 조장하는 행위, 조세 증가로 정부지출을 증가하여 소비를 촉진하려는 행위, 실업 보조금으로 실업을 지속시키는 행위 등의 모든 정부 개입은 불황을 길고 심각하게 만들 뿐이다. 이러한 정부의 불간섭 정책은 수 세기에 걸쳐 많은 논란을 불러왔지만, 불황을 깨끗하고 빠르게 벗어나는 길은 바로 이 길이다. 양적 완화 정책이나 마이너스 금리 정책, 현금 인출을 금지하는 정책 등은 생산구조를 왜곡하여 불황을 심화하고 길게 할 뿐이다.

경제위기를 사전에 막는 길은 정부의 신용 증가를 효과적으로 차단하는 것이다. 물론 은행의 신용 창조에는 한계가 있다. 신용 창조는 다른 은행의 지급 요구로 이어지고, 고객들이 예금과 지폐를 사용하는 정도에 따른 한계도 있으며, 고객들의 은행에 대한 신뢰 등에 의한 제약이 있기 때문이다. 따라서 중앙은행이 발권력을 바탕으로 본원통화 공급을 지속적으로 늘리지 않는 한, 은행권의 신용 창조에는 한계가 있을 수밖에 없다. 이와 관련하여 금융기관들의 지급준비율을 100%로 해야 한다는 등의 문제를 논의할 수 있을 것이다.

저금리 유지를 위해 통화 공급을 늘렸지만 물가가 안정적이기 때문에 서둘러 금리를 올리지 않아도 된다는 주장에도 커다란 함정이 있다. 집계변수인 소비자 물가나 생산자 물가는 금리 변화 같은 화폐적 충격이 생기면 그 효과가 경제 전체에 퍼지면서 서서히 조정되므로, 물가지수를 바탕으로 어느 한 부문(이를테면 주택 시장)에서 즉각적으로 일어나는 문제를 인지하고 분석하며 처리하는 데는 별다른 소용이 없다. 오히려 정보를 왜곡할 수 있다. 그린스펀(Alan Greenspan) 전 미국 연준 의장도 이 함정에 빠져 증가한 통화가 주택시장에 몰리면서 경제를 크게 왜곡하고 있음에도 불구하고 소비자 물가만 주시하고 있다가 실수를 범했다는 사실을 간과해서는 안 된다.

참고문헌

김영용, "오스트리안 경기순환론: 금융위기와 몇 가지 정책 분석," 월례 발표논문, 한국하이에크소사이어티, 2014.

Hayek, Friedrich A. von., 『Prices and Production』, Augustus M. Kelly, Publishers, 1967[1931].

Mises, Ludwig von, 『Human Action: A Treatise on Economics』, Ludwig von Mises Institute, 1998[1949], 민경국·박종운 옮김, 『인간행동』, 지식을 만드는 지식, 2011.

Rothbard, Murray N., 『Man, Economy, and State: A Treatise on Economic Principles』, Ludwig von Mises Institute, 2001[1962], 전용덕·김이석 옮김,『인간, 경제, 국가』, 자유기업원, 자유주의 시리즈63, 2006.

__________________, 『America's Great Depression』, BN Publishing, 2008.

12

경제규제*

시장에서 자유로운 생산과 교환이 이뤄지면 물질적 부는 꾸준히 증가한다. 우리가 조선 시대에 가졌던 자원과 오늘 가진 자원에는 별다른 차이가 없으나, 오늘날 물질적 부가 크게 증가한 것은 바로 그런 이유에서다. 그러나 20세기 초부터 시장의 기능은 정부의 간섭과 통제로 크게 억압받아 왔다. 경제규제가 보편화된 것이다.

경제규제는 이런저런 이유로 정부가 자원배분과 소득분배 등에 관여하는 것이다. 가격 규제, 진입규제, 영업 활동 규제 등등, 오늘날 정부 규제는 헤아릴 수 없이 많다. 그만큼 정부가 우리 생활 곳곳에 들어와 간섭하고 있다는 뜻이다.

경제규제 이론은 스티글러(George J. Stigler)의 연구를 분기점으로 하여 공익설(公益說)과 사익설(私益說)로 나뉜다. 공익설은 시장의 실패(market failure) 요인을 분석하고, 이를 정부가 규제하여 교정하기 위해 규제가 발효된다는 것이다. 그러나 공익설 주창자들

* 구재운·김영용 외(1994), 제3장 참조.

은 정부 규제가 시장의 실패를 교정한다는 증거를 보여주지 못했다. 더구나 이들은 인간 세상에는 존재할 수 없는 완전무결한 시장을 기준으로 시장 실패를 규정함으로써 열반오류(涅槃誤謬, nirvana error)를 범했다. 열반오류라고 하는 것은 인간 세상의 현실을 인간 세상에는 존재할 수 없고 또 존재하지 않은 이상적 상황과 비교하는 논리적 오류를 말한다. 즉 인간 세상은 불완전한데, 이런 인간 세상을 아무런 결함이 없는 이상 세계와 비교하는 오류를 말한다. 이는 흔히 인간 세상이 불완전하다는 사실과 현재의 자원배분에 비효율성이 존재하고 있다는 사실을 혼동하는 결과로 나타나기도 한다. 인간 세상의 불완전성은 인간이 해결할 수 없는 것이지만, 자원배분의 비효율성은 시장의 발달과 함께 개선될 수 있는데, 이 둘을 혼동하는 것이다.

한편 경제규제를 경제학의 한 분야로 개척한 공로로 노벨 경제학상을 수상한 스티글러는 경제규제는 시장의 실패를 교정하는 수단으로 발효되는 것이 아니라, 이해관계가 강한 소규모 집단이 자원배분의 강제력을 가진 정부를 포획(capture)하여 자원을 재분배하는 메카니즘에 의해 발효되는 것이라고 정리하였다. 따라서 사익설을 포획설(捕獲說)이라고도 부른다. 즉 경제규제는 '정치시장(political market)'에서 자원배분의 강제력을 가진 정부 또는 정당이 가장 높은 가격을 지불하는 개인이나 집단에 판매하는데, 흔히 공공의 후생증대를 위한다는 명목으로 포장된다.

규제 이론은 규제가 정치적 과정으로부터 나온 것이지만, 그것이 경제적 이해와 관련된 것인 만큼, 규제에 대한 수요와 공급 원리에 의해 더 잘 설명된다. 즉 규제는 어떤 규제를 사고자 하는 주체와 파는 주체인 정부가 있기 때문에 생긴다. 본 장에서는 규제의 공익설 및 사익설과 실제 사례를 살펴본다.

1. 공익설

경제규제의 공익설은 시장의 실패에 초점이 맞춰져 있다. 즉 외부성, 공공재, 정보의 비대칭성, 자연독점 문제 등은 시장이 효과적으로 해결하지 못하기 때문에 정부가 개입하여 자원배분의 효율성을 높여야 한다는 것이다. 따라서 시장의 실패 원인을 찾아내고, 정부가 이를 치유할 수 있는 방법을 찾아내는 이론 연구에 치중하였다. 그러나 이런 연구는 정부 규제가 시장의 실패를 효과적으로 시정할 수 있다는 것을 보여주지 못했다. 왜냐하면 시장 실패라는 개념의 문제점 외에도 자원배분의 비효율성을 개선하고 시정하는 방법으로서 정부 규제가 아닌 여러 가지의 더 나은 대안들이 존재하기 때문이다. 이제 위에서 언급한 시장의 실패 때문에 정부가 개입해야 한다는 주장과 그에 대한 스티글러를 비롯하여 사익설을 주장하는 경제학자들의 논리를 살펴본다.

1) 외부성

거래 당사자들이 그들과 무관한 제3자에게 의도하지 않게 편익을 주거나 비용을 유발하지만, 그에 대한 보상을 받지 못하거나 배상을 하지 않을 경우에 외부성이 존재한다고 말한다. 전자의 경우를 외부경제, 후자의 경우를 외부불경제라고 한다. 외부불경제의 대표적인 예로서는 환경오염을 들 수 있는데, 공익설에 의하면 환경규제가 외부불경제를 제거하거나 완화하기 위해 정당화된다는 것이다. 그러나 조세와 보조금으로 외부효과를 시정할 것을 제안한 피구(Arthur C. Pigou)는 외부효과를 유발하는 당사자와 그로 인해 이익을 보거

나 피해를 입는 제3자가 왜 서로 협상하지 않을까라는 질문을 제기하지 않았다.[1]

위에서 제기된 문제에 대해 코오즈(Coase, 1960)는 어떤 경제적 의사결정으로 인하여 영향을 받는 사람들이 협상하지 않는 이유는 탐색, 협상, 계약 등에 소요되는 여러 가지 거래비용(transaction cost) 때문이라고 지적한다. 즉 거래비용이 없다면 법이 당사자들의 권리와 의무를 어떻게 규정하느냐에 상관없이 자원배분의 효율성이 달성되지만, 현실 세계에서와 같이 양(陽)의 거래비용이 존재하는 세계에서는 권리와 의무를 어떻게 규정하느냐에 따라 자원배분의 효율성이 달라진다는 것이다. 따라서 외부성의 경우, 피구가 제시한 바와 같이 조세나 보조금으로 해결하는 방법보다는 재산권을 명확하게 정의하고 당사자들이 탐색하고 협상하며 또 계약하는 데 소요되는 거래비용을 낮추어 줌으로써 더 효율적인 해결을 가져올 수 있다는 것이다.[2] 즉 외부성으로 인한 손해와 이득을 교정하기 위해 국가가 무조건적으로 경제에 개입하는 것보다는, 그러한 시장 결함의 근본적인 원인이 어디에 있으며, 그에 대한 가능한 대안이 무엇이며, 또 어떠한 대안 하에서 사회적 이득이 가장 크게 될 것인가를 검토한 다음에 교정책을 세워야 한다는 것이다.

2) 공공재

정부의 경제적 역할을 강조하는 한 부문으로 흔히 공공재를 든다. 공공재란 비배제성(non-exclusiveness), 비경합성(non-rivalry) 또

1 피구가 제안한 조세와 보조금의 객관적 측정 가능성 여부에 관한 논의는 제5장 참조.

2 재산권이 외부성의 문제를 다룬다는 점에 대해서는 제1장 참조.

는 비고갈성(non-depletability) 등의 특성을 가진다. 또 공공재의 공급은 일반적으로 독점적이고 수요의 과소추정과 무임승차의 가능성이 높아 공공재의 공급을 시장에 맡기면 독점의 과소공급으로 인한 시장의 실패는 불가피하므로, 이의 효율적 공급을 위해서는 정부가 개입해야 한다는 것이 전통적인 주장이다.[3]

그러나 스티글러와 그의 동학들에 의하면, 독점력을 행사하려는 의도와 무임승차로 인해 시장의 실패가 불가피한 것은 아니라는 것이다. 예를 들어보자. 한 방송국이 텔레비전의 한 채널만을 통해서 방송할 수 있는데, 한 가정이 그 방송을 시청한다고 하여 다른 가정의 시청을 방해하지는 않는다. 이런 경우 방송은 공공재적 성격을 가지며, 그 방송국은 독점력을 행사할 수도 있다. 그러나 기술의 진보와 함께 방송시장에 진입하는 데 장벽이 없으면 한 도시에 여러 개의 채널이 생길 수 있고 그렇게 되면 어느 방송국도 독점력을 행사할 수 없다. 실제로 요즈음의 방송시장이 그러하며 방송국들은 매우 치열한 경쟁에 직면해 있다. 이는 곧 위에서 정의한 공공재적인 성격을 가진 재화와 서비스가 사실상 존재하기 어렵다는 것을 의미한다.

또한 무임승차 문제로 인한 공공재에 대한 수요의 과소평가와 그에 따른 부적절한 공급의 경우 무임승차를 없앨 수 있는 방법을 고안함으로써 과소평가의 유인을 제거할 수 있다. 텔레비전 방송국이 자신이 제공하는 시청 장치를 구입하지 않으면 시청할 수 없도록 하

3 무임승차(free riding)란 사람들이 공공재 건설에 소요되는 비용은 부담하지 않고 건설된 공공재를 소비하는 편익은 누리는 것이다. 따라서 공공재에 대한 수요는 과소추정되는 경향이 있다. 사람들이 건설비 부담을 우려하기 때문이다.

는 것이다. 요즈음에 방송국은 실제로 그렇게 하고 있으며, 이에 따라 공공재에 대한 수요의 과소평가 유인은 사라질 수 있다. 즉 시장이 공공재 소비로부터 어떤 사람을 배제하는 데 드는 비용을 크게 줄일 수 있고 소비자들의 수요를 상당히 정확하게 예측할 수 있다면, 시장은 사적 재화는 물론 공공재의 성격이 강한 재화도 소비자들이 원하는 양만큼 충분히 공급할 수 있다.

3) 정보의 비대칭성

공익설 주창자들은 세 번째 시장 실패의 원인으로서 경제 주체의 잘못된 의사결정, 즉 소비자의 무능을 들고 있다. 예를 들면 노동자들이 작업장의 위험에 대한 평가를 제대로 하지 못하여 충분히 높은 임금을 받지 못하기 때문에 노동자 보호법을 발효시키는 것, 의사, 약사 그리고 변호사에게 면허증을 발급하는 것, 은행이나 보험회사 등에 대한 규제는 모두 경제 주체들을 그들의 무능으로부터 보호한다는 명목으로 정당화 되어온 정부 규제이다.

이러한 종류의 시장 실패론은 정보의 비대칭성에 그 근거를 두고 있다. 비싼 정보비용이나 공개 여부 때문에 생산자와 소비자, 고용자와 피고용자 간에 정보의 비대칭성(非對稱性)이 존재하여 시장의 실패가 발생한다는 것이다. 즉 어느 한 쪽에 비해서 다른 한 쪽이 훨씬 부정확한 정보를 가지거나 더 적은 양의 정보를 가지므로 그렇다는 것이다. 생산자와 소비자로 구분해 보면, 일반적으로 생산자가 어떤 제품의 품질에 관해서 소비자보다 더 정확한 징보를 보유하고 있다는 것이다. 중고차의 경우가 대표적 사례가 될 것이다. 정보를 수집하는 데 많은 비용이 소요된다면, 사람들은 사물을 정확하게 판단할 수 있을 만큼 충분한 정보를 가지지 못하는 경우가 많을 것이다. 생산자에 비해 소비자가 가지는 정보가 불완전하면 생산자는 품질이 필요 이상으로 좋거나 매우 나쁜 제품을 공급할 가능성이 높다. 만약에 품질이 가격에 반영된다면, 소비자는 필요 이상으로 좋은 품질의 제품을 불필요하게 높은 가격을 주고 살 수도 있다. 또 만약에 소비자가 품질을 잘 구분할 수 없다면 저급의 제품을 높은 가격으로 사는 경우도 있을 것이다. 이른바 역선택(逆選擇, adverse selection)의 문제가 생길 수 있다. 정부에 의한 의사, 약사 그리고 변호사 등에 대한 면허증 발급 제도는 이러한 정보의 비대칭성을 해결하고자 하는 것이다.

소비자의 무능이 시장에서 노정되고 있는 것은 사실이다. 그러나 소비자가 단기적으로 무능하다고 하더라도, 자신의 이해에 커다란 관심을 가지는 그들은 시장에서의 시행착오를 통해 합리적인 행동을 하는 주체로 성장하므로 정보의 비대칭성 문제가 꼭 규제로 해결돼야 할 이유는 없다. 한편 정보의 비대칭성을 해결하기 위한 면허제 등에는 바람직한 측면이 있다. 문제는 면허제는 그로 인해 얻을 수 있는 이득을 극대화하려는 이해 당사자들에 의해 진입장벽이 되기 일쑤라는 사실이다. 이들은 정부를 포획하여 진입장벽을 쌓고 공급을 줄여 그들의 이득을 극대화하는 것이다. 따라서 정보의 비대칭성을 해결하려는 면허제가 진입장벽이 되지 않도록 하기 위해서는 자동차 운전 면허제와 같이 일정 수준에 이르는 모든 잠재적 시장 참여자들에게 진입을 허용하는 것이다.[4]

4) 자연독점

일반적인 경제학 교과서에는 자연독점(natural monopoly)이란 상

4 면허제가 진입장벽이 되는 이유에 대해서는 아래의 의료 서비스 부분을 참조.

수도, 철도, 전기, 방송 등의 경우처럼 생산량이 증가함에 따라 비용이 계속 하락하는 경우에 발생한다고 기술되어 있다.[5] 이러한 경우 한 개의 기업이 재화나 서비스의 전부를 생산하는 것이 똑같은 생산량을 두 개 또는 그 이상의 더 작은 기업들이 생산하는 것보다 더 효율적인데, 이는 부분적으로 규모의 경제가 존재하기 때문이다. 이때 문제는 한 개의 기업이 재화나 서비스를 독점적으로 생산할 경우 독점의 횡포와 거기에 따르는 사중손실(dead-weight loss)이 발생하고, 여러 기업이 생산하기 위해서는 중복 투자가 이뤄지므로 자원이 낭비된다는 것이다. 따라서 독점의 횡포를 막고 자원배분의 효율성을 높이기 위해 정부의 규제가 있어야 한다는 것이다.

그런데 자연독점 이론은 실제로 그런 현상이 존재해서 그에 대한 이론이 나온 것인지, 아니면 정부의 진입장벽으로 인해 이미 존재하는 독점 현상을 정당화하기 위해 만들어진 이론인지에 대한 검토가 먼저 이뤄져야 한다. 여기에서 그런 연구 결과를 모두 나열할 수는 없지만, 많은 연구 결과를 보면 후자의 설명이 더 설득력이 있다. 즉 자연독점 이론은 허구라는 것이다.

19세기 말과 20세기 초, 생산량이 증가할수록 비용이 감소하는, 이른바 규모의 경제가 존재한다는 산업의 기업들은 심한 경쟁에 노출되었는데, 흔히 그렇듯이 이런 기업들도 경쟁을 싫어하였다. 따라서 기업들은 공공성, 규모의 경제 등, 이런저런 이유를 들어 정부에 로비하여 독점적 지위를 확보하는 데 성공하였고, 경제학자들의 협

5 좀 더 정확하게 표현하면 생산량이 증가함에 따라 한계비용과 평균비용이 계속 하락하고, 따라서 평균비용곡선이 한계비용곡선보다 항상 위쪽에 위치하게 된다.

조를 얻어 그들의 독점에 대한 정당성을 사후적으로 구축했다. 그리고 이런 현상은 자연독점이라는 이름으로 포장되었다.

예전에도 그랬지만, 특히 최근의 기술 발달과 함께 자연독점이라고 불릴 수 있는 산업은 사실상 존재하지 않는다. 그에 대한 증거는 자연독점이라고 불렸던 산업에서도 복수의 기업들은 치열하게 경쟁했고, 요즈음에는 그 경쟁이 더욱 치열해지고 있기 때문이다. 뎀세츠(Demsetz, 1968)의 설명을 보자.

"이 나라(미국)의 하나 또는 복수의 유틸리티 산업에서 경쟁을 경험하지 않은 도시는 거의 없다. 1887년 한 해에만 뉴욕시에서 6개의 전기조명 회사들이 설립되었다. 1907년 45개의 전기조명 회사들이 시카고에서 영업할 법적 권리를 가지고 있었다. 1895년 이전에 미네소타 주 덜루스(Duluth)에서는 5개의 전기조명 회사가, 1906년 펜실베이니아 주 스크랜튼(Scranton)에서는 4개의 조명회사가 서비스를 공급했다. …… 19세기 후반 이 나라에서 가스 산업은 경쟁이 일상적인 상황이었다. 1884년 이전에는 6개의 경쟁 회사들이 뉴욕에서 운영되었다. …… 경쟁은 일반적이었고 전화 산업에서는 특별히 지속적이었다. …… 대도시들 중 볼티모어, 시카고, 클리블랜드, 콜럼버스, 디트로이트, 캔자스시티, 미니애폴리스, 필라델피아, 피츠버그, 세인트루이스에는 1905년에 적어도 2개의 전화 서비스업체들이 있었다."

또한 뎀세츠는 규모의 경제로 인하여 둘 이상의 기업이 생산하는 것보다 한 기업이 생산하는 것이 비용이 낮아 결국 한 기업만이 생존하게 되었을 때, 규제를 하지 않으면 상품의 가격 및 생산량은 독점 수준에서 결정된다는 논리는 타당하지 않음을 보이고 있다. 특정 시장의 집중도로써 가격과 생산량이 경쟁적인지 아닌지를 판별할 수 없다는 것이다. 즉 생산에서의 규모의 경제가 판매시장에서의 독점 가격을 의미한다는 논리는 타당성이 없다는 것이다. 경쟁 입찰이 좋은 예다. 경쟁 입찰에서 경쟁은 입찰자의 수에 의존하는 경향이 있지만, 생산에 있어서 규모의 경제가 입찰자의 수를 줄인다는 것은 논리적 타당성이 없기 때문에, 규모의 경제의 존재는 입찰 참여자의 수와는 독립적이다. 입찰 참여자의 수가 많고 이들 사이의 담합이 실질적으로 어렵다면 낙찰 가격은 단위 생산비용에 가깝게 될 것이다. 입찰에서 경쟁을 결정하는 요인은 낙찰이 이뤄진 후 생산이 행해질 때, 이에 참여하는 기업의 수를 결정하는 요인과 다르다. 규모의 경제가 의미하는 바는 공급량이 증가할수록 단위 생산비용이 낮아져 응찰가격이 낮아진다는 것을 나타낼 뿐, 이 가격이 얼마나 경쟁적인지에 대해서는 전혀 시사하는 바가 없다.

자동차 면허판을 예로 들어보자. 자동차 소유주가 매년 면허판을 사서 달아야 하는 경우, 자동차 면허판 생산은 규모의 경제 하에서 이뤄진다고 할 수 있다. 매년 입찰이 이뤄지고 다수가 입찰에 참여하며 모든 입찰 참여자가 응찰가격이 가장 낮지 않으면 아무에게도 판매할 수 없다고 여긴다면 낙찰 가격은 단위 생산비용과 크게 다르지 않을 것이다. 가격은 경쟁 입찰에서 결정되며 정부나 소비조합이 할 수 있는 역할은 최저 응찰가격을 제시한 사람을 최종 낙찰자로 결정하는 것이다. 즉 시장집중과 독점 가격이 관련되어 있다는 믿음 하에서 규제한다면, 이는 근거가 없는 것이다. 실제 자연독점에 대한 규제는 경쟁이 중복투자를 가져오고 초과이윤이 자연독점 기업에 편중된다는 주장에서 비롯된 것이나, 이는 규모의 경제와 관련이 없는 것이다.

요컨대, 스티글러 이전의 경제학자들은 대부분 규제를 공공의 이익을 위하는 것으로 보았다. 이러한 이론은 1950년대 후반까지 규제이론의 주류를 형성하였고 모든 분석이 이를 기초로 이뤄졌다. 그러나 이러한 이론은 정부의 개입이 시장의 실패를 교정한다는 확실한 증거를 보여주지 못했다.

2. 사익설

사익설은 경제규제는 시장의 실패를 교정하는 것이 아니라, 그 규제와 관련하여 커다란 이해관계를 가진 개인이나 집단이 자원배분의 강제력을 가진 정부를 포획하여 획득한 것이라는 점을 주요 내용으로 한다. 그 결과 어느 한 편은 이득을 얻고 다른 한 편은 손해를 보게 되어 승자와 패자를 가르며, 시장 경쟁에 의해 효율적으로 이뤄질 자원배분이 왜곡되며, 소비자 복지는 감소한다.

1) 규제에 대한 수요와 공급

정부는 자원배분에 있어 강제력을 행사할 수 있으므로 가계와 기업의 동의 없이 그들의 경제적 의사결정과 자원배분의 변경을 명령할 수 있다. 도로를 만들기 위해 특정 개인이 소유하고 있는 토지를 수용하고, 관세를 매기거나 수입할당제를 실시하고, 특정 기업의 특정 산업에의 진입을 허가하거나 불허하는 등, 정부는 이런저런 명분의 규제로 민간의 경제 활동에 간섭한다. 그러므로 이해 당사자나 집단은 자신의 이윤가능성을 높이기 위해 정부의 강제력을 이용하고자 할 유인을 가지는데, 이것이 곧 규제에 대한 수요로 나타난다.

또한 정당은 유권자들의 정치적 선호를 충족시켜주고 그에 대한 대가로 표를 얻고 선거에서 당선되어 직위를 차지하고, 정치인 개인과 정당의 이익을 극대화하고자 한다. 이러한 정치 행위를 위해서는 여러 가지 자원을 필요로 하는데, 이들은 특정 개인이나 이익 집단에게 유리한 규제를 만들어주고 그 대가로 정치에 필요한 자원을 얻는다. 그래서 규제 있는 곳에 부정부패가 있기 마련이다.

2) 규제의 매매

이제 규제에 대한 수요와 공급의 발생 원인을 좀 더 자세히 알아보고, 규제를 매개로 한 거래는 어떻게 이뤄지는지 살펴보자. 이는 민주 사회의 정치적 의사결정 과정을 살펴봄으로써 잘 알 수 있는데, 스티글러는 '경제시장(economic market)'에 대비되는 '정치시장(political market)'을 분석함으로써 이를 설명하고 있다.

민주사회에서 국민의 정치적 의사결정은 보통선거를 통하여 이뤄지며, 정치인들이 선거에서 당선되기 위해서는 유권자의 표를 많이 얻어야 한다. 즉 정당의 목표는 표의 극대화로 정권을 획득하는 것이다. 보통선거에서는 특정 사안에 대하여 잘 아는 사람이나 모르는 사람이나, 그 사안에 대하여 이해관계가 있는 사람이나 없는 사람이나 모두 한 표를 행사할 권리를 가진다. 따라서 이러한 행태는 이해관계를 가진 사람들끼리만 모여 의사결정을 하는 경제시장에서의 행태와는 매우 다르다.

이제 중요한 사항은 민주사회에서의 정치적 의사결정은 누구의 주도로 이뤄질 것인가 하는 것이다. 어느 특정 사안에 대해 별다른 이해관계를 가지지 않은 사람들은 의사결정의 결과에 대해 큰 관심을 가지지 않는다. 이해관계가 없거나 미미하기 때문이다. 그러나 그 결과에 따라 이해가 크게 엇갈리는 사람들은 여러 가지 방법을 동원하여 자신들에게 유리한 결정이 되도록 노력할 것이다.

그러므로 강한 이해관계를 가진 개인이나 집단은 자원배분의 강제력을 가진 정부 또는 정당과 밀착하려는 유인을 가지게 되고, 정부 관료나 정치인들은 그 대가로서 현재의 정치활동이나 다음 선거에 필요한 자원을 얻고자 한다. 양자의 이해는 일치하고 거래는 흔히 정부 또는 권력을 행사하는 정치인과 정당에 의한 경제 정책이나 규제를 매개로 이뤄진다. 즉 정부 정책이나 규제는 강한 이해관계를 가진 소규모 집단이 자원배분의 강제력을 가진 정부를 포획하여 획득한 것이거나, 이미 발효되어 있는 정책이나 규제도 이 집단에 유리하게끔 포획되는 것이다. 소규모 집단은 정부나 정당에 정치자금, 운영비용 그리고 반대파 무마비용 등을 조달해 주고, 정부나 정당은 그 반대급부로서 그 집단에게 유리한 경제규제를 만들어 주는 것이다.

집단이 소규모일수록 자신의 이해를 강하게 표현할 수 있으며 또 이를 실현할 수 있는 가능성이 높아진다. 집단이 커질수록 그 집단을 효과적으로 조직화하는 비용이 증가하고, 무임승차 문제가 발생하기 때문이다. 또 규제로 얻어낸 경제적 이득을 나눠 가지게 될 때, 구성원이 많을수록 각자에게 할당되는 몫이 작아지기 때문에 규제를 얻어내는 집단은 흔히 소규모가 된다.

결국 정부에 의한 경제규제는 정부가 가진 자원배분의 강제력에 그 원천이 있다. 따라서 이러한 정부의 권한을 축소하고 민간의 영역을 확대하여 이른바 '작은 정부'를 실현하는 것만이 규제의 양산을 막을 수 있고 각종 규제로 인한 폐해와 부정부패를 근본적으로 척결하는 길이 된다. 정부가 가진 자원배분의 강제력을 대폭 축소하거나 없애면 시장에 남는 것은 경쟁뿐이며, 경쟁으로 인한 이득은 궁극적으로 일반 소비자들에게 돌아가게 된다.

3) 규제의 유형

사익설에 의한 규제의 유형은 네 가지로 분류할 수 있다.

첫째, 직접 보조금은 어떤 산업이 정부로부터 얻을 수 있는 지원이다. 정부가 교육계에 제공하는 보조금, 항공우편을 담당하는 항공회사에 대한 보조금, 각종 설비투자 또는 기술 투자 지원금, 고용을 창출하는 중소기업에 대한 지원금 등을 들 수 있다. 그러나 오늘날 직접보조금은 그 실체가 쉽게 드러나고 규제 획득자가 늘어나는 경향이 있으므로 그다지 인기 있는 형태가 아니다.

둘째, 새로운 경쟁자들의 산업 내 진입을 규제하는 것이다. 즉 극심한 경쟁이나 시장의 크기가 협소하다는 이유 등으로 시장에 새로 들어오는 기업을 제한하는 진입장벽인데, 흔히 인·허가제도나 면허제(licensure)와 같은 방법에 의해 시행된다. 예를 들면 미국에서 고속도로의 건설과 함께 장거리 화물 운송에서 트럭이 철도의 경쟁자로 등장하자 철도산업이 정부로 하여금 트럭의 적재량에 제한을 가하도록 하는 규제 조치를 시행하도록 포획했다. 그 결과 트럭 운송은 철도 운송에 대해 비교우위를 잃었다. 또한 의사나 변호사와 같은 전문 직종에 면허제를 도입하여 공급을 제한함으로써 서비스 양의 감소를 통해 가격 상승을 유도하는 것 등이다.

셋째, 대체재와 보완재에 대한 규제이다. 예를 들어 버스, 지하철,

택시 서비스는 서로 대체 관계에 있는데, 요금을 정부가 규제하여 그들의 영업에 영향을 끼칠 뿐만 아니라 성장에도 영향을 미치고 있다. 한 때 미국에서는 마가린은 저급식품이라고 하여 그 판매에 매우 까다로운 걸림돌이 많았다. 이는 마가린과 대체관계에 있는 버터 제조 회사의 로비에 의한 것이었다. 빵을 많이 먹자는 캠페인이나 빵 산업에 유리한 여건을 만들어 주는 규제 역시 빵과 보완적인 관계에 있는 버터회사가 얻어낸 것이었다.

넷째, 산업은 정부의 힘을 빌려 가격을 고정할 때가 있다. 일반적으로 어떤 산업이 경쟁을 통한 것보다 더 높은 이윤을 얻고자 할 때, 가격고정의 수단이 이용된다. 특정 정유회사가 비용 절감을 통해 유류 가격을 인하하고자 하였으나 다른 정유사들의 반발로 정부가 행정지도 가격을 제시했던 것 등이다.

4) 규제와 소비자 복지

정부가 경제에 개입하여 규제할 수 있는 강제력을 가지는 한, 이해 당사자들이 시장에서 경쟁을 통하여 얻을 수 있는 이익보다 정부를 포획하여 얻을 수 있는 이익이 더 큰 경우가 많다. 따라서 이들은 조직적인 움직임으로 정부 규제를 사게 된다. 이 때 이득을 보는 개인 혹은 집단은, 정부에 대한 로비 활동을 통해 자신들의 요구 사항을 관철시키는 이해 당사자들과 규제를 판매하여 대가를 얻는 정부나 정당이다. 그리고 규제로 인해 손해를 보는 집단은 그러한 규제를 사지 못한 이해 당사자들과 소비자들이다. 물론 정부가 경제에 개입하는 목적이 소비자를 보호하려는 의도인 경우도 많다. 그러나 정부 규제는 의도한 좋은 효과보다는 의도하지 않은 나쁜 효과를 낳는 경우가 더 많다는 데 문제가 있다(Intended good, unintended evil). 정부가 좋은 의도를 가지고 규제한다고 하더라도, 정부의 시장 개입은 오히려 시장의 효율적 운행을 저해하고 결국 소비자의 선택의 자유를 축소시키고 비용 부담을 가중시키게 된다. 정부는 사람들이 원하는 것이 무엇인지를 잘 알 수 없기 때문이다. 따라서 소비자를 보호하고 복지를 증진시키는 것은 정부 규제가 아니라 소비자들이 시장에서 선택의 자유를 누릴 수 있는 기회를 보장하는 것이다. 기업의 생존이 정부의 의사결정이나 정책에 의해 좌우되지 않고 시장 경쟁 속에서 소비자들에 의해 결정될 때 경제 발전은 물론 소비자 복지가 증가한다.

3. 사례

1) 가격규제

(1) 유가동결

유가동결은 최고가격을 설정하는 경우이다. 1974년과 1979년의 오일쇼크 이후 각국 정부는 유가를 동결하여 낮은 수준에 유지하고자 했다. 그러나 가격을 시장 가격 이하로 고정시키는 행위는 시장 여건의 변화를 경제 주체들에게 알려주는 가격의 정보전달(신호) 기능을 마비시킨다. 가격의 정보전달 기능이 마비되므로 경제 주체들은 시장여건의 변화에 신속하게 대응하지 못한다. 휘발유 사정이 좋지 않음에도 불구하고 가격이 낮게 묶여있기 때문에 여전히 대형차를 사용한다든지, 에너지 다소비형 산업구조가 오랫동안 바뀌지 않고 지속되는 현상은 가격의 정보전달 기능을 마비시킨 결과이다. 또한 단기적으로도 가격이 균형 수준 아래에 묶여 있으면 초과수요를 야기하여 재화와 용역이 가격에 의해 배분되는 것이 아니라 줄서기, 아는 사람에게 우선적으로 나누어주기, 뇌물을 받고 주는 등 자의적인 방법에 따라 배분되는 비리와 비효율을 낳는다.

(2) 최저임금제

이는 최저가격을 설정하는 경우이다. 최저임금이란 어느 수준 이상의 임금 지급을 법적으로 규제하는 것이며, 따라서 최저임금은 시장균형 임금보다 높은 수준에 책정되어야 그 효과가 있다. 최저임금제의 목적은 임금 인상을 통해 비숙련 노동자의 소득을 보조해 주고자 하는 것이다. 그런데 기업이 자선 단체가 아니라면 임금만큼 생산하지 못하는 노동자는 해고하기 마련이다. 해고의 순서는 당연히 비숙련 노동자부터가 될 것이다. 결국 최저임금제는 임금 인상을 통해 소득보조를 해 주고자 하는 바로 그 노동자들을 일터에서 내 쫓는 결과를 가져올 뿐이다. 최저임금제야말로 비숙련 노동자에 대한 악법이며, 최저임금제가 그들의 복지를 향상시키는 것이 아니다.

노동자를 고용하기 위한 기업 간 경쟁이 노동자의 임금을 올리고 그에 따라 노동자의 복지가 향상된다. 혹자는 노동시장에서의 불완전한 정보로 인해 고용자와 노동자는 각각 서로 필요한 사람과 기업을 발견하는 데 비용이 든다고 주장한다. 그러한 비용이 드는 것은 사실이지만, 이는 발견적 절차인 경쟁을 통해 점진적으로 해결된다. 경쟁만이 최선의 보호 또는 최소의 악이 된다. 노동자는 고용자가 다수 존재할 때 착취당하지 않고, 고용자는 고용할 수 있는 노동자가 다수 존재할 때 착취당하지 않는다. 그리고 경쟁을 통한 임금 상승은 어느 누구의 희생 위에서 이뤄지는 것이 아니다.

(3) 아파트 건축 원가 공개 및 분양가 규제

아파트 건축 원가를 공개하고 분양가를 낮추어 거품을 빼라는 시민단체의 요구는 암묵적으로 원가에 적정 이윤을 더한 적정 가격을 염두에 둔 것이다. 즉 건축 원가는 낮은데 이윤을 너무 많이 붙이므로 아파트 분양가가 높아지고, 이는 다시 기존 아파트 가격 상승의 원인이 되므로 원가를 공개하고 이에 적정 이윤만을 더해 적정 가격으로 낮추라는 요구이다. 그러나 정부의 간섭이나 통제가 없는 시장에서 가격은 수요와 공급에 의해 결정된다. 따라서 우리가 현실에서 관찰하는 가격에는 '자유 시장 가격'과 '규제 가격'이 존재할 뿐, '적정 가격'이나 '적정 이윤'은 관찰할 수도 없고 존재하지도 않은 개념이다.

한국에서 새롭게 지어지는 신규 아파트의 분양을 둘러싼 논란은 꽤 오래된 것이다. 건축비보다 한결 더 높은 분양가로 건설 회사들이 폭리를 취하므로 분양가를 낮게 규제해야 한다는 것이다. 이 역시 가격은 제조비용에 적당한 이윤을 더해 정해지는 것이 타당하다는 생각에서 연유하는 것이다. 과연 그러할까? 이제 질문은 새로 지어지는 아파트 분양가를 낮게 규제하면 아파트 가격은 떨어질 것인가이다.

사람들이 필요로 하는 아파트는 이미 지어진 기존 아파트이다. 추위와 더위를 피하면서 안락한 주거 생활을 위해 기존 아파트가 필요하다. 따라서 아파트 가격은 기존 아파트 시장에서 저량 수요(貯量需要, stock demand)와 저량 공급(貯量 供給, stock supply)에 의해 결정된다. 사람들이 새로 지어지는 아파트를 분양 신청하는 것은 시간이 지나 완성되면 주거 생활을 할 수 있는 아파트가 되기 때문이다. <그림 12-1>에서 저량 공급이란 특정 시점에서 존재하는 아파트의 양(Q^*)으로서 수직선(S^*)이 되며, 저량 수요는 특정 시점에 가격에 따라 사람들이 수요하는 양을 나타낸 곡선(D)으로서 우하향한다. 아파트 가격은 이 두 곡선이 교차하는 점에서 P^*로 결정된다. 반면에 시간이 걸리면서 새롭게 지어지는 신규 아파트는 유량 공급곡선(s)을 따라서 그 양이 결정된다. 아파트 분양을 둘러싸고 아무런 규제가 없는 자유 시장에서 신규 아파트의 분양가는 그와 유사한 기존 아파트의 가격에 의해 결정된다. 즉 P^*가 분양가가 된다.

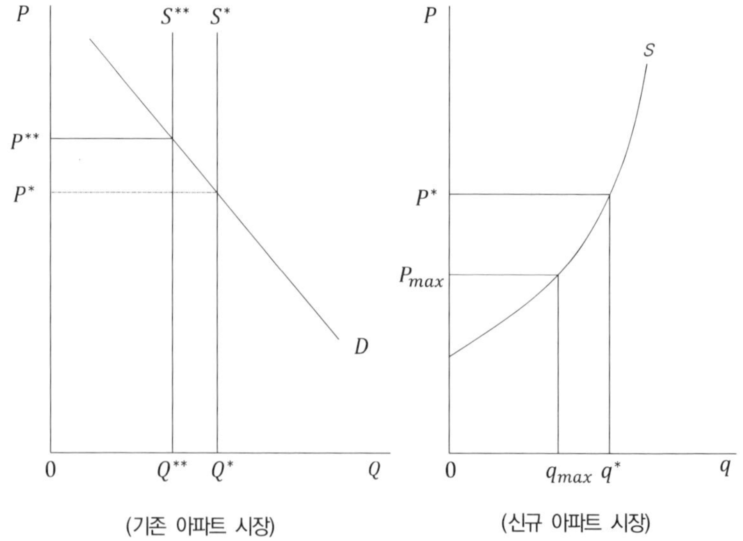

그림 12-1. 아파트 가격의 결정과 분양가 규제

최초의 균형을 보면 기존 아파트 시장에서는 가격이 P^*이고 아파트 양은 Q^*이며, 신규 아파트 시장에서는 기존 아파트 가격 P^*에서 q^*만큼 지어진다. 수요와 다른 사정이 변하지 않는다면 일정한 기간 동안 기존 아파트 중에서 내구 연수가 지나 멸실되는 아파트 양이 q^*이고, 그 기간 동안에 새롭게 지어지는 신규 아파트 양이 q^*이므로 기존 아파트 양에는 변화가 없으며, 기존 아파트 시장과 신규 아파트 시장이 동시에 균형을 이룬다.

이제 정부에서 분양가 P^*가 너무 높아서 많은 사람들이 분양에서 배제되므로 이들에게도 분양 기회를 주기 위해 분양가를 P^*보다 낮은 P_{max}로 설정하면 신규 아파트는 q_{max}만큼 지어진다. 멸실되는 기존 아파트 양은 q^*인데 새롭게 지어지는 아파트의 양은 q_{max}이므로 시간이 지남에 따라 아파트 양이 감소하여 기존 아파트의 저량 공급 곡선은 Q^{**}에서 수직(S^{**})이 된다. 수요에 변화가 없더라도 아파트 가격은 P^{**}로 올라간다.

요약컨대, 신규 아파트 분양가를 낮게 규제하면 아파트 가격이 떨어지는 것이 아니라 올라간다. 한편 누군가가 최초로 낮은 분양가에서 분양을 받으면 그 아파트의 가격은 곧장 시장 가격인 P^*가 되므로, 최초 분양자는 분양 차익($P^* - P_{max}$)을 얻는다. 아파트 분양을 둘러싸고 생기는 이른바 청약 열풍과 비리 등은 모두 분양가 규제 때문이다. 비용에 적당한 이윤을 더하여 가격이 책정된다는, 또는 되어야 한다는 정책은 이와 같이 엉뚱한 결과를 낳는다.

마지막으로 폭리(暴利)란 무엇을 뜻하는 것일까? 폭리라는 용어는 흔히 사업자들이 과도한 이윤을 챙긴다는 뜻으로 쓰이는데, 과연 폭리란 존재할 수 있는 것일까? 폭리라는 개념이 성립하려면 적정 이윤이라는 개념이 존재해야 한다. 그런데 경제학에서 적정 이윤은 정의될 수 없다. 그런 점에서 폭리라는 말은 논리적 사고가 아닌 감정이나 정서에서 연유하는 것이다. 이윤을 많이 벌었다는 것은 생산자가 소비자들이 높은 가치를 부여하는 상품으로 소비자들을 만족시켰다는 것을 의미할 뿐이다. 적정 이윤, 정상 이윤, 폭리 등의 개념은 모두 없는 것들이다.[6]

(4) 라면 우지파동[7]

1989년 11월 라면 생산업체들이 비누나 윤활유 원료로밖에 사용할 수 없는 공업용 쇠기름(우지, 牛脂)을 라면 제조에 사용했다고 하여 사회적으로 커다란 물의를 일으킨 사건이 있었다. 검찰 측의 주장은 공업용 우지로 제조한 라면은 인체에 유해할 뿐만 아니라 대기업들이 국민 건강은 생각하지 않고 라면을 제조함으로써 부당 이득을 취했다는 것이다. 이에 대해 관련 업체들은 문제가 된 우지는 보사부 기준 규격에 합격된 식품 원료로서 인체에 무해하다고 반박했다. 소의 특정 부위에서 떼어낸 기름은 식용으로 사용하고 나머지는 공업용으로 사용할 뿐, 특정 부위의 기름은 먹을 수 있고 다른 부위의 기름은 먹을 수 없다는 것도 물론 아니라는 것이다. 보건사회부 장관도 국회에서 한국의 라면은 라면으로서 갖춰야 할 규격에 모두 잘 맞으므로 아무런 염려 없이 먹을 수 있다고 증언했다. 그러나 관련 라면 업체들은 형사 입건되었고, 10년 후 대법원으로부터 모두 무죄 판결을 받았다.

우지파동이 시사하는 바는 정부가 라면 가격을 규제하면, 바로 이러한 사건이 발생할 수 있다는 것이다. 라면의 품질과 가격 간에는 밀접한 상관관계가 있음을 먼저 유의할 필요가 있다. 당시 라면 가격은 정부에 의해서 (행정)규제되고 있었는데, 대다수의 국민들, 특히 저소득층이 부담 없이 사먹을 수 있도록 하기 위해서였다. 라면 가격이 낮게 규제되고 있는 현실에서 라면의 품질은 당연히 떨어질 수밖에 없다. 라면업체는 라면 제조비용을 고려하지 않고 국민의 건

---

6 일반인들이 폭리라고 생각하는 이유에 대한 것은 제8장을 참조.

7 김영용·전용덕(1991) 참조.

강만을 생각하는 자선 사업체가 아니기 때문이다. 물론 사람이 먹으면 죽거나 유해한 식품은 생산돼서는 안 될 것이다.

라면 가격이 정부의 통제 아래 놓여 있고, 라면업체가 라면을 소비하는 여러 소득 계층을 고려하여 생산한다고 하면 낮은 가격의 라면은 낮은 비용이 들어가는 방법으로 생산할 수밖에 없다. 손해를 보면서까지 국민건강을 생각한다는 명분 아래 고급 라면만을 생산할 기업은 없다. 이처럼 우지파동은 바로 라면 가격이 아주 낮은 수준에 묶여 있었기 때문에 그 가격에 적절한 품질의 라면을 생산하고자 하는 기업의 비용 절감 유인 때문에 발생한 것이다.

우지파동 같은 사건이 재발하지 않도록 하는 길은 라면 가격을 자유화하는 것이다. 라면 가격이 자유화되면 라면 제조업체는 라면에 대한 시장수요를 고려하여 가장 저렴한 방법으로 양질의 라면을 생산하여 소비자에게 공급할 것이다.

2) 진입규제

(1) 대기업의 수산물 유통시장 참여 금지

대기업이 수산물 유통시장에 참여하려다 여론의 호된 질책을 받고 철회한 적이 있다. 타당한 비난인가? 특정 수산물은 일시에 많이 잡히기 때문에 어획 철에는 공급이 많아서 가격이 많이 떨어진다. 이 때 커다란 냉동 창고를 가진 기업이 많은 양을 사서 보관한 후 이를 현재보다 더 희소할 때 팔면 이윤을 얻을 것이다. 따라서 수산물 보관 창고를 가질 수 있는 기업이 수산물 유통시장에 진입하려는 것은 자연스러운 이윤 동기에서 비롯된다. 그렇다면 이로 인한 생산자와 소비자의 후생은 어떠한가? 또 수산물의 연중 가격 변화 폭은 어떠한가?

부란 기본적으로 특정 상품에 소비자가 부여하는 가치이므로 추가적인 물질적 생산 없이도 부가 증가할 수 있다. 그러므로 상품을 상대적으로 덜 희소한 시점이나 장소로부터 더 희소한 시점이나 장소로 이동시키는 것은 부의 증가를 가져온다는 점에서 생산이다. 가장 좋은 예가 무역이다. 무역을 통해 더 높은 가치를 받는 곳으로 상품이 이동함으로써 부가 증가한다. 마찬가지로 창고를 이용한 보관은 덜 희소한 오늘의 자원을 더 희소한 내일로 이동시킴으로써 부를 증가시키고, 이 증가된 부를 소비자들이 향유함으로써 소비자의 복지 수준이 높아진다. 물론 이 서비스에 대한 대가로 기업은 이윤을 얻는다. 수산물의 가격도 안정적으로 유지될 수 있다. 수산물 유통업자가 공급이 많을 때 사고 공급이 적을 때 판다면 그렇지 않은 경우보다 가격은 훨씬 더 안정적으로 유지될 수 있다. 따라서 가격의 급락이나 급등을 막을 수 있고, 소비자들은 안정된 가격에서 소비할 수 있다.

(2) 미국의 트럭운송법

미국에서 1925년 전에는 트럭이 도시 내의 주요 운송수단이었으나, 이후 도로 사정이 점점 좋아짐에 따라 트럭이 도시와 도시 간의 화물 운송에 있어서도 그 비중이 증가하기 시작하였다. 1930년에 이르러서는 트럭 운송이 도시 간 화물 운송 (ton-mile로 계산)의 4%가 되리라고 예상됐다. 철도는 이러한 경쟁자로부터 오는 위협을 일찍이 감지하였고, 트럭 운송을 격퇴할 수 있는 방법으로 주 정부의 규제를 이용하고자 하였다. 즉 트럭 중량을 제한하도록 하였다. 예를 들면, 텍사스와 루이지애나 주는 2개 이상의 철도역 거리를 운행하는 트럭에 대해서는 적재량을 7,000 파운드로 제한하고, 1개의 철도역 거리를 운행하는 트럭에 대해서는 14,000 파운드로 제한하도록 하였다. 즉 철도가 트럭에 비해 비교우위를 가질 수 없는 짧은 장거리(short haul)에 대해서는 중량을 높게 제한하고, 철도와 트럭이 경쟁관계가 되는 긴 장거리(long haul)에 대해서는 트럭의 중량을 낮게 제한하는 규제를 획득한 것이다. 경쟁관계에 있는 운송 거리에 있어서 트럭 운송에 불리한 규제를 얻어낸 것이다. 규제 이유로서는 장거리 운송에 너무 많은 화물을 실으면 위험하기도 하고 도로 파손도 심하다는 것 등이 제시되었다. 그로 인해 트럭 운송 건수가 현저하게 줄어들었다. 결국 소득과 부는 트럭 운송업자로부터 철도회사로 이전되고 소비자의 선택의 폭이 제한된 것이다.

(3) 의료 서비스 시장

의료는 건강은 물론 생명과 직결되는 문제다. 따라서 의료 서비스에 대한 수요는 그 가격이 높아지더라도 수요량이 크게 줄지 않는 특성을 가진다. 더욱이 소득이 증가하면 건강에 대한 관심이 높아져 의료 서비스에 대한 수요는 소득증가율과 같게 또는 더 높은 비율로 증가한다. 즉 의료 서비스에 대한 수요는 가격 비탄력적이며 소득탄력적이라고 할 수 있다.

그런데 의료 서비스의 공급이 수요에 탄력적으로 반응하지 못하는 것은 의학협회 등 관련 이해 단체에 의한 공급 제한 때문이다. 의료 관련 이해 단체들은 의료 서비스의 내용은 전문가들만 알며 소비자들은 잘 모른다는, 이른바 정보의 비대칭성 문제 때문에 자격을 엄격하게 정해 놓고, 그 자격 기준에 도달한 의사들만 의료행위를 하도록 제한해야 한다는 주장을 펴고 있다. 한마디로 의과대학의 정원이 늘어 의사 수가 늘어나면 의료 서비스의 품질 수준이 낮아질 것을 우려하는 것이다. 환자 편에서 보면 일견 수준 높은 의료 서비스를 받을 수 있도록 하는 아주 좋은 방법인 것처럼 보인다.

그러나 의료인 면허제와 같이 대부분의 면허제는 반드시 진입장벽으로 작용하여 공급을 제한한다. 위에서 언급한 바와 같이 의료 서비스에 대한 수요는 가격 비탄력적인 측면이 강하다. 건강과 생명에 관련된 문제이기 때문이다. 수요의 가격탄력성이 비탄력적일 때 가격을 올리면 총수입을 늘릴 수 있다. 그렇다고 해서 의과대학을 졸업한 동업자들을 면허 시험에서 떨어뜨리기는 쉽지 않다 따라서 아예 의과대학 정원을 제한하는 방식으로 의료인 공급을 제한하는 것이다. 이를테면 의학협회가 인정하지 않은 의과대학 출신들은 의사 면허 시험에 응시할 자격을 주지 않도록 하는 것이다. 변호사의 경우에도 마찬가지다. 앞에서 의료인 면허제를 자동차 운전 면허제와 같은 방식으로 전환해야 한다고 했지만, 면허제의 특성상 그 실천 가능성은 아주 낮아 보인다.

한편 의사 수가 늘어나면 정말로 의료 서비스의 품질이 낮아질까? 의사 수가 늘어난다고 해도 의료계가 우려하는 것처럼 의료 서비스의 품질은 떨어지지 않는다. 의사 수의 증가는 경쟁의 심화를 의미할 수 있다. 경쟁에서 살아남기 위해서는 남보다 더 양질의 서비스를 낮은 가격으로 공급할 수 있어야만 한다. 따라서 의사의 공급이 늘어나면 의료 서비스의 공급자인 의사, 그리고 의료기관 간에 경쟁의 정도가 심해져 의료 서비스의 품질이 높아짐은 물론 의료 수가는 낮아지고 따라서 소비자의 복지는 높아질 수 있다. 물론 의료 문제를 완화하기 위해서는 낮게 책정되어 있는 보험료와 수가의 개편 및 의료 서비스에 대한 정보공개 등, 동시에 해결되어야 할 사항이 많다. 그러나 무엇보다도 중요한 것은 의료 서비스의 공급이 수요에 탄력적으로 대처할 수 있도록 인위적인 공급 제한을 없애는 것이다.

더욱이 우리 사회에 적정한 의사 수는 의학협회나 보사부가 결정할 문제가 아니며, 결정할 수도 없다. 적정 의사 수는 수요와 공급에 의해 가격과 함께 결정된다. 자유 시장에서 현재의 의료 수가가 의료인이 판단하기에 낮아서 원하는 수입이 보장되지 못한다면 그 사람은 의료계를 떠날 것이며, 향후 의사가 되려는 사람들의 수도 줄어들 것이다. 반대의 경우에는 의사가 되려는 사람들의 수가 늘어날 것이다. 그러므로 그에 따른 가격 조정이 이뤄져 사회적으로 최적인 의사 수와 의료 서비스 가격이 결정될 것이다. 의료산업이라고 해서 경제 원리에서 예외일 수 없다.

3) 대체재 규제

(1) 백화점 셔틀버스 운행 금지[8]

제6장에서 살펴본 백화점 셔틀버스 문제를 경제규제 측면에서 다시 살펴보자. 2001년 헌법재판소의 판결로 대통령령이 정하는 사유에 해당하며 시·도지사의 허가를 받은 것을 제외하고는, 대형 유통업체의 셔틀버스 운행이 전면 중단되었다. 셔틀버스 운행 금지 규제의 배경과 이에 따른 각 경제 주체에 미치는 영향을 살펴보자.

대규모 점포가 증가하고 백화점과 대형 할인매장(이하 대형 유통업체) 등이 고객 유치를 위하여 셔틀버스를 무상으로 경쟁적으로 운행

8 김영용·김정호·전용덕(2003) 참조.

하자 대형 유통업체와 중소유통업체 및 여객운송사업계 간에 분쟁이 발생하기 시작했다. 그러자 입법자는 타 유통업체와 격렬한 경쟁 상태에 있는 대형 유통업계의 특성상 셔틀버스의 자율적 감축이 실효성이 없다고 판단하고, 2001년 6월 30일부터 대형 유통업체의 셔틀버스 운행을 금지하고 이를 위반하는 자는 형사 처벌하도록 하였다. 즉 문제는 서로 대체관계에 있는 셔틀버스와 일반버스/택시, 그리고 대형 유통업체와 재래시장(중소유통업체)에 대한 것인데, 일반버스/택시와 재래시장 쪽의 주장을 받아들인 것이다. 그러나 이는 몇 가지 기본적인 경제학적 개념을 잘못 적용하고, 대체성 정도를 과도하게 평가하였으며, 만들어진 공익(created public interest)을 위해 대형 유통업체와 소비자를 희생시킨 것이다.

첫째, 소비자가 일반버스나 택시보다는 대형 유통업체의 셔틀버스를 이용한다는 사실은 후자를 이용하는 비용이 전자를 이용하는 비용보다 더 낮다는 것을 의미한다. 따라서 헌법재판소의 판결로 소비자는 셔틀버스라는 교통수단을 사용할 수 없게 됨으로써 손해를 보게 되었다. 그런데 우리가 제6장에서 이미 본 바와 같이 셔틀버스 운행비용으로 인해 '유통 상품'의 가격이 올라가기 때문에 소비자들은 사실상 이익을 얻지 못한다는 논리는 틀렸다. 비용이 가격을 결정하는 것이 아니라 가격, 더 정확하게는 재화나 서비스에 대한 수요가 비용을 결정하기 때문이다. 셔틀버스가 '유통 상품'을 생산하는데 소요되는 하나의 생산요소라면 유통 상품의 가격이 그 생산비용의 일부인 셔틀버스 운행비용을 결정하는 것이지, 셔틀버스 운행비용이 유통 상품의 가격에 영향을 미치는 것은 아니다. 즉 누군가 자원을 사용한다는 점에서 무상은 아니나, 셔틀버스 운행비용이 상품 가격에 그대로 전가되지는 않는다는 점에서 무상운송으로 판단해야

한다.[9]

둘째, 셔틀버스 운행이 금지되면 대체적 교통수단인 일반버스와 택시 승객의 수가 증가할 것으로 기대할 수 있다. 그러나 일반버스는 셔틀버스보다 그 노선과 구매한 물건의 운반 측면에서 더 불편하고, 택시의 경우에는 추가적인 요금을 지불해야 한다. 따라서 셔틀버스 금지 이후 쇼핑을 목적으로 한 자가용 승용차 이용이 증가한다는 점을 고려한다면 일반버스나 택시 승객 증가가 이들 회사가 기대하는 만큼 클 것인가에 대해서는 의문이다. 실제로 일과 후 자가용 승용차를 이용하는 부부 고객이 늘어났다는 보도는 이러한 의문을 뒷받침한다.

셋째, 셔틀버스 운행이 중단된 후 대형 유통업체의 매출이 감소하지 않았다는 보도는, 대형 유통업체가 셔틀버스 운행금지에 의해 별다른 영향을 받지 않는다는 것을 의미한다. 소비자들이 재래시장이나 동네 가게보다 대형 유통업체를 이용하는 이유로는 품목에 따라 차이가 있기는 하지만 쾌적한 환경, 상품의 다양성, 환불의 용이성, 그리고 신용카드 사용 편의성 등을 들 수 있을 것이다. 따라서 대형 유통업체의 매출이 감소하지 않았다는 관측은, 위의 사항들로 인해 소비자들이 셔틀버스 운행금지 전보다 재래시장이나 동네 가게를 더 많이 이용하고 있지는 않다는 사실을 반영한다.

넷째, 과소비(?) 방지와 대형 유통업체들의 독과점 심화를 막을 수 있다는 일부 시민단체들의 주장도 틀렸다. 소비자들의 소비 행위

9 셔틀버스 운행의 매출 증가 효과와 유통 상품 가격 변화에 관한 논의는 제6장 참조.

가 셔틀버스의 제공 여부에 따라 크게 좌우될 만큼 불합리하지도 않을 것이며, 정부에 의한 진입장벽이 없음에도 불구하고, 소비자들에게 낮은 가격으로 다양한 상품을 공급함으로써 독과점이 되었다면 아무 문제가 없기 때문이다.

결국 대형 유통업체의 셔틀버스 운행 금지로 어느 누구 하나 이득을 본 사람은 없고, 쇼핑 목적으로 사용되는 자가용 승용차 증가로 교통과 주차장 체증만 가중시키는 결과를 초래하였다. 자가용 승용차의 보급률이 낮았을 때에는 일반버스와 택시가 시내에서의 주된 교통수단이었다. 그러나 요즈음에는 자가용 승용차가 보편화되어 있다. 이들 회사의 영업 이익이 예전보다 더 떨어지는 이유는 유통업체의 셔틀버스 운행으로 인한 것이라기보다는, 자가용 승용차의 보급 확대로 인한 일반버스와 택시 업종의 사양화, 그리고 사람들의 구매행위 변화에 그 원인이 있다.

최근에는 대형 유통업체가 월 2회 영업을 하지 않도록 하는 유통산업발전법이 국회를 통과하여 시행되고 있다. 대형 유통업체로 갈 고객들을 재래시장이나 동네 마트로 유인하고자 하는 것이다. 대형 유통업체 휴무일에 긴급하게 식품을 구매해야 하는 고객도 있을 것이므로 그런 효과도 있을 것이다. 그런 효과가 유의미할 정도라면 이는 '보이는 효과'이다. 반면에 영업의 자유와 경쟁을 제한하는 '보이지 않는 효과'도 많다. 대형 유통업체에 가지 못하는 소비자의 불편, 대형 유통업체에 식품을 조달하는 복잡한 체인의 공급업자들이 잃어버리는 기회, 더디거나 후퇴하는 유통산업 발전 등은 사람들의 눈에 잘 보이지 않는 것들이다.

결국 재래시장을 살리는 길은 대형마트와 재래시장을 서로 대체적 관계가 아니라 보완적 관계로 인식하는 데서 출발해야 한다. 정보통신과 교통수단의 발달로 변화하는 사람들의 물품 구매행위를 규제로 바꿀 수는 없다. 재래시장은 물품 구매는 물론 대형마트가 제공하지 못하는 운치와 낭만 등의 요소를 결합하여 이른바 '플레이스 마케팅(place marketing)'으로 자리매김할 수 있다.

4) 가격 고정

(1) 정유 회사의 휘발유 가격 인하

꽤 오래된 일인데, 정부는 오래 전부터 유가 자율화를 선언했고 소비자들은 정유회사들이 담합하지 않는다면 가격이 하락할 것으로 기대했다. 실제로 어떤 정유회사가 휘발유 가격을 인하 조치하고 판매량 확대를 꾀하였다. 그러나 언론에서는 '제 살 깎아먹기'라는 이름 아래 휘발유 시장의 경쟁을 비판하였고, 이후 정부가 개입하여 가격 경쟁을 저지하였다. 이는 비효율적인 정유회사를 보호하는 결과를 낳고 소비자의 복지는 그만큼 감소한 것을 의미한다.

4. 요약

지금까지 우리는 전통적인 규제이론과 그에 대한 스티글러의 반론과 그의 이론을 뒷받침하는 실증연구를 살펴보았다. 전통적 경제규제 이론인 공익설은 시장의 실패를 치유하기 위해 경제규제가 발효된다는 것이었으나, 이에 대한 실증연구는 거의 없었다. 그러나 각 경제규제에 관한 실증연구를 바탕으로 한 스티글러의 연구는, 경제규제는 시장의 실패를 치유하기 위해 발효되고 또 그러한 규제가 소기의 목적을 달성했으리라는 일반인의 맹신에 대한 경종은 물론,

경제학자들에게도 경제규제에 대한 새로운 연구방법을 제시하였다. 즉 스티글러의 연구는 경제규제는 흔히 소규모 이익집단이 자원배분의 강제력을 가진 집권 여당이나 정부를 이용하는 과정에서 생겨나는데, 이러한 규제는 시장의 실패를 치유하는 것이 아니라 여러 경제 집단 간에 소득과 부를 재분배하는 기능을 수행할 뿐이며, 대부분의 규제가 원래 의도했던 공공의 이익을 증진시키는 데에는 실패하고 있음을 밝히고 있다.

과거 우리는 개혁주의자(간섭주의자)들이 주장하는 환상적인 약속을 너무 쉽게 믿어 왔으며, 경제적 진보가 그 개혁 정책이나 규제에 전혀 관련되어 있지 않음에도 불구하고 대부분의 개혁 정책들이 성공적이었으리라고 믿어왔다. 역으로 말하면 경제 개혁 과정에 관한 면밀한 연구가 효과적인 개혁을 고안하기 위해 필요불가결하다고 믿지 않았던 것이다. 그러나 스티글러와 그 동학들의 실증연구는 각종 규제가 그 경제적 효과가 미약하거나 역효과를 초래했음을 보임으로써 경제 개혁 과정에 대한 면밀한 연구가 효과적인 개혁을 성취하기 위한 출발점임을 보이고 있다.

스티글러는 그의 전 생애에 걸친 경제규제 연구에서 회의적(懷疑的)인 태도의 필요성, 특히 과거의 공공정책의 효과에 대한 회의의 필요성을 논하고, 효과적인 개혁을 이룩하는 방법으로서 직접 규제나 인위적인 방법이 아닌, 개인의 이익 추구에 호소할 것을 주장하고 있다. 또한 스티글러는 인간의 욕망과 인간이 처한 상황의 다양성을 인정하는 개혁 제도는 효율적이면서 동시에 인간적이므로 사람들로 하여금 자발적으로 개혁의 목적에 맞추어 행동하게 하는 방법, 즉 유인책(誘因策)으로서의 가격제도를 효과적인 개혁의 방법으로 이용할 것을 강조하고 있다. 유인책으로의 가격제도는 정부의 자원배분에 있어서의 강제력 축소를 뜻하며, 이는 곧 '작은 정부'를 의미한다.

참고문헌

구재운·김영용 외, 『시카고학파의 경제학: 자유, 시장, 그리고 정부』, 자유주의경제학연구회 편, 민음사, 1994.

김영용·전용덕, 『자유와 시장』, 태진출판사, 1991.

김영용·김정호·전용덕, 『헌법재판소 판례연구』, 자유기업원, 2003.

Coase, Ronald H., "The Nature of the Firm," *Economica*, 1937, pp.386-405.

____________, "The Problem of Social Cost," *Journal of Law and Economics* 3, October 1960, pp.1-44.

Demsetz, Harold, "Why Regulate Utilities?," *Journal of Law and Economics*, April 1968.

Downs, Anthony, 『An Economic Theory of Democracy』, Harper, 1957.

Friedman, Milton, 『Bright Promises, Dismal Performance: An Economist's Protest』, Thomas Horton and Daughters, 1983.

Friedman, Milton & Rose, 『Free to Choose』, Avon Books, 1979, 민병균·서재명·한홍순 옮김, 『선택할 자유』, 자유기업원, 2003.

Peltzman, S., "An Evaluation of Consumer Protection Legislation: The 1962 Drug Amendments," *Journal of Political Economy*, October 1973.

________, "The Effects of Automobile Safety Regulation," *Journal of Political Economy*, August 1975.

________, "Toward a More General Theory of Regulation," *Journal of Law and Economics*, August, 1976.

Stigler, George J., "The Theory of Economic Regulation," *Bell Journal of Economics and Management Science*, Spring 1971, pp.1-21.

____________, 『The Citizen and the State: Essays on Regulation』, University of Chicago Press, 1975.

영어 색인

한글 색인